在版编目(CIP)数据

教师专业发展研修手册/熊焰编著.
津:天津教育出版社，2012.7
978-7-5309-6783-6

校…　Ⅱ.①熊…　Ⅲ.①中小学－师资培养—手
Ⅳ.①G635.12－62

版本图书馆 CIP 数据核字(2012)第130203号

教师专业发展研修手册

人:胡振泰

著:熊　焰

编辑:王剑文

发行:天津教育出版社
天津市和平区西康路35号
邮政编码:300051

刷:三河市人民印务有限公司
销:全国新华书店
次:2012年7月第1版第1次印刷
本:710×960mm　1/16
张:17
数:230千字

号:ISBN 978-7-5309-6783-6
价:36.00元

左手抓管理 右手抓教师

总主编：肖建彬

校本教师专业发
研修手

XIAOBEN JIAOSHI ZH

天津出版传媒集团
天津教育出版社

图书在

校本教
—天津
ISBN

Ⅰ.①
册

中国版

校本教
出版
编
责任
出版

印
经
版
开
印
字
书
定

总序

新教育呼唤新学校

什么是新教育？山东省教育厅张志勇同志的一段话就是一个很好的注释：追求教育本质功能的回归，坚定不移地实施素质教育，成为党和国家确定的教育改革和发展的时代主题，成为当今时代教育的最强音，这也就是我们所说的新教育。

毫无疑问，新教育呼唤新学校。

那么，什么又是新学校呢？按惯常的理解，新学校指的是新办的学校，有着新的校舍和新的教学设备，但这种理解不足以体现新教育背景下所呼唤的新学校的真实含义。新教育所呼唤的新学校，当然是有着“标准化、生态化、绿色化、人文化、个性化、人本化、生活化、效能化”的学校，但从本质上来说，在无法或难以实现这些要求的时候，新学校一定需要有着创新思维、精于管理的专业化管理者，更需要有着理念新、知识结构新、教学特长突出的专业化教师。归根到底，新学校需要一支专业化的队伍，而打造一支专业化的队伍，就需要专业化的理论学习与实践智慧的践行。

关于专业化的理论非常多，有些理论玄乎到“很哲学”的境界。这对于人们深入学习和探究有关问题是很有帮助的，至少可以告诉人们一个道理：即使是很简单的一个事物，如果细究起来还是有很多学问在里头的。然而，就实践而言，则十分需要一个简约的指引，可以让人把握精髓，付诸行动。基于是，比照各种理论和经验，加之自身实践的体验，愚以为，所谓专业化，说到底就是通过变革现状来提高有效性，而唯一有效的路径就是“学习”和“践行”。

专业化是一个过程，也就是“越来越专业”的意思，具体包括专业水平越来越高强、专业精神越来越饱满、专业活动越来越有效。它只有一个方向，就是越来越好。在专业领域，自己跟自己比，今天比昨天有进步，明天比今天有进步，即不断改变“现状”，包括变革自身，也包括通过变革自身进而变革工作环境和工作绩效，从而进入一个更加理想的状态。所以，作为专业化核心要素的“变革”既是专业化的目的，也是专业化的动机。它为专业化提供不竭动力。没有变革的愿望，就不会启动“专业化”的进程；没有变革的现实，专业就还没有“化”（进化）：一是没有自身变革的现实，就不存在专业化；二是没有工作对象变革的现实，就不存在真正意义上的专业化，即其所谓专业化也就没有表征，因而没有价值。因为专业化是与职业或专业技术工作联系在一起的，自身的变革也就成为变革工作环境和工作绩效的前提条件，所以，专业化应该从变革自身开始，以变革工作对象为终结。

如何实现专业化？曰：一靠学习，二靠践行。这里有两个重要的前提判断。首先，人们必须确认这样一个重要的前提判断，那就是并非所有的学习都能促进专业化，只有“好”的学习才能促进专业化。“好”的学习有三大功效：一是补充没有的；二是更新陈旧的；三是改变错误的。无论哪种结果，都将变革一个人的专业现状，都将使人的专业认知更加广阔、更加正确、更加精准，专业精神更加充实、更加坚定、更加自觉，专业行为更加规范、更加便捷、更加持久。可见，没有学习，是不可能有专业化的。其次，人们必须确认的另一个重要的前提判断，那就是并非“好”的学习就一定能够促进专业化的，只有将“好”的学习付诸实践才能促进专业化，这就是“践行”。“践行”通常有三大功效：一是优化认知和情感系统；二是优化操作和行为系统；三是优化专业环境和工作结果。无论哪种结果，都将变革整个专业现状，都将使人及其与之相关的人和事发生越来越好的变化。简单地说，就是解决问题、促进发展。这就是最终意义上的专业化。

基于这样的认识，我认为，专业化是基于人（个体或群体）的一个整体运动，它是围绕“问题”来展开的，其核心要素“学习”、“践行”和“变革”在这个整体运动中是紧密关联的、“一体两翼”的关系。因此，任何想推动专业化的培训，包括校长和教师培训，都必须研究人，“以人为本”，基于人、为了人、面向人、服务人；都必须立足问题解决；都必须妥善处置“学习”、“践行”和“变革”三者的关系。如果仅仅把培训定位“学习”、“学习理论”或“学习最新理论”，那于专业化是没有太多裨益的。

本丛书由11部组成，分别是《如何创建学校特色——若干典型案例评析》《给校长参加跟岗学习的建议》《给教师战胜职业倦怠的建议》《有效德育：基于实践的探索》《有效教学：难点突破与教学对策》《校本教师专业发展研修手册》《教师的教育研究》《中小学校安全管理》《中小学热点法律问题研究与典型案例评析》《发展性学校教育评价的建构与实施》和《创建优质学校：理论探索与行动策略》。这些著作实际上是这些专家在自身极为丰富的中小学校长培训和教师培训实践中积极探索、自主开发、反复实践、多方吸收、不断提炼而形成的。作为课程，这些内容是非常受欢迎的；作为教师，他们的教学也非常受欢迎的。我想，作为教育图书，应该同样也会受到读者的欢迎。

这套丛书，其实就是服务中小学校长和教师专业化的图书。它期待对中小学校长抓好学校管理、促进教师的专业化有所裨益，最大限度实现打造新学校的理想。能否达成这样的愿望，祈请读者诸君评鉴。如有改进高见，请直接与作者联系。您的意见将有助于我们专业化。

为了理想的教育，为了打造新教育呼唤下的新学校，让我们在教育理想烛照下，一起学习、践行、变革。

编　者

2012年5月

目录 Contents

第一章

从教师校本培训到校本教师研修

第一节 我国校本教师培训的兴起

我国教育界兴起“校本教师培训”是多种因素促成的，其中课程改革是主要的诱因。这是我国校本教师培训的起点，也是我国校本教师培训的特色。校本教师培训是出于教师适应新环境和新变化的需要，这种需要推动了学校自动地把“校本教师培训”作为学校发展、提升教师有效教学水平的基本策略。

一、校本教师培训成为一种需要

“校本”是相对于校外而言。在形式上，强调教师任职学校所在的空间，以任职学校为载体。然而，学校不是“校本”的实质意义，它只是一个外在形式，就其本义而言，“校本”，首先表现为一种理念，① 体现为对学校内在价值的尊重，对学校主体性的重视；其次，它表现为学校内部的各种实体资源，具有明确的指向性。因而“校本”总是同其他词语结合起来使用，如校本课程。这里把“校本”同

---

① 崔允郭．校本课程开发：理论与实践［M］．北京：教育科学出版社，2000

教师继续教育相连，提出教师继续教育的校本培训模式。即以教师任职学校为基地，利用任职学校的教育资源，以实际情景中出现的经常性问题与教学经验为主要学习内容的教育模式。这里的“校本”，表现在两个层面：其一，是理念层面。即校本培训体现了在职教师继续教育过程中，对学校主体价值的尊重，以及对学校自身存在的教育价值的认同；教师任职学校不仅是学生学习的场所，也是教师自我教育与发展的重要基地。其二，是实体层面。即校本培训模式以教师任职学校为空间基础，突出问题产生与解决的同源性。它强调教育的民主性、开放性与参与性，使教师在自身价值认同的基础上，积极参与到校本培训中。这种模式有别于以高等院校为基地的教师继续教育模式，它不是以理论知识和科学研究为主要学习内容，而是在高等师范院校相关专业教师指导下，注重于探讨中学教师教学中的具体问题，总结实践经验，并加以推广。这种模式针对性较强，有利于解决教师在日常教学中所存在的实际问题。

校本培训模式的出现，与传统的以高校为中心的教师继续教育存在的不足有关。因为后者容易忽视在职教师教育、教学行为的实践特征，而偏重于理论知识灌输与传授。在向教师专业化发展的路途中，不能忽视教师的课堂资源所存在的价值。正如赫伯斯特所言，“我们已经犯下的最大错误，是一味地追求公共教育中教师地位的专业化，而忽视了我们课堂教师教学实践的专业化。现在需要把两者协调起来，使我们的教师像真正的专业人员一样发挥作用”。[①] 具体地说，校本培训的兴起主要表现在以下几个方面。

第一，教育、教学问题的经常性，强化了教师任职学校的重要性。一方面，中学教师在教学中必然面临着大量的教育、教学问题，涉及思想教育问题，如：学生的社会责任意识、学生个人对教师与学

① Herbst, J.（1989）Teacher Education and Professionalization in America Culture. The University Wisconsin, pp 11

生群体的态度，以及日常行为规范遵守等；班级管理问题，如班委员组建、学生非正式群体，以及民主与公平等；教学问题，如教师的教学困难、学生的学习困难，以及偶发事件的处理等。另一方面，中小学教师需要传授给学生基础的知识与技能。由于学生创新与求异水平低于中学后的学习群体，因而对教师所传授的知识与技能的正确性要求较高，需要教师不断反思自己的教学实践，找出教育、教学中出现的疏忽与遗漏，提高教育、教学的自觉性。基于教育教学实践产生的问题，带有经常性特征，其中大部分问题需要及时处理，不能积累起来一次性解决，否则就会丧失教育机会、影响教育效果。

第二，教育、教学问题的特殊性，凸显中小学教师任职学校的主体性。教师职后学习与职前学习不同，职前学习主要以理论知识体系学习为主，由于实践经验欠缺，因而缺少教育、教学的实践问题；而职后学习主要不是以普适性与原理性的理论为主要内容，而是要以解决现实教育、教学中所出现的经常性问题为主。特别是职后学习中教学事件的多样性与突发性，是职前教师教育无法经历的，具有较强的实践性和特殊性。“教育一向是个艰巨和复杂的任务，而情况总是在变化，每个学校和课堂都不可避免地要出现自己的问题。这些问题只有有关的教师能够诊断，因为他们最了解学生和整个情况。虽然求助于校外的顾问，有时对于问题的解决是可取的办法，但只有当有关的教师参与了整个过程、并一致同意问题的诊断和解决问题的办法，真正有效的变革才能成为可能。”① 在教育、教学过程中，每一个特殊的事件都有其产生的特殊条件，除了对众多教育、教学问题的共性进行研讨，总结出规律性的原理之外，许多事件都离不开对问题的背景分析，在具体环境中加以解决。

第三，学校的双重职能，证明了中小学教师任职所在学校的价值。学校肩负着教育他人与自我教育的双重任务，教学自身是一笔丰

① 程方平主编．国外教师问题研究［M］．沈阳：沈阳出版社，2000：130

富的资源。正如杰克逊（Jackson，1971）所言，“教学本身是一个非常复杂和多方面的活动，而其中的学问是一个人所学不完的”①，关于如何教的知识，不是来自外部的经验之谈，而是教学经验本身。然而，经验本身还不足以促进成长，这就需要在职教师与有关专业人员一起共同回顾与反思，探讨问题，积累经验。中小学校管理者与教师必须认识到其所在学校自身存在着丰富的教育资源，把教师个体积累的良好经验聚合起来，发挥教师群体的价值；同时，以中小学教师所在学校为基础，实现自主学习与自我发展。在强调任职学校教育价值的同时，还必须克服某些不良观念，即不能把在职教师利用教学实践资源以提高自己知能的做法，看做是教师自己的任务，是在职教师自觉自为的过程，而应看做是与其他专业研究者及同类群体相结合，不断进行反思，增强实践反思效果的过程。

自20世纪90年代以来，校本培训一时成为教师培训的主流。在我国，随着基础教育课程改革不断取得进展，以校为本的学校与教师发展日益被人们所关注，校本培训的思想已逐渐被人们所熟悉。其实就教师在职培训来说，尽管还没有“校本培训”的提法，但这样的思想早已存在。我国在20世纪80年代开展教师继续教育中，就提出中小学校是培训的主阵地。校本教师培训在我国许多地区兴起，是我国基础教育改革和发展的客观要求，也是中小学教师继续教育深入发展的必然结果，同时也在不同程度上借鉴了国外校本培训的教育理念和实践经验。

21世纪初，校本培训真正为大家普遍关注。1999年，我国《面向21世纪教育振兴行动计划》出台，提出实施“跨世纪园丁工程”，要求“三年内，对现有中小学校长和专任教师进行全员培训和继续教育”。校本培训是我国正在建立的中小学教师培训体系中的一个有机组成部分，也是我国中小学教师继续教育多种培训模式中的一个亮点。

① 程方平主编．国外教师问题研究［M］．沈阳：沈阳出版社，2000：128

1999 年 9 月，教育部吕福源副部长在上海召开的全国中小学教师继续教育和校长培训工作会议上明确提出："中小学校是教育教学活动的实践基地，也是教育理论研究的实践基地，应该是中小学教师继续教育的重要基地。中小学校长是本校教师继续教育的第一责任人。要完成全员培训任务，校本培训是重要途径。"同年 9 月，教育部颁发的《中小学教师继续教育规定》明确要求："中小学校应有计划地安排教师参加继续教育，并组织开展校内多种形式的培训。"在这样的背景下，在一些地区的中小学校中，各种校本培训形式纷纷涌现出来。校本培训由于具有立足岗位，贴近教育、教学实际的特有优势，受到各地区的关注，逐步成为大面积地提高教师整体素质和技能的一种重要培训模式。特别是中西部地区和广大农村地区，由于受到经济发展水平、经费、交通条件等因素的制约，中小学教师全员培训面临诸多困难。校本培训的开展，既促进了全员培训的开展，又减轻了学校经济负担，缓解了工学矛盾，受到大多数中小学校校长和教师的普遍欢迎。

在我国，对校本培训起到催生作用的直接诱因，还在于基础教育课程的改革。教育部师范教育司原司长马立指出，新课程教师的培训"要充分发挥校本培训的作用。校本培训在针对性、灵活性、多样性方面，有其独特的优势。各级教师培训机构、师范院校，要和中小学结成密切的伙伴关系，为校本培训提供支持和服务"。在基础教育课程改革中，按照教育部颁布的《基础教育课程改革纲要（试行）》的要求，在新的课程体系的构建上，把课程开发的权力部分地下放给了学校，强化学校和教师在课程开发上的责任，充分发挥学校和教师在课程开发中的作用。在课程管理上，新的三级课程管理的出现，学校有了一定的课程自主权，校本课程的开发成了改革的一个焦点。校本课程的开发和建设，改变了教师传统的角色，使教师从原来国家课程实施者转变为校本课程的规划者、组织者、实施者和评价者。而且，教师作为实践者，还是校本课程开发的核心参与者。对于教师在课程开发中的作用，人们有了新的认识，需要挖掘教师开发校本课程的潜能，于是“校本教师培训”“校本教学研究”同时诞生了。

在课程结构上，新一轮课程改革要求，在设置分科课程和综合课程的同时，设置综合实践活动并作为必修课程。综合实践活动（包括研究性学习、社区服务与社会实践、信息技术教育、劳动与技术教育）是由国家设置、由地方和学校根据实际开发的课程。在国家课程纲要的宏观指导下，地方和学校要根据当地和学校实际，规划综合实践活动的基本内容和具体活动方案。综合实践活动的开发和建设，最终要落在学校教师的身上，要靠教师去具体推进。实践表明，在基础教育课程改革中，无论是校本课程的开发，还是新的国家课程、地方课程教学的实施，都需要高水平的教师，开展校本培训是提高教师素质的有效方式。基础教育课程改革的积极推进、校本课程开发的蓬勃兴起，在许多地方（特别是在课程改革实验区）是校本培训兴起最直接的动因。

教育管理体制改革的推进、学校办学自主权的扩大，为校本培训的开展提供了良好的保障条件。随着社会主义市场经济体制改革的不断深化，中小学教育管理体制改革也在不断深入。在分级管理体制下形成的学校教育管理的刚性化，正逐渐向弹性化转变，学校办学自主权正在逐步扩大。特别是国家、地方、学校三级课程管理体制的逐步落实，适应了校本课程的开发，给校长赋予了一些新的职责，包括明确的办学宗旨、形成学校的办学特色、建立良好的课程决策结构、建立良好的校内沟通网络、促进教师的专业发展、建立民主开放的组织机构等。

二、校本教师培训的实践探索[①]

20 世纪 80 年代后期，上海市在建立中小学、幼儿园干部、教师

① 熊焰．校本培训：教师专业发展［M］．广州：广东高等教育出版社，2006：54 – 60

继续教育制度的过程中，在对新教师的见习期培训和中青年骨干教师的培养培训上，已开始进行以学校自培为基本形式的校本培训的探索，并取得显著成效。进入 90 年代，校本培训在我国中小学教师继续教育工作领域迅速发展。

东北三省中小学教师继续教育，以学校为基地开展教学基本功训练，取得显著成果。吉林市在实施校本培训工作中，采取“自学”与“互教”相结合的形式，全面实施“优教工程”和“青蓝工程”，通过发挥名优教师作用，通过传、帮、带、导，加快青年教师的成长。

北京市丰台区以中小学为基地，采取大学与中小学合作的形式，建设教师发展学校。教师发展学校从开展不同层次的教育研究活动入手，促使教育理论与教师的实践经验相结合，提升教育教学质量，提高教师专业化水平。

在校本培训迅速发展的基础上，校本培训的理论与实践研究也在不断深入。教育部师范教育司批准 52 个中小学教师继续教育实验区实验“面向 21 世纪中小学教师继续教育工程”。实验区分成 17 个科研课题组开展专题研究。湖北省十堰市作为校本培训实验课题的牵头单位，组织、协调各实验区校本培训研究工作。经过各实验区的共同努力，校本培训课题研究取得了丰富的阶段性成果。

从各地的实践探索看，校本培训有以下几种形式。

技能型培训。适用于对本校教师进行各种教育、教学技能的培训。具体培训方式有教育教学基本功训练、说课训练、微格教学训练、现代教育技术培训活动课技能培训、班主任工作培训等。这类培训的主要特点是让教师掌握操作要点，并进行熟练技能的自我训练。

实践型培训。适用于对本校教师进行教育教学实践能力的培训。具体培训方式有导师带教、校际教师交流、教育教学研究等。

评价型培训。适用于对本校教师提高教育教学评价能力的培训。具体培训方式有听课和评课、课堂教学评优、主题班会观摩等。开展这些活动的目的不是为了区分，而是为了将教师学习到的用理论和文字表述的抽象评价目标，转换为具体的评价目标，使教师自觉地对照评价目标，改进自身的工作。

理论型培训。适用于对本校教师进行传播新知识、新理论、新观念、新成果、新信息的培训。具体培训形式有专题讲座培训、自修—反思培训等。

研究型培训。适用于对本校教师进行教育科研能力的培训。具体培训形式有研究微型课题、实证研究、在学校真实的环境中开展教育科研、学会选题、设计研究方案、撰写教学个案、开展调查研究和行动研究等。

中小学教师校本培训实施模式的实践探索，以湖北省十堰市的培训模型最有影响。这种校本培训模式，由三个模型十个环节构成（也即“三型十环”培训模型），即“学习—训练—考评—分层；分层—研训—师导—定向；定向—专修—独创—发展”。这三种模型及其十个环节在校本培训实验中取得明显成效。

［模型Ⅰ］学习—训练—考评—分层。这种模型适合条件较差的学校。这些学校的校本培训以补课为主，按照中小学教师继续教育课程指南要求，选取部分公共课和专业课，通过讲授或看录像，分散自学；通过考查达到实验方案基本要求的课时，最终与模型Ⅱ衔接。偏远山区的学校一般采取这种培训模型。他们采取的是以乡镇或中心小学为协作单位，利用双休日集中学习与训练的办法。

［模型Ⅱ］分层—研训—师导—定向。这种模型适合大部分的普通学校。此类学校约占中小学校总数的60% ~70%。他们的校本培训是按照课程培训、问题研讨、课题研究、技能训练等形式进行；不同层次教师进行分类培训，逐步平衡、自我完善，从而达到培训目标。

［模型Ⅲ］定向—专修—独创—发展。这种模型适合区以上重点

学校、示范学校、教育实验学校。这类学校的校本培训在学校整体目标下，由个人定出自己应达到的目标，学校进行分别指导，分类调控，校内外多方指导，共同寻求发展新目标。

湖北十堰的“三型十环”校本培训模式的三个模型，各有自己的培训目标，模型Ⅰ以培养符合教学规范的基本合格教师为目标；模型Ⅱ以培养适合素质教育要求的新型教师为目标；模型Ⅲ以造就具有创新能力的专家型教师为目标。为保证这种校本培训模式的实施，在确定三个模型的培训目标的同时，还建立了相应的校本培训管理系统、保障系统、运行系统和评估系统。“三型十环”校本培训模式在实践中已取得初步成效，并已为全国特别是中西部地区许多中小学校所仿效。

2008 年广东省为加强中小学校校本培训工作，针对本省一些先进地区和先进学校实施校本培训所取得一些成绩、积累了一些经验的基础上，鉴于区域之间、学校之间的差异较大，发展很不平衡，存在一些有待深入研究解决的问题，于同年开展了广东省中小学教师继续教育校本培训示范学校评选工作，共评选出 371 所示范学校；并制定了《广东省中小学教师继续教育校本培训示范学校管理办法》，其中包括“校本培训示范学校”基本要求、所承担的任务及其管理等。此举属全国首创。为了加强对这一项目的管理，该省成立了广东省中小学校本培训项目管理办公室，设在广东第二师范学院培训处，依托教师培训机构的专家力量，对全省校本培训示范学校提供指导与服务；同时还建立广东省中小学校本培训网络平台（栏目有校本培训动态、示范学校、课题研究、专家讲坛、资源共享和统计分析）。广东省通过示范学校的规范建设与管理以及示范作用的发挥，使校本培训在全省中小学逐步推广，并不断提高了校本培训的实效性，为大面积推动教师的专业发展和学校办学水平的提升提供了很好的帮助。

此外，四川省绵阳市、重庆市江北区、贵州省贵阳市、山东省海阳市在校本培训工作中也创造了许多新鲜经验。

校本培训已列入许多省、市教育行政部门制订的中小学教师培训计划，成为政府职能部门的一项重要任务。

三、经验与启示

（一）我国教师校本培训已积累较为成熟的经验，有许多可供借鉴之处

（1）政府重视教师学校资源的开发与使用，通过专业性教师教育政策报告，把教师在职教育（尤其是校内培训）放在教师专业发展的最高层次上。

（2）采取科学而合理的规划，明确划分出教师校内培训的几个阶段，建立起从开始到结束的反馈机制与评价机制。

（3）在合作方面，由教育行政当局、教师以及高校共同参与，建立由地方教育行政机构协调，高校主导，中学教师积极参与的共同合作机制。校本培训不是松散的、个体式的学习方式，而是领导重视、有计划的、合作的培训模式。它以中学为主体，实行协议式管理，使中小学教师在这种有组织的培训中享有更大的自主权。

（二）我国的教师校本培训及其发展有几点应引起注意

（1）教师校本培训是在适应教师在职教育或继续教育的背景下、伴随着新课程改革而受关注的。

（2）校本培训只是局限在职教师教育的范围内，还没有把职前教育与职后培训结合起来。

（3）校本培训运动伊始，就没有师范院校与培训机构和中小学校合作的背景，校本培训在其启始时就是学校的自身行为。

以上几点应当引起注意并值得借鉴，以弥补教师专业发展的缺憾，这对于高等师范院校或培训机构以及中小学校都是有益的。

（三）严格地说，以中小学为主体的校本培训，在我国还处于试验阶段，还没有探索出一套较为成熟的方式与方法，还没有更科学的理论作指导

现行所倡导的校本培训，主要体现在以国外校本培训为蓝本的理论研讨中，发达地区在教师继续教育过程中也存在如下问题：校本模式的实验，较多局限于经验层面，缺乏高等学校中专业人员的参与，没有强有力的理论作指导，呈现出松散的无组织状态，还没有在现实的继续教育中获得普遍的认可，难以成为教师继续教育的主流模式。因而，更科学而合理地借鉴国外教师继续教育的校本培训模式，结合我国国情，总结国内发达地区教师继续教育经验，同高等师范院校展开更广泛的合作，从而构建更适合我国不同地区的校本教师培训，这是我国教师继续教育发展的趋势。

（四）应当强调教师互相学习

除了与高等师范院校紧密合作的校本培训外，还应发挥以教师相互听课为特征的松散型校本学习方式的作用。有人把它看做较为理想的提高方式。较好的做法是教师彼此相互听课，并在一种非评估性的气氛下讨论他们的感想……这样，教师不仅受益于参观他人的实际教学，也从其他教师对自己的教学效果的评价中受益。但是，这种方式在开展过程中也是有困难的，特别是大部分教师在开始时担惊受怕。因此，如何克服初始恐惧感是开展经常性校本培训的关键。正式听课前，鼓励在小范围内（尤其是关系较好的教师间）相互听课，注意先让初级教师听高级教师的课；组织与邻近学校的教师相互观摩；由校外的有经验的顾问先行听课，由他写好课堂教学报告，在教师间交流，然后由教师相互听课；还可以共同参观第三者的教学、讨论学生的作业、使用共同的课本与听课录音。可以说，“教师职业发展极为重要的是与同事合作，要成长为一个专业人员，教师必须想办法克服

课堂上和学校中存在的隔离状态”①。教师群体中确实存在着大量的学习资源，需要教师通过听课、观摩等手段交流教学信息；需要在评价手段、参考资料，以及学习单元设计等方面进行合作；需要对教学中出现的学生学习及班级管理等问题展开讨论。但这种来自于教师工作实践的学习方式，有时会演变成一种形式，也会由于缺乏合理的规范而丧失意义。因而，对于这种历史较为久远，并不断延续下去的学习形式，专业研究者要进行深入的探究；同时也需要高等学校同中学之间展开缜密的合作，克服其松散无序行为的弊端，不断赋予其存在价值。

第二节　校本教师专业发展研修的背景与意义

我国校本教师培训和教师专业化蓬勃发展，课程改革不断深入，2003 年教育部在《面向 21 世纪教育振兴行动计划》的基础教育课程、教材改革项目中，专设了“创建以校为本教研制度建设基地”项目。“创建以校为本教研制度建设基地”项目在同年底正式启动，在总结教师成长、发展经验的基础上，在把中小学教师的教学、研究、进修融为一体方面进行改革。2004 年 3 月时任教育副部长的袁贵仁在一个培训会议上讲话指出，在培训方式和培训模式上要突出两个方面：一是校本研修实际上是一种“从学校中来，到学校中去”的培训，学校出现的问题是培训的起点，培训的归宿是解决这些问题；二是充分运用并通过现代远程教育手段，开展教师培训工作，构建“天网、地网、人网”相结合的现代培训体系，共建、共享优质资源，提高培训的质量和效益。“研修”原本是日本的汉字词汇。这股校本教育思潮，从上看，反映出各教育部门都在将工作重心下移，更加重视

① ［美］Lynda Fielstein & Patricia Phelps. 教师新概念——教师教育理论与实践［M］. 北京：中国轻工业出版社，2002：224

发挥中小学校自身的作用；从下看，它折射出了各中小学校追求特色发展、争取办学自主权、获得自由发展的愿望。

于是教师校本研修作为一种新的教师专业发展方式，以先行创建以校为本教研制度和建设基地来实施，校本研修的命题伴随着教师队伍的专业化发展和新一轮课程改革的推进而产生。这种新的发展方式，“逐步向制度创新、文化再造方向发展”，其影响及于全国。

一、以校为本教研制度建设的研究实践概况

（一）校本教研制度建设与实践现状

教育部提出，为推进基础教育课程改革向纵深发展，在创建基础教育新课程结构体系的同时，要建立与之相适应的“以校为本”教研制度。并确定84个省、市、区、县作为创建基地，率先建立校本教研制度。先期创建基地的选择，依据教育部基础教育司的要求，经过专家评审，全国30个省、自治区、直辖市和新疆生产建设兵团的一百多个区、县教育局与省级教育研机构或师范大学课程中心联合申报，再经项目专家组审议。最终，北京市朝阳区，上海市普陀、浦东、徐汇、长宁、金山、宝山、静安、青浦等区，以及广州市天河区、山西省、湖南省长沙市、黑龙江省宁安市、内蒙古自治区赤峰市、山东省潍坊市、浙江省台州市、江苏省无锡市惠山区等84个省、市、区、县的教育厅（局），被选为教育部基础教育课程改革重点项目“创建以校为本教研制度建设基地”。

“创建以校为本教研制度建设”项目的实践研究，以学校课程、教学改革中的实际问题为着眼点，着重于教师在实践中的学习、反思；在中、小学校内部和校际间开展教师合作教学、研究机制的建立；调动高等师范院校、教育科学研究部门以及各级中小学教研室的专业研究人员，深入各中小学校，与教师共同研究课程、教学改革中的现实问题。创建以校为本教研制度建设不仅使学校成为学生成长的

场所，同时成为教师不断学习、提高自身素质与教育教学质量和成就事业的重要策源地。

“创建以校为本教研制度建设”，从教育研究机构的角度说，要转变传统的教研方式，使教研走向公开、民主、互动，并努力使教研与教师培训有机结合；切实突出以中小学为本；各级教育科研机构和教育行政部门应当充分重视学校层面的改革；同时，中小学以外的教育科研、教师培训机构和高等院校等都要以课程改革、校本研修和教师的专业发展为中心部署工作，使部门或机构真正体现出是“基于学校”“为了学校”和“在学校之中”，从而形成合力，促进学校教育教学水平的全面提高。

为了督促、检查“创建以校为本教研制度建设”项目的进展情况，交流研究实践的经验。由教育部基础教育课程教材发展中心主办，湖南省长沙市教育局承办，2005 年 1 月在长沙市召开了全国第二届“创建以校为本教研制度建设基地”项目经验交流与工作研讨会。全国项目负责人、上海市教育科学研究院副院长顾泠沅教授向大会作了《项目进展情况与上海八区联动简介》专题报告，长沙市教育局副局长作了以《建设以校为本教研制度，推动基础教育课程改革的可持续发展》为题的经验介绍发言。会议除了大会发言之外，又进行了分组的项目基地建设经验交流。与会代表还分小组实地考察了长沙市的校本教研情况。全国各省、直辖市、自治区的基础教育行政部门和教研部门的主要负责人以及 84 个校本教研制度建设基地的教育局领导、教研部门专家、基地学校的教师代表近四百人出席了这次会议。

为更进一步推进以校为本教研制度建设，深化基础教育课程改革，由教育部基础教育司、基础教育课程教材发展中心和山西省教育厅联合主办，山西省教育科学研究院承办，又于 2005 年 12 月在山西省太原市召开了全国第三届“创建以校为本教研制度建设基地”项目经验交流与工作研讨会。教育部领导在会上报告了基础教育课程改革的形势，以及素质教育实施调研的有关状况；项目负责人，上海市教育科学研究院副院长顾泠沅教授，介绍了当前校本教研的新动态并对项目推进情况作了介绍。山西省教育厅组织了“校本研修行动”专场汇报。大会设立四个分会场，听取北京、上海、山东、黑龙江、江西、内蒙古、甘肃等地校本教研的经验介绍，并进行了现场交流。全国各地的教育厅、局（教委）、基教、教研部门的负责人、有关专家，以及创建以校为本教研制度建设基地的市、区、县教育局的负责人与基地学校教师的代表总共五百多人出席了会议。

通过上述措施的推动，校本研修活动迅速扩展，已经逐渐遍及全国各地的中小学。教育部曾经强调指出，校本研修作为一种学校文化和教师教育手段，要在全国范围内迅速推广。在教育部的领导和“创建以校为本教研制度建设基地”项目组的带动下，各省市都把“创建以校本教研制度建设基地”项目纳入当地教育部门的工作重点，列入发展规划和督导内容，还分别制订、发布了以积极推进校本研修、促进教师专业发展为中心内容的政策性、规定性文件。例如，上海市教委制订、颁布的《终身学习的专业学校发展的基石——上海市基础教育教师队伍建设“十一·五”规划纲要（草案）》，其中提出：“教师教育要努力改变忽视受教育者主体地位、脱离学校教育改革实践、职前培养与在职教育相脱节等倾向，要有助于激发教师对职业理想的追求和主动学习的动机，切实提高教育实效。”上海市教委强调要“坚持有效学习为中心的教师专业发展理念，激发教师专业自主发展的动力，建设有活力的学习型教师团队，打造教师学习文化”，要“在全市范围推进校本研修，全面提高研修的质量与效果”，要“深化教师教育专业机构改革，探索长期深入中小学研究指导的合作方式和激励机制”。这些指导原则和要求，进一步促进了上海市校本研修制度的迅速建立和健康发展，从而也为全国范围内的中小学校本教研制度的建立、发展以及教师的专业成长、基础教育课程改革的深入起到了带动与示范作用。又如，山东省潍坊市教育局聘请教研员为政府督学；教研员以双重身份深入学校课堂，进行调查、研究与督导，解决了教育行政、督导部门无法管理学科质量的问题。

多年来，对课程改革背景下中小学教研工作的探索，从理论和实践两个方面开展研究，促进了教研制度的创新。一套保障新课程实施的、适应当地教师专业发展实际需要的、富有时代特点的校本教研制度逐步建立，提高了教育质量。采取区域推进的方法，通过改革实践，在全国建立了数十个以校为本教研制度建设基地，并为运行新型教研机制起到一定的引导、示范作用；许多省、直辖市、自治区逐步建立起省（市）级“以校为本教研制度建设基地”。中小学与大学、教学研究部门及相关机构之间的多方合作、共同开展教学研究的运行方式和机制正在建立，教育研究人员与教师相互学习、互补互益的风气逐渐形成。总之，校本研修正在成为教师专业化的主要途径，迅速改变着教师的成长和学校的发展面貌；校本研修的制度建设，已经成为中小学校文化构建的重要组成部分。

（二）校本教师研修的主要特点

经过多年的研究、实践，全国各地积累了十分丰富的经验，还逐渐形成了本地区的教师校本研修特点。

（1）充分发挥本地区教研机构研究、指导、服务的职能，实现了教研工作重心的下移；紧密联系高等师范院校，教育科学研究部门、教师教育机构等形成合力，推动以校为本教研制度的建设。

据现有资料显示，上海市和湖北省、广西壮族自治区、东北三省等地的不少区、县都打破了培训与研究部门的分离，形成研修一体的新体制：一些地区在推进校本研修的过程中，对相关的教育机构进行了调整或合并。有的把“教研室、教育科学研究所、师资培训中心、干训中心、信息中心（或电教中心）”等教育研究机构进行调整或重新组合，构成一个或几个紧密合作的研修一体的专业机构。例如，上海市将重新调整后的机构，命名为区（县）教育学院或教师进修学院。校本研修的资源与力量整合消除了培训、研究割裂的局面，促进了部门间密切合作。在校本研修深入发展的推动下，各地教育系统内部机构的设置、调整是一种必然趋势，它是教师教学、研究方式的变更以及教师专业发展方式更新导致的结果。上海等省、市在教育科学研究、教师培训、信息中心等各个方面机构整合的经验表明，校本研修、研训（研修）一体使教育行政和质量管理的运行体系更处于一种和谐、合作的状态，更利于学校、教师、学生和机构本身的发展。这种整合是在基础教育改革深入的形势下促成的，所以就更适于改革现实的需要。

（2）全国许多中小学校，在校长带领下整合学校内部机构，形成教学、研究、进修紧密结合的研修系统，建立学校研修工作的激励和保障机制，主动争取有关教育教学研究部门的支持与合作，因校制宜、经常性地开展灵活多样、行之有效的教研活动，提高了学校教师队伍的专业水平。

例如，湖南省长沙市开福区在全区各个学校推行“问题研修”模式。在学校领导者的组织下，研究教学中真实存在的问题，促进了有效的校本教研制度形成。又如，内蒙古自治区赤峰市红山区在开展课例研究中，最初只是关注教学方式的转变，在师生关系、课堂氛围、学生学习体验都有改善的情况下，却发现了只注意形式的转变不行，能否在课堂上有效落实新课程的目标才最重要，于是开始对如何在课堂教学中落实三维目标进行研究。这就使该区的课堂教学摆脱了形式主义的束缚，增强了课堂教学的有效性，从而提高了教师研究的积极性。再如，山西全省各级领导重视校本教研活动的开展，基层学校的校长率领教师们，注重在原有教育科研的基础上，开展教研活动。由于措施落实，激发了教师们深入改革和参与教研活动的积极性。他们体验到“校本研修是让教师幸福的事”，只有让教师从自己的课堂教学活动中发现和研究自己感兴趣的主题，才能引起他们的研究热情，也才能解决实际存在的问题，促进他们的专业成长。

让中小学教研组活动更有效是校本教研的核心。很多地区中小学的教研活动，已经逐渐摈弃教学比赛、考试竞赛等这些对教学没有多大补益的形式主义活动，更加关注课程改革中实际教学问题的研究，从而涌现出行之有效的教研活动。他们积极探寻真实存在的问题，并聚焦关键性教学事件；有多元的解决问题的群体士气和公开交流的氛围；避免局限于简单的操作技术改进。这样的教研活动是值得倡导的。不过，通过调查发现，很多教研组目前仍然是任务布置多、深入研讨少，还没有成为群众性的、合作研究的实践共同体，离课程改革的要求还有相当距离。所以要加强学校教研组建设，把研究的重点放置在改进课堂教学的策略方面。而且，在新课程的背景下，要注意处理好年级组、教研组、学科组、备课组以及综合实践组之间的关系，此外还应有效组织并探索跨学科、跨校教研活动等。

（3）中小学与师范大学或教育研究机构建立长期、稳定的合作伙伴关系，形成了一种互动、互惠的合作方式。

师范大学的教育专业研究人员，为中小学教师校本研修提供强有力的专业支撑；中小学教师参与师范大学的研究课题，成为教学第一线最实际的研究者。他们彼此互相帮助、交流研究心得，共同提高。例如，北京首都师范大学课程中心和北京郊区延庆县教育局合作，在基础薄弱的中小学共建校本教研基地。北京大学教育学院参与“中英甘肃基础教育项目”，直接深入到农村边远地区学校，研究弱势群体的儿童教育问题。这些学校在与大学的合作过程中，共同建立研究基地，逐步形成了学校发展的中长期目标与规划。广东省在 2008 年则首创在全国开展了中小学校本培训示范学校评选工作，建立了广东省中小学校本培训项目管理办公室（设在广东省第二师范学院培训处，并建立了广东省中小学校本培训网络平台。据有关调查资料显示，中小学教师对于高级“专业研究人员”的信誉和引导作用的需求最高，可是在现实中得到专业学者的帮助却最少。推进中小学教师校本研修以来，中小学与师范大学合作的方式发生了很大改变，特别是中小学仅为大学的科研课题提供材料的合作方式发生了根本转变。师范大学的专业研究者和中小学教师一道，围绕着基础教育的改革目标，在重新组建课程体系、改进课堂教学的策略与方法、教师团队发展的民主化进程，以及相应的评估与领导管理方面，开展了长期坚持的带有原创性的研究。与此同时，还积极参与诊断和研究了中小学教学实践问题，促进了教师校本研修的发展，获得了可喜的成果。

（4）充分重视农村中小学教师校本研修以实现城乡共同发展。

创建教师校本研修制度以来，各地都特别关注农村及边远地区学校的校本教研制度，因为它直接关系到城乡的均衡发展。如上海市静安区与江西革命老区弋阳地区建立“手拉手”的互帮关系，十年不间断；创建了自主、平等、互利和资源共享的联动教研形式。通过多年的共同努力，不仅促进了当地中小学的发展，而且去弋阳参加教学、研究的教师，还学到了革命老区的教师们艰苦奋斗的敬业精神，又提高了自身的专业能力，真正实现了双向互惠。再如，内蒙古自治区赤峰市对农村中小学校本研修非常关注。它们从只注重于资金、设备的援助，改变为制订“城区优秀教师的农村服务期制度”，又从着眼于解决农村学校骨干教师短缺的“执教顶岗”问题，转变到带动学校学科和教研组的发展，推动了农村学校教研文化的建设。城乡联动方式是各种各样的，不管是“手拉手”还是“农村服务期制度”，都是有建设性意义的探索方式。但是，不管采取何种方式，都必须明确联动的目的是实现城乡教育教学的均衡发展，关注的焦点是促进城乡学校的共同进步。在联动的过程中，既要解决理念、方法（技术）方面的问题，更应注重制度建设与教帅的专业成长等不同层次的问题。

（5）教师在校本研修的实践研究过程里锻炼成长。

开展教师校本研修实践以来，在全国 84 个区（县、市）中，很多教师参与课程改革的热情非常高，他们由“要我参加”转变到“我要参加”，即由被动的参与研修到主动要求研修，校本教研成为了教师们的内在需求。例如：黑龙江省宁安市在最初组织校本教研活动时，就有一些教师采取应付态度，有的即使参加了活动也是心不在焉。可是，区、县和学校的领导者，并没有因此而放弃组织教研活动，他们明白，只有在教研实践中才能使教师们体验到开展教研的意义。在经过了一段时间的细致工作，组织了一些有效的教研活动后，教师们的改变很显著：能够自觉地参与到校本教研的活动中来了，就是那些长期连一堂公开课都不愿意听的教师、平时不关心课程改革的教师，都积极主动看书、听课、上网查阅资料，还请领导、同伴走进自己的课堂进行指导。事实证明，教师校本研修要走向普及、走向常态，需要组织者耐心地引导，不要只注意教师外在的行为表现，更应重视教师内心的感受，只有在实际教学中教师体会到经过研修提高了课堂教学效益，才能激发起教师们的研修热情，从而促进他们专业能力的发展和新的研修价值观的养成。一句话，教师要在校本研修活动的过程里锻炼成长。

（6）构建不同的教师研修模式解决校本研修中的具体问题。

在教师研修实践过程中，北京市朝阳区面向全区，推出了三种校本教师研修模式：自主模式、联片模式、支撑模式。这几种模式各有特色，解决不同的实际问题。

第一，自主模式。适合于教育资源比较丰富的区级示范学校，在朝阳区有 38 所区级示范学校采用了这个模式。

第二，联片模式。适合于一般中小学和一部分小学科，主要适合于音乐、美术、劳技课等学科，还适用于小学学区的校本教师研修模式。朝阳区共有 10 个学区利用学区大组开展学科校本教师研修活动。

第三，支撑模式。适合于教育资源较为薄弱的农村学校，需要加强区级教育研究室和教育科研室等部门的支撑与服务。

这三种模式发挥不同的作用，是朝阳区推进校本教研的策略特色，是基于朝阳区学校多、地域广、校际间差距大、优质教育资源不足等具体现状而提出的针对性策略。无论哪种模式，目的都是推进中小学建立自己独特的校本教研制度，以深入推动课程改革，促进学生、教师和学校共同发展。这些模式具有相对广泛的意义和实用价值。

（7）运用现代化的信息技术，开展网络校本研修活动。

在研修实践过程中，为加强校本研修的区域行动，广州市天河区运用信息技术，建立了基于blog技术的天河教研平台和开展区域教研的高速公路——天河部落（www. thjy. edu. cn），努力将课程实施的“话语权”交给每一位教师。由于blog技术操作的简易性、内容的个性化，为区域教研提供了广阔的发展空间。到2004年11月底，日均访问量已达8万，网页累积访问量已突破700万，各类文章突破1.9万篇，注册人数近七千；至2005年底，国际排名进入4.5万篇。广州市天河区利用现代化的技术手段，开展开放、民主、灵活的网络教研被称之为“部落教研”；该区还建立了与天河教研平台联接的基于知识点的教学设计、教学反思、错题采集与学生学习诊断的数据（挖掘）平台，建立了教与学环节互动平台。部落教研与常规教研互为基础，互为延伸，互为补充，把教研和教师专业发展的空间向网络拓展，构建新型的教研制度，形成民主、开放的教研氛围。“天河部落”既是教师个人研究学习的工具，也是区域教研的理想载体，还是教研室、教师、学生和家庭联系的绿色通道，成为校本研修中的重要特点。

另外，新疆维吾尔自治区生产建设兵团，根据地广人稀、学校分散的特点，采取远程教育与网络培训的方式，把一些先进的教学思想、教学实施策略、校本教研制度等，不断地传送到农村中小学，使大漠深处的老师们“足不出校”，就可以了解到外面的世界，并能分享到全国各地的先进教学经验。正是由于网络教研跨越了时空的限制，丰富了教研活动的内涵，与以往的定点、定时的区域常规教研相结合，于是编织出一张突破时空的教研网，形成“人人、天天、点点”都可教研的生动局面，有效促进了区域教研氛围的形成和教师的专业发展。

（8）建设以校为本的研修管理制度，保证校本研修质量逐步提高。

校本教研管理制度建设与行政部门的推动密切相关。在现实中，不同地方的领导重视程度不同，有的是教育局长亲自抓制度建设，有的则只作行政部门的日常业务工作。因为重视程度不同，有的建立了管理制度，还列了校本研修的专项经费与管理办法；有的不仅没有搞制度建设，连开展研修活动的基本经费也难以保障。校长是校本教研第一责任人的认识差别也很大，没有明确自己责任的学校领导者，当然不关心相互管理制度的建设。事实上，制度的建立关系着教研活动有效并经常、持久，关乎着教师的专业成长和基础课程改革的深入发展。在研修实践的过程里，浙江省台州市从当地学校的实际出发，建立了学校教研制度的学校管理制度、教研活动制度、课题管理制度、教师学习培养制度、教师评价制度等。教研制度建设的目的是如何促进教师的专业发展，因此，重在学校自身的生成，而不能简单移植和照搬其他学校的管理制度。由此可见，对于校本教研制度的建设来说，如何适应课程改革的挑战、适合教师专业发展的需求、适应各地区之间的差异，以及如何营造新型、民主、开放的教研文化，仍是长期而艰巨的任务。

二、创建学习型学校，促进教师自主发展

进入21世纪，人类社会的发展也进入了一个全新的变革的时代。正如加拿大著名学者迈克·富兰所说：“变革是普遍存在的和持续不懈的，它经常出现在我们面前。”在这个时代，变革将不再是一个特定时期的活动，而是生活的一种普遍形态，持续变革是时代重要的特征。这种持续的变革，是在科学理论和技术迅速创新和积累的推动之下形成的。在这个时代，新兴的科学理论和新技术的发展异常迅速，许多原有的知识理论与技术、活动方式等都被摈弃，而失去了它们固有的价值、意义。这迫使人们不断地更新知识结构，以适应时代发展

提出的要求。对教育来说，更遭遇了严峻的挑战。它要求教师应当及时掌握新的理论观念以及各种创新的知识、技术，毫不停顿地充实自身的学识，转变观念，提高教育教学效能；对所培养的人才，要求他们能够适应持续变化的环境，能够保持持续的学习动力，不断吸收与创造新知识。变革的时代还要求教育不仅要具有新的知识观、新的人才观、新的教育教学内容与方法，而且需要建立新型学校。这种学习型学校，创造了教师持续自主发展的契机，能适应时代持续变革的要求。学习型学校是在新的社会形态、新的教育形态与新的管理形态下学校发展的方向，而且是和我国构建现代国民教育体系、建设学习化社会的目标相一致的。我国社会各个行业、各个系统在近些年来也纷纷开展了学习型社会、学习型城市、学习型政府、学习型社区的建设，形成了建立学习型组织的热潮。

（一）终身教育、终身学习思想与学习型学校思想的关联

教育部部长袁贵仁在2003年全国教师教育年度工作会议上指出："教育工作的性质和任务要求教育者必须首先成为全员学习、终身学习的模范。全国目前有1 000多万中小学教师，支撑着世界上最庞大的基础教育体系，担负着对亿万少年儿童的教育重任。教师素质的高低，直接关系着亿万少年儿童的健康成长，关系着祖国的前途和命运。教师的工作性质和肩负的重要任务要求教师应该成为终身学习的先行者，要率先建立教师全员学习、终身学习的学习型组织。"①

1. 什么是终身教育与终身学习

一般认为，终身教育是人们在一生中所受到的各种培养的总和，它既要贯穿人的发展的一生，又要覆盖人发展的全部。终身教育理念宣告了"学历社会"观念的终结，也宣告了在整个一生中把人生分为两半——"充实自己"和"照亮他人"传统观念的错误。与终身教

① http://www.moe.edu.cn/jsduiwu/jspeiyang/26.htm

育相应的概念是终身学习。终身学习思想，古已有之，荀子曾经说："学不可以已。"终身学习就是指每一个人应该持续不断地学习，它始于生命之初，持续到生命之末，即从摇篮到坟墓，一辈子持续不断。

2. 教师为什么要终身学习

"教师教育的基石和精髓是终身教育理念。"① 现时代的变是这个时代唯一的不变，在这急速变化的时代，谁能学习在变化之前，谁能学得更快，谁就能赢得机会和成功。在21世纪，时代对教师的要求越来越高，对教师专业发展的要求也在不断提速。过去，对教师的知识水平提出要求，人们常用"给学生一碗水，教师得有一桶水"。如今这种"一桶水"的观念已经受到摒弃，取而代之的是源源不断的"活水"观念，恰如朱熹所说："问渠哪得清如许，为有源头活水来。""活水"观念的基础是终身教育和终身学习思想。强调终身教育和终身学习是当代教师成长和发展的必由之路。教师只有不断学习，才能不断适应不断发展和变化的时代要求。

（二）教育观念的转变推动着学习型学校的兴起

学习型学校的兴起，根源于我国教育科学的学者对我国传统教育的反思，他们参考国外学者的见解，认为我国学校教育深受工业时代标准化批量生产方式的影响，学生学习的内容被分割成一门门课程，课程的内容都是标准化统一设计的，教师的教学方法往往也很单调，个性千差万别的学生，在学校"按照统一的模子生产出来"。教师的工作成了简单的重复性劳动。这样既使学校失去了教育的本原意义，又使教师工作由于单调、缺乏挑战而失去吸引力，教师厌教的心理加重。学校管理强调规则与控制，使学校变得僵化，失去对环境的感知能力，没有了变革的动力。这样的学校更多地是从知识传授出发来开

① 教育部师范教育司．更新培训观念变革培训模式［M］．长春：东北师范大学出版社，2001：9

展教学，而不是为了开发学生的潜力。在新的时代里，从教育的本原意义上看，教师劳动是个性化创新性劳动；真正高水平的教育，是教师能够针对学生特点进行的教育，是个性化的教育，以充分发展学生的潜能。

那么怎样才能实现个性化的教育，促进学生的潜能发展呢？个性化的教育需要教师成为一名研究者，一名创造者，需要教师形成自己的教育理念，需要教师掌握专业化的技能，需要教师了解学生、分析学生，促进学生的发展。作为一种知识性的行业，教师必须使自己的工作真正体现出个性化、创新性的特点，这就需要教师不断地进取、学习。将教师的工作看做是复杂的创造性的劳动，必然要求学校管理模式的变革。强调外在控制的管理只能建立合格的学校，却无法创造真正高质量的学校。真正高质量的学校需要学校管理的创新，需要激发教师的工作热情。正是在知识迅猛发展的大背景下，从 20 世纪 90 年代开始，针对教育改革与学校管理存在的问题，适应变革时代的要求，学习型学校在西方发达国家悄然兴起。我国学者们逐渐引进了西方国家的一些理论和做法。实施学习型学校的目的，是使学校成为校本知识的创造者，使学校管理有利于激发教师的创造性；使学校教育从简单的知识传授与技能培养，转变到让学生学会学习、学会创造；使学校成为社会的融合机制（social inclusion），而不是社会排除机制（social exclusion）。

（三）学习型学校思想的出现及其基本内涵

欧美学者在20 世纪末期提出了学习型学校的思想理论。该理论传播到我国后经过学者们的研究实践，并联系学习型学校的建设，对学习型学校思想做了扼要的论述。

（1）以持续变革为主要特征的时代。学校教育的重心发生了转变——从过去更多地强调知识与技能的传授，转变到更注重学习能力与创造能力的培养。这样的转变要求在学校设计、课程结构、教育教学方法与管理方式上进行根本性的变革。

（2）对教育改革与管理过程的重新认识。教育改革是一个极其复杂的过程，对于这样极其复杂的过程的变革，不应该是机械的控制过程，而应该是一个渐进的生态进化过程。教育变革的复杂性决定了任何期望短期内发生奇迹的想法都是非常幼稚的。教育变革的真正发生，在于营造一个宽松的鼓励创造的文化环境与氛围；使教育变革自下而上地发生于教师的教学第一线，发生于每一所学校。对教育改革过程复杂性有了一定认识，也就容易理解为什么教育改革的经验是无法移植的。所以，真正的教育变革需要改革学校管理方式，从执迷于控制到鼓励创造，使每一所学校都成为校本知识的创造者，而不仅仅是一个个成功经验的模仿者。

（3）学习型组织理论促成了学习型学校诞生。什么是学习型组织？圣吉在《第五项修炼》中将其概括为一句话——学习型组织是“能够设法使各阶层人员全心投入，并有能力不断学习的组织”[①]。台湾学者杨硕英根据圣吉的概括，对学习型组织进行了较为全面的阐述：“圣吉所希望建立的学习型组织，是一种不同凡响，更适合人性的组织模式。它由伟大的学习团队形成社群；有着崇高而正确的核心价值、信念与使命，具有强韧的生命力与实现梦想的共同力量，不断创新，持续蜕变。在其中，人们胸怀大志，心手相联，相互反省求真，脚踏实地，勇于挑战极限及过去的成功模式，不为眼前近利所诱，同时有令成员振奋的远大共同愿景，以及与整体动态搭配的政策与行动，充分发挥生命的潜能，创造超乎寻常的成果，从而由真正的学习中体悟工作的意义，追求心灵的成长与自我实现，并与周遭世界产生一体感。”[②] 在这样一种组织中，工作已不再是人们单纯谋生

① ［美］彼得·圣吉著，郭进隆译．第五项修炼——学习型组织艺术与实务［M］．上海：上海三联书店，1998：4

② 郁义鸿．组织修炼［M］．上海：上海译文出版社，1997：4

的手段，而是一种目的，工作的意义在于追求其内在价值。通过工作，人们体会人生，不断学习，自我否定，自我创新，探求生命的真正意义。

由此可见，学习型组织所倡导的学习不同于一般所理解的学习，且有很大的距离。一般所理解的学习主要指吸收知识，或者是获得信息，而“真正的学习，涉及人之所以为人此一意义的核心。透过学习，我们重新创造自我。透过学习，我们能够做到从未能做到的事情，重新认知这个世界及我们跟它的关系，以及扩展创造未来的能量”①。事实上很多人都渴望这种真正的学习，只有这种学习能创造出生命的真正意义。正是在以上思想的影响之下，促进了学习型学校的建立。

三、教育教学改革深入发展对教师提出新的要求

（一）实施基础教育新课程必须提高教师素质

从2001年开始，全国中小学先后开始了新一轮基础教育课程改革。这次课程改革，在课程体系、结构、内容、功能、实施、评价和管理等方面都比原来的课程有很大创新和突破。实施新课程，必将使教师的教育教学生涯和学生的学习生活发生变化。新课程改革，既为教师专业发展提供了新的机遇，又由于适应新课程改革，教师需要新的专业化发展；教师专业化发展是新课程实施的必要条件，随着教师专业素质的不断发展，新课程才能不断发展和完善。为适应基础教育课程改革向纵深发展，使学校不但是学生学习的场所，同时也成为教师终身学习的学习型组织，保证教师在改革实践中不断学习和反思，不断提高专业发展水平，教育部在《面向21世纪教育振兴行动计划》基础教育课程教材改革项目中，设立了“创建以校为本教研制度建设

① ［美］彼得·圣吉著，郭进隆译．第五项修炼——学习型组织艺术与实务［M］．上海：上海三联书店，1998：14

基地”项目，并从2004年起开始在全国有计划有步骤地实施。实践证明，校本教研是教师在职提高的最经济、最有效且最易为广大教师接受的途径之一。校本教研本身是一种教研文化的倡导，校本教研制度建设实质也就是一种教研文化的重塑。因此，校本教研只是一个载体或途径，文化建设是最终落脚点，教师的专业成长是追求的直接目标。

校本教研因其关系着教师的教育价值观念、思维方式和行为方式的培养，因而在促进教师发展中具有独特的价值。尤其在促进学校整体性转型过程中所倡导的“重心下移”策略逐渐延展到学校管理层面时，作为中层组织的教研组正逐渐成为学校组织变革中的重心。

以往的教研，注重个体某项教学经验的总结和交流，而校本教研关注经验和问题背后的理念和行为方式，或者说，关注的是这些经验怎样才能形成和重新形成，使学习和研究成为教师共同的职业生活方式，使教研组、学校成为学习型组织；从重在组织活动到重在培育研究状态；从关注狭隘经验到关注理念、更新；特别是在于促进教师对于所从事的教育教学实践理解的加深、教学专业知能的增进和教学实践智慧的提升。总之，融工作、学习于一体的校本教研活动，既是一场教师教学方式、研究方式的深刻变革，同时也是一场教师学习方式、历练方式的深刻变革。

美国学者古德莱德（J. I. Goodlad）认为，“现代课程改革必须经历的实施步骤和阶段”① 包括以下一些。

（1）理想的课程，指由一些研究机构、学术团体和课程专家提出的应该开设的课程。这种课程是否形成影响，取决于是否被官方所采纳。

（2）正式的课程，指由教育行政部门规定的课程计划、课程标准和教材，也就是列入学校课程表中的课程。

① 钟启泉．国外课程改革透视［M］．西安：陕西人民教育出版社，1993：39

（3）领悟的课程，指任课教师所领会的课程。由于不同的教师对课程会有各种理解和解释方式，因此教师对课程“实际上是什么”或“应该是什么”的领会，与正式的课程之间会有一定距离，它可能减弱或者可能增强正式课程的某些预期影响。

（4）运作的课程，指在课堂上实际实施的课程。观察和研究表明，教师领会的课程与他们实际实施的课程之间会有一定的差距，因为教师要根据学生的反应随时进行调整。

（5）经验的课程，指学生实际体验到的课程。因为每个学生对事物都有自己特定的理解，两个学生听同一门课，会有不同的体验和学习经验。①

在课程发展进程中，领悟课程的主体是教师，运作课程的主体是教师，学生经验的课程是在教师的领导和帮助下实现的，教师在课程开发和课程实施中具有十分重要的作用。从课程改革的经验看，一方面，课程改革的最大动力是教师，最大阻力也是教师；课程改革的重要工作之一就是将教师从阻力状态转为动力状态。另一方面，还必须提高教师理解和执行新课程的水平和能力。

适应新课程改革，需要教师放弃那些已经十分熟悉、习以为常的东西。更要求教师掌握实施新课程过程中的知识理论；教师在课堂上还将不断遇到许多课堂中的现实问题，而且必须不断回答、解决这些问题。解决这一类具体问题需要教师具备新的观念、充实的学识和能力，这就需要教师不断地学习、研究。正是出于顺利推进新课程的需要，出于帮助教师适应新课程的需要，校本研修应运而生。

（二）促进教师专业发展是推进课程改革的根本

随着基础教育新课程改革的不断发展，需要再培训的教师人数不断增多，教师教育的任务越来越繁重，单靠教师培训机构和有关高等

① 施良方．课程理论［M］．北京：教育科学出版社，1996：9

学校组织培训，很难满足新课程教师培训工作的要求，尤其是不能解决农村地区经费紧缺、工学矛盾突出等实际问题。校本研修是为满足学校和教师的发展目标与需求，由学校发起组织，主要在学校中进行的一种教师在职培训模式。实践证明，推进以校为本的研修活动，是促进教师专业发展的一条有效途径，有利于充分利用中小学校的培训资源、减轻学校的经费负担、缓解工学矛盾、提高培训效益。

教师的专业发展，主要是在作为其工作岗位的中小学校和课堂，因为学校既是教师专业生活的环境，又是终身学习的场所。教师专业发展主要是在学校教学和课堂实践中产生的，课堂既是教师施展专业素质的舞台，又是教师不断获得专业发展动力的源泉。研究是教师专业发展的主要途径，教师在学校开展研究有三个基本途径，即：系统的自学；研究其他教师的经验；教学实践中检验已有的理论与能力，获得新的理念和技能。最后一条途径尤为重要。这三条途径的核心是在职学习、在职研修，这就是校本研修。

从教师专业发展推动课程改革的角度来说，教师专业化迫切要求成长方式的转变。在传统的课程框架下，教师的作用只是将现成的课程和统一的要求输送到课堂上，传送到学生的头脑里。在新课程的框架中，课程分为国家课程、地方课程和学校课程三个层次，而且国家课程不再是统一模式的照纲实施。新课程在课程标准的前提下，给学校留足空间，要求学校将文本的课程理念和课程标准变为教师设计的课程，进而落实为学生实际获得的课程，我们称这种课程为“国家课程的校本实施”。事实上，这是广大中小学校面对的最重要的挑战。所以，教师专业成长必须以提高教师课程实施能力为核心。而构成教师课程实施能力的基础，是熟练掌握实施课程的相关知识，那么，教师缺乏哪些知识呢？

据我国学者们的研究，中小学教师主要缺乏实施课程的课堂实践性知识。因此，充分掌握实施课程的实践性知识，熟练运用学科专业知识是专业成长的核心。因而，增加教师的实践性知识是教师职后教育的核心。

20世纪90年代以来，世界各国在关注教师专业发展时，已逐步认识到职前师资培养的局限，认识到教师岗位学习的重要。“校本培训”“校本教研”“校本研究”“教师校本学习”“教师校本研修”等概念陆续提出，反映了大家都在不约而同地关注教师的在职成长。我国在推进基础教育课程改革的深入发展的过程中，把教师的校本研修作为教师专业成长的重要途径予以推广应用，其意义和背景即在于此。

（三）在新课程改革过程中建设高素质的教师队伍

新课程改革的重要理念之一是，教师的教育教学工作既是一种职业，也是一种专业；教师的教育教学活动不仅是一种奉献，更是一种追求，贯穿于其中的是个人专业发展的巨大乐趣。因此，伴随着实施新课程改革，教师在感受和分享学生成长喜悦的同时，应该同时感受到自身教学专业发展给教坛人生带来的巨大乐趣。

还应当认识到在全国或区域范围内建设一支全面适应不断更新的课程改革的教师队伍，绝不可能是在短期内可以实现的。按照新课程改革的理念，课程改革的过程就是教师专业成长的过程，需要长期的努力。这需要关注两个方面：第一，“课程改革的最大动力是教师，最大阻力也是教师，课程改革的重要工作之一就是将教师从阻力状态转化为动力状态”①。第二，必须提高教师理解和执行新课程的水平和能力。

所以，只依靠岗前集中培养是不够的，必须把岗前培训与在职研修结合，把集中培训与校本教研结合，实现培训与教研、科研的一体性密切结合，并且把它融会于广大教师的教育教学实践中，这样才能形成高素质的教师队伍。

---

① 黄甫全．新课程中的教师角色与教师培训［M］．北京：人民教育出版社，2003：3

四、校本培训和校本教研的低效率催生专业发展途径变化

（一）校本培训与教研存在形式化趋向

在教师校本培训中，取得许多可喜的成绩，已经在前面做了扼要的叙述。实际上校本培训仍然存在着一些问题，主要是有形式化的趋向，效率不高。尽管学校管理者十分尽力，比如：在台上认真地读一份精选的培训材料，作为受训者的教师有的在认真听，有的在批改作业，有的在看报纸；或者请专家、研究人员对教师进行培训，教师的表现也不主动。培训过程中，常常只听到专家、学者讲解的声音，教师只是被动地听着，而缺少应有的“回应”，更没有“平等的对话”。如果问一问教师参加“培训”有什么收获或对培训有什么看法，教师大都支吾着说：“还是有点用的。”①

培训中出现以上现象，主要原因是学校管理者把校本培训当作一项任务来完成，忽视了教师的主体地位；培训采取“培训者讲，被培训者听”的单一灌输方式；忽视被培训者已有的教育经验等。在这之中，还有一个重要原因是培训时忽视了中小学教师参加培训的需求，没有抓住中小学教师教育教学中需要解决的问题，从理论到理论，与教育实际脱节，缺乏针对性。由于教师不能获得解决教育教学问题的实际帮助，他们很快失去了对培训的信任，失去参与培训的主动性。还有就是个别地区的培训部门，对学校的校长培训十分重视，使得有的中学校长反复接受县（区）、市、省、部各级的培训，但培训内容则基本相同，只是讲课教授不同。所以有的校长对这样的培训，同样没有参与的积极性。

教研活动情况又怎样呢？“听课评课”是教研活动的一种主要方

① 徐学红．校本培训：学校可持续发展的绿色平台［J］．人民教育，2003：11

式，以下是一段“听课评课”活动的记录，可以想一想实际的效果①。

有些教师匆匆忙忙走进听课教室，有同事问：“您知道××老师今天上什么内容吗?”回答：“不知道。”

有的教师抱着学生的作业本走进听课教室，有同事问：“批着作业怎样听课?”回答：“记下主要的环节就可以了。”

坐在教室里的老师们有这样的对话：“您知道××老师今天上什么内容吗?”对方说：“知道，讲的是《炮手》。”又问：“《炮手》是教材的第几单元?”又答：“我还真不清楚。”另两位却在悄声说：“在您的听课本上，我发现您认真记录了老师的语言和教学环节，而没有学生的表现，为什么?”“听课，就是要向老师学习，所以我重点记录了老师的表现。”

在教师集体评课时，老师们完全没有了听课时的状态。问其原因，有教师说：“不愿意听课，愿意听别人评课。”

听课这一类教研活动低效的原因是多方面的：听课教师只是为了完成听课任务，不理解听课的目的，不认真解读听课的内容，不清楚要研讨的问题。当评课讨论时，要么只听课，不评议，一走了之，万事大吉；要么海阔天空，漫无边际；要么表扬奉承，你好我好；要么领导权威拍板，其余噤若寒蝉……

除操作上的问题，教研活动在取向上的偏差也是一个重要问题。重视教育教学中的实际问题是教研活动的特色，但不足之处在于面向问题时忽视了教师成长。如果说培训活动是“见人不见事”的话，教研活动往往“见事不见人”。教研活动只关注问题，而没有重视通过解决问题提高教师能力；一方面教育教学问题层出不穷，另一方面教

① 徐学红．“听”出生命成长的曼妙［N］．中国教育报，2005－05－24

师解决问题的能力并没有提高。问题始终是问题，最终也就难以根本解决问题。由于缺乏对教师专业成长的关注，教研工作往往就事论事，缺乏理论关照和系统规划，学习难免只及皮毛；参与者由于没有感受到教研活动对自身发展的意义，参与教研活动也难免被动消极。克服培训中“见人不成事”和教研活动中“见事不见人”的局限，提高培训和教研的效益，其中的出路在于用研修改进培训和教研，用研修整合培训和教研。

（二）教师学习和研究活动存在着问题

教师学习和研究具有重要意义，可以说教育行政部门、学校和教师都认识到它对提高教师素质十分重要，而且越来越重视教师的学习与研究。但对于如何有效地提高教师的素质，大家的理解和行动却不一致。其主要问题有以下几点。

1. 计划模式的教师继续教育制度遭遇困难

1995 年教育部颁发《教师继续教育规定》，它是教师学历补偿教育基本完成后对教师在职教育重心的调整，其主旨是保持教师职业生活中的学习提高与培养培训。教师继续教育的提出是及时的，其规划是合理的，但在实际推进中过度依靠行政的强制力量，过分强调课程的统一性，过于强调学分在考核中的作用，过于乐观地依托原先以学历补偿教育为主的基地力量，再加上实施培训的单位机构与人员对教师需求掌握不够，对教师成长机制研究不深，导致许多问题在继续教育全面铺开后逐渐暴露出来。浙江教育学院曾于 1998 年对教师继续教育情况进行过调查。调查发现“教师继续教育处于理想与现实的矛盾之中”，具体表现在：继续教育内容陈旧，而教师却要适应急剧变化的教育形势；继续教育方法单一，而教师正面临着教学方式的深刻变革；继续教育师资水平不高，而教师学习提高的愿望强烈。[①]

---

① 骆伯巍等．继续教育：愿望与现实的矛盾［J］．教育评论，1999（5）

由于继续教育采用指令性计划的方式推行，从而使有些地方的继续教育变成“指标完成式”的活动，这不仅没有达到提高教师素质的作用，反而导致部分教师的消极抵触。由于承担教师继续教育工作的教师进修学校与基层中小学缺少相濡以沫的关系，因而工作推进中强调基层需要少，迁就自己困难多，设身处地地为中小学考虑少，从而使继续教育以管理的姿态出现在教师面前，而不是以教育服务的形式面向基层。也正是这些因素的影响，教师继续教育的主旨没能得到大多数教师的认同，从而制约了教师参加继续教育的热情，也制约了继续教育的成效。美好的愿望没有产生良好的成效。

2. 教师研究范式存在不当倾向

教师研究是教师学习提高的重要途径。但是，由于研究动机和研究评价等问题，教师研究范式存在以下一些不当倾向[①]。

（1）对基层研究与宏观研究的区别把握不当。

推动群众性教育科研的目的是推广“研究性的工作风格”，是促进广大教师树立“在研究状态下工作”的习惯与思维。但是，片面强调中小学教师人人做课题、人人有论文，却导致基层教师对研究定位的把握不当。有些学校视教育科研为“形象工程”，单纯追求理论包装，轻易将内涵不足的一般经验包装成某某教育教学模式。一些求新求异、贪大求全、跟风追潮、穿凿附会的研究起着不当的示范作用，使教师研究中的形式主义、脱离实际、务虚空谈甚至剪贴抄袭之风滋生蔓延。

（2）研究过于追求技术理论使其逐渐脱离教育教学实际。

教师研究的核心在于增强教师的反思能力，改善教师的教学观念和教学行为，但现实是教师却在他们并不擅长的理论构建上着墨过多。有些教师简单地移植教育理论的概念术语，构建所谓理论或体

① 郑金洲．教师如何做研究［M］．上海：华东师范大学出版社，2005：1－4

系，却把教师对教育情境的整体感知、对教育问题的真切理解、对教育冲突的机智处理等精华湮灭其中。教师研究的理性化、技术化可能不是教师研究的价值所在。促进教师理解课程和反思教学的研究取向，才是教师获得教育理念、把握教育规律、领悟教育真谛、改进教育活动的重要武器。

（3）研究方式方法单一跟风。

教师研究应根据个人工作特点和研究对象而各不相同。新教师与成熟教师的关注与研究方式应该有所不同，关注课堂教学与关注学生心理健康的研究范式应有所区别。普通的教学讨论、工作琢磨、课例分析、叙事案例、反思笔记、课题研究等，其实都是教师研究的合理形式。但是，有的教师研究却是跟着政策与评价走，评优考核要课题，许多尚不具备条件的研究课题匆匆上马；职称评定考核要论文，许多没有实际意义的论文草草撰成。

3. 学校教研活动流于形式，因深入不够而实效甚微

（1）教研活动局限于“事务”，关注“任务”的完成。

当前众多的教学研讨活动以完成具体事务为基本追求，着眼于课、着意于课、服务于课，其具体目标是为了改善课堂教学。例如，时常以特定公开课的“任务”为推动力，尽管“公开课”是教师发展相互切磋、相互学习的平台，但将关注点仅聚焦在特定的任务上，容易导致缺乏长远计划意识，也割舍了教学研讨的更多价值。有的教研活动为使承担任务的教师在主讲公开课时能够顺利“过关”，关注的中心大多是课前的教学设计，教学研讨实际上被错误地定位为公开课的准备环节，甚至沦落为附庸。这种“事务”取向在无形中窄化了教学研讨的内涵，造成教学研讨价值的萎缩。因为在参与研讨的教师看来，公开课结束，研讨活动也就因此而自动终止。很少有教师去关注公开课后的反思性研讨。而实际上，课后的反思性研讨，无论是对于授课者还是对于观摩者，都是一种可贵的发展资源。丢弃了这一发展资源，也就肢解了完整的教研文化，这意味着对教学研讨的定位仅仅局限于合作备课方面，教学研讨只关注了“成事”，却忽视了“成人”的价值。而教学研讨是教师发展的重要途径，应当着重人的成长；在其深层意义上说，教学研讨应当成为教师的一种职业生存方式。当从这一视角来解读教学研讨的价值时，教学研讨的内涵将变得丰富起来，其意义也将得到拓展。将教研组文化外化、窄化为具体的行为，因而有听课文化、评课文化等，但对深层次的教研组的文化价值取向和思维方式等，却避而不谈。

（2）教研中的“形式化”倾向，疏于分享与创新。

有的学校教研文化建设远没有上升到“文化自觉”的意识水平上。教师的内在发展需要并没有被唤醒，教研文化建设与教师发展之间的相互滋养、互动共生的良性运作模式也没有得以确立。在这种背景下，学校相当多的教学研讨活动不得不依靠制度的规约、强制来推动，或者在约定俗成的习惯性力量的作用下“滑行”。教师仅仅是以“例行公事”的心态与姿态去参与教学研讨，教学研讨活动便不可避免地滑向了形式主义。教研中的“形式化”倾向表现有：将研讨课简单地与公开课等同，同时由于不正确的教育管理观念及机械化的评价尺度，又将公开课催化为“做秀课”。有的教师为了确保公开课的授课效果，预先将课堂拟提问的问题分派给不同学生。甚至还有教师在正式上课之前，进行多次试教，形成了“老师骗学生，学生骗老师，师生合作骗观摩者”的畸形教研文化。或鉴于对教研的意义缺乏深度理解，教师不能以开放的心态和“资源意识”来理性地看待研讨过程中所暴露的问题，使得许多承担公开课的教师不愿倾听反面意见，而参与研讨的其他教师也出于“不得罪人”的心态，往往是只谈优点不谈问题，即便偶尔涉及问题，也是转弯抹角、轻描淡写。久而久之，学校教研活动越来越沾染上“媚俗”之气，愈加失去了对教师的吸引力；加之学校缺少知识共享的气氛，教师之间不愿意共享彼此的教育教学知识与经验。教师间大多喜欢单兵作战或各自为政，往往欠缺主动汲取新知、分享知识的习惯。这也不利于在教师团队中形成教师创新、开放与豁达的心态氛围。因为教师本来工作繁忙，大多不愿意花更多的时间进行教学创新，这也会助长保守的教学文化发展。[①] 又由于对学校教研活动的定位、功能与实施方式思考不够，活动的计划性、针对性较差，听课缺乏明确的研究目标，理论学习离课堂实际太远，并且还存在着以应付考试为中心，任务布置多、深入研讨少等问题。学校教研的行政性功能与业务性功能孰占上风，是影响教师教研有效性的重要因素。再由于学校教研活动中经验主义的痕迹较重，低层次重复较多，质疑和讨论较少，“管”的色彩较重，教师公开自我、倾听与回应以及问题化与问题解决的习惯与能力相对缺乏，从而使研究活动水平不高，收效甚微。

4. 教师学习、研究的动机呈现较强的功利倾向

实际上，决定教师学习研究的最重要的因素，是教师参与学习和开展研究的动机，但有些教师学习研究的动机却令人担忧。大家都理解，改进教学实践是中小学教师研究的核心取向。教师在认识与改进教学的过程中，逐渐形成对教育规律的掌握，促成教育思想的进步，同时形成对改进教育教学的建议，使研究者的教育教学智慧得到提升。当然，在这一过程中也会产生一些论文、报告或案例，并不同程度地解决自己的教育教学问题。这些成果是水到渠成的回报。通常把这样的研究动机喻为“成长驱动”的研究。然而，有许多研究并不是对教育教学实践的改进，而是一堆不甚严肃的论文或著作。这些“应景之作”表面看来很热闹，但其外在的华丽，经不起深入推敲。这种过于功利的倾向，严重异化了教师的研究，破坏了研究活动本来的价值。所以，应当努力克服“成果驱动”的研究动机，倡导“成长驱动”的研究。

此外，基于学科本位的考虑多，体现综合视野的较少。由于教师

① 孙元涛．学校教研文化重建论略［J］．教育科学论坛，2007（10）

的成长背景和学科评价导向的影响，教师们思考问题常常局限在本学科视野，面对教育基本理论、教学心理学以及育人、学习指导等方面的综合思考相对较少，致使教师面对学生学习成长中的问题时困难颇多。虽然近年加强了学校业务工作的综合观，但要使综合观真正体现到教师的具体教学行为中去，还颇不容易。

（三）校本研修：教师成长重要途径的选择

1. 校本研修是教研工作积极寻求工作方式的转变①

校本研修从语源学探究，它源于日本汉字词汇，主要有学习、研究、修炼的含义。“校本教研”称为“校本研修”更为合适，因为它既是教师教学方式、研究方式的一场深刻变革，同时也是教师学习方式、专业发展方式的一场深刻变革。校本研修让教师成为教学、研究和进修的真正主人。校本研修是立足于学校，解决学校教育实践问题，充分发挥教师专业自主的教师自我教育形式。校本研修不是一般意义上的课题研究，它重在推进工作，其成果将首先聚焦在教师实施课程改革的能力和实现专业化发展等整体水平的提高上。

校本研修是教研工作积极寻求工作方式的转变，在工作目的与方法上回归本源的选择。它旨在让中小学成为教学研究的主战场，把已经兴起的教育科研方法与长期坚持下来的教学研究结合起来。传统意义的教学研究往往是自上而下的。教育科研的特点却是自下而上的，它从教育教学实践中的问题与困难出发，在积极尝试中形成解决问题的对策，继而提出对类似问题具有普遍性的建议。采用这样的方法，既是对教育科研活动的深化，又是对教学研究的有益补充。教育科研与教学研究的共同本质是研究，共同目的是教师的锻炼提高与教学方法的创新。用“校本研修”一个主题让两者形成合力，是十分恰当的。

---

① 张丰．校本研修的活动策划与制度建设［M］．上海：华东师范大学出版社，2007：13

2. 校本研修是提高教师培训实效的选择

校本研修是提高教师培训实效的选择，它旨在加强教师培训与教育教学研究的联系，在帮助教师解决教育教学问题的过程中实施师资培训，促进教师的成长。没有与教学实践研究紧密结合的培训活动，一般是效果欠佳的培训；没有借助培训活动产生交流与推广的教学实践研究，也是效率不高的研究。校本教师研修有助于发掘教师身边的教育资源，引导教师研究和学习同伴的经验，使课堂式、经院式的培训分解渗透在教育教学活动中。与其视两者为彼此独立的两项工作，倒不如以“校本研修”一个主题将这些方面整合在一起。“研”反映的是教师的活动方式与活动性质，“修”反映了活动的长远目的与意义。它既是教师教学方式、研究方式的深刻变革，同时也是教师学习方式、专业发展方式的与时俱进。这是从根本上改变教师在“培训”中的被动地位，突出教师的自主学习和自主发展。[①] 以“校本研修”替代“校本培训”，体现了促进教师专业发展的策略从课程取向转向研究取向，将解决教师教育教学实际中的问题与教师专业发展的目标有机统一起来。教师们从“受训者”转变为“研修者”，将更有利于广大教师积极主动地参与学习与研究。

以校为本的教师研修，是对数十年教学研究、教育科研和教师培训工作的反思与改进。其起点是唤醒教师对自身教学实践的反思；其研究对象是学校教育改革发展中的现实问题；其过程是通过实践—反思—再实践—再反思，不断更新教师观念，不断改善教学行为；其追求的结果是切实解决教师在课程实施中遇到的实际问题。

校本研修的内涵是在校本培训、校本教研的基础上发展起来的。“研修”整合了培训和教研两个方面的因素，同时包含了学习、研究、进修等含义。研修一方面强调以研究教育教学问题为主要载体，以实

---

① 王祖琴．继承与超越：从校本培训到校本研修［J］．现代中小学教育，2006（10）

现教师专业发展为主要目标；另一方面，强调解决教育教学问题必须以教师专业发展为前提，通过专业发展去实现教育教学问题的最终解决。因此，校本研修的主旨是让教师成为教学、研究和学习的真正主人，使教师的教学质量与生命质量得到共同提高。“自我反思”“同伴互助”“专业引领”则是校本研修的三个核心要素，也是开展校本研修的三种基本力量。

校本研修的关键是校长，他是校本研修的第一责任人，负责总体策划、全面组织、全权保障、全程管理。校长的具体任务是：加强领导，把改进培训和教研工作、促进教师专业发展、提高教学质量作为学校的中心工作；亲自领导校本课程开发，整合校内外校本研修资源，主动加强与校外专业支持机构的合作；带头学习，完善研修制度，加强学习型组织建设；为校本研修活动的开展提供时间、条件的保障，为研修文化的营造创造环境和氛围。

第二章
“教师专业化”与教师专业发展

第一节　“教师专业化”与教师专业发展概述

一、“专业”“教师专业化”与教师专业发展的涵义

（一）“专业”（profession）

“专业”最早是从拉丁文演化而来，原意是公开表达自己的观点或信仰，与之相对的是行业（trade），包含着中世纪行会所遗留下来的一些神祕色彩，如其行业的专门知识和技能只能传授给门人。德语中专业（breuf）是指具备学术的、自由的、文明特征的社会职业。

我国《现代汉语词典》中关于专业的解释是：高等学校的一个系或中等专业学校里，根据学科分工或生产部门的分工把学业分成的门类；产业部门中根据产品生产的不同过程而分成的各业务部门；专门从事的某种工作或职业的。[①]

这里所论述的专业是个社会学的概念，是从社会分工、职业分类

---

① 现代汉语大词典．上海：汉语大词典出版社，1998（2）：1276

的角度来定义的，即专门性职业。它是在社会分工、职业分化中形成的一类特殊的职业，是指那些通过特殊的教育或训练掌握了科学或高深的知识技能，并以此进行专门化的处理活动的人，从而解决人生和社会问题，促进社会进步的专门性职业。①

（二）专业化（professionalization）

专业化是一个社会学概念，指一个普通的职业在一定时期内，逐渐符合专业标准、成为专门职业并获得相应的专业地位的过程。一般成熟的专业工作应该具备以下六个特征或标准：专业知能、专业道德、专业训练、专业发展、专业自主、专业组织。对照以上标准，教师专业是一个“形成中的专业”，或者相对于医生、律师等来说是“半专业”。②

专业化一般来讲有两层含义。一是指一个普通职业逐渐符合专业标准、成为专门职业并获得相应的专业地位的过程，英语用professionalization一词来表示，侧重讲过程含义；二是指一个职业的专业性质和发展状态处于什么情况和水平，英语用professionalism一词来表示，侧重讲性质含义。我们是在上述两种含义上使用专业化这一概念的，但更侧重于第一种含义的使用。

（三）教师专业化（teacher professionalization）

教师专业化是职业专业化的一种类型，是指教师个人成为教学专业的成员并且在教学中具有越来越成熟的作用这样一个转变过程。③因此，教师专业化是在教师的整个职业生涯中依托专业组织，通过终身专业训练，习得教育专业知识、技能，实施专业道德，逐步提高自身从教素质，成为一个良好的教育专业工作者的专业成长过程。也就

---

① 刘捷．专业化：挑战21世纪的教师［M］．北京：教育科学出版社，2002：42

② 熊焰．试论教师专业化与校本培训［J］．课程·教材·教法，2002：50

③［澳］邓金主编，教育与科普研究所编译．培格曼最新国际教师百科全书［M］．北京：学苑出版社，1989：553

是一个人从“普通人”变成“教育者”的专业发展过程，侧重强调教师群体的、外在的专业性提升。从社会学的角度来看，教师专业化属于成人阶段的职业社会化，又称教师专业社会化（teacher professional socialization）。①

（四）教师的专业发展（teacher professional development or growth）

教师专业成长是多阶段的连续过程，是职前教育、上岗适应和在职提高一体化的过程；职前院校教育仅是教师专业成长的一个重要阶段。教师的专业发展是一个教师终身学习的过程，是一个教师不断解决问题的过程，是一个教师的职业理想、职业道德、职业情感、社会责任感不断成熟、不断提升、不断创新的过程。② 教师的专业成长与发展有三个主要的含义：“专业地位的提升”“专业自主的建立”和“专业尊严的维持”。③ 侧重强调个体的、内在的专业性提高。

二、教师专业发展概述

1966年国际劳工组织和联合国教科文组织（UNESCO）在法国巴黎召开的“教师地位之政府间特别会议”上，通过了《关于教师地位的建议》。《建议》首次以官方文件的形式对教师的工作性质作了界定：“应把教育工作视为专门的职业，这种职业要求教师经过严格、持续的学习，获得并保持专门的知识和特别的技能。”④“教育的发展通常主要取决于教育人员的资格和能力，取决于每个教师的人品、教育业务水平和技术质量。”“鉴于教师的职业地位在很大程度上依赖其

---

① 刘捷．专业化：挑战21世纪的教师［M］．北京：教育科学出版社，2002：42

② 黄甫全．新课程中的教师角色与教师培训［M］．北京：人民教育出版社，2003：107

③ 熊焰．试论教师专业化与校本培训［J］．课程·教材·教法，2002：50

④ 教育部师范教育司编．教师专业化的理论与实践［M］．北京：人民教育出版社，2001：3

自身的努力，因此所有的教师在一切专业中都应力争达到可能的最高标准。"①《建议》明确肯定了教育工作的专业化性质（也即教师工作的专业化性质，在通常的研究中都将它称为教师职业专业化，更多的是将它简称为教师专业化），提出了对教师职业的专业化要求："教师要经过长期的系统学习，掌握专门的知识和技能，还要不断地提高自己的学识，具有优秀的品质。"《建议》突出了教师质量是教育发展的核心，强调教师职业持续发展的特点。

人们越来越要求教师应该同医生、律师和工程师一样是一种专门性职业（profession）。促进教师职业发展已经成为教师教育领域的重大课题，教师职业发展的核心是教师的专业化，它体现在教师职业的不可替代性上。自 1966 年联合国教科文组织（UNESCO）确认和鼓励教师为专业以来，人类知识历经了 40 多年的快速发展和多元变化，教育内容越发变得博大精深，教学方法更是与时更新，教育目标也已日趋准确和精化，教师工作已经成为一种专门职业。1996 年 9 月，在日内瓦召开的第 45 届国际教育大会上，以"加强在变化着的世界中教师的作用之教育"为主题，明确提出了将专业化作为一种改善教师地位和工作条件的策略。1999 年 6 月，在德国科隆举行的八国集团首脑高峰会上，在讨论 21 世纪教育政策的议题中，再次对教师在教育中的作用和地位给予了极大关注。会议发表的《科隆宪章——终身学习的目的与重要因素报告》强调："教师在推进现代化进程和提高现代化水准方面是最重要的资源。技术的采用、训练、配置及其素质能力实质性提升，是任何教育制度取得成功的极其重要的因素。"②

教师专业化及其发展，已成为一个世界性的课题。它不仅引起了发达国家的重视，而且在发展中国家也受到越来越多的关注。"教师

① 张维仪．教师教育——改革与发展热点问题透视［M］．南京：南京师范大学出版社，2000：325－326

② 李其龙，陈永明．教师教育课程的国际比较［M］．北京：教育科学出版社，2002：1

是一种专业”的观念已得到绝大多数人的认可，教师职业正在成为一门重要的专业。教师工作不再是一种行业和简单劳动；教师不是单纯的任务执行者（或者角色的扮演者），而是教育的思想者、研究者、实践者、创新者和需要不断发展的专业工作者。

教师专业化及其发展，又是一个综合性的课题。经济合作与发展组织（OECD）认为，教师专业化涉及教师教育质量与水准、教师教育的效率与效果、教师教育的招生与选拔、教师职业与工作条件、教师在职教育与持续的专业发展、教师教育与中小学及其他社会团体的合作等。这些问题的解决涉及教育学、社会学、心理学、人类学等多种学科的知识，所以说它又是一个较大的研究领域，需要多学科的参与和合作。

教师专业化及其发展，还是一个历史性的课题。教师专业化的概念是对近代以来教师职业发展的总结。该概念于20世纪60年代正式提出，但对教师专业化问题的关注与讨论却绝非从这一时期开始，它伴随着教师职业发展的整个历史过程。教师专业化的历史进程从近代到当代，已走过了一个多世纪，然而，一些研究者仍然认为教师职业仅仅是一个“半专业”“准专业”。[①] 一百多年以来，教师专业化及其发展都有了相当的进展，但仍然存在诸多问题，需要深入进行研究。20世纪80年代以来，世界各国教育改革的浪潮此起彼伏，教师在改革中发挥着越来越重要的作用，教师工作的专业标准和培训模式也正在发生着巨大变化。

美国“全美教师专业标准委员会”倡导的《教师专业化标准大纲》，是一份迄今为止最明确地界定了教师“专业化”标准的文件，它明确规定了教师专业化量表的基本准则：①教师接受社会的委托，

① 美国的E. 霍伊尔用一般专业性职业的标准审查教师职业后认为：“它在某种程度上符合大多数标准，但不及医学、法律和建筑符合的程度大。因此，教学降到了准专业或半专业性职业的范畴。”见T. 胡森主编《国际教育百科全书》（The International Encyclopedia of Education），贵州教育出版社，1991（9）：105。

负责教育学生，照料他们的学习；②教师了解学科内容与学科的教学方法；③教师负有管理学生的学习并给出建议的责任；④教师系统地反思自身的实践并从自身的经验中学到知识；⑤教师是学习共同体的成员。我国也面临着同样的机遇和挑战。1994 年 1 月开始实施的《教师法》明确规定："教师是履行教育、教学职责的专业人员。"1999 年 6 月颁布的《中共中央关于深化教育改革全面推进素质教育的决定》第 17 条指出："建设高质量的教师队伍，是全面推进素质教育的基本保证。"

从 20 世纪末到本世纪初，我国教育界的各级研究人员和教育第一线的广大教师和教育工作者，在传统教师教育的基础上，对教师专业化发展开展了广泛深入的研究、探讨，总结、创造了许多促进教师专业化发展的策略、途径和方法。例如，教师在职培训、校本培训；校本教研，校本学习、读书、听报告；校本实践研究的叙事行动研究、课题研究等。这些都对教师的专业化发展起了积极的推动作用；教师面貌大为改观，并促进了学生的发展，提高了教育质量。随着基础教育课程改革的发展，教师专业化发展研究面临着许多新问题，特别是教育教学中的实际问题层出不穷，教师专业化研究正在以校本为中心深入发展。

第二节　教师专业发展的内容

一、教师专业化的基本特征

教师以自身专业素质（包括知识、技能和情意等方面）的提高与完善为基础的专业成长、专业成熟过程，可称之为教师专业发展。在当代教育实践中，教师的工作职能出现了深刻的变化，这种变化极大地提高了教师劳动的复杂程度和创造性质。教师在整个职业生涯中经历着一个不断解决问题的过程，这个过程也是教师自身成长与发展的过程。教师专业化特征主要涉及的方面有：强调长时间的系统培训，掌握专门的知识和技能；拥有自己的专业理论；强调工作的智力性实践和在实践中不断学习的需要；重视专业团体对工作质量和不断学习的监控；强调严格控制入职标准；等。这些特征界定的是教师教学工作的特征，它是教师专业化的核心。对于教师专业化，我们需关注以下的基本特性。

1. 教师专业化的共性化

教师专业化的共性就是作为一名中小学教师所应该具有的共性的知识、技能、能力、素养，不论是在国际上还是国内，这是教师专业化的底线要求，缺乏这样的要求，或者说没有这个起点，都不能称为教师专业化。教师专业化，是指教师在整个专业生活中，通过终身专业训练，习得教育技能，实施专业自主，体现专业道德，逐步提高从教素质，成为教育专业工作者的专业成长过程。这样的内涵和外延，已经得到了大多数国家的认同。

2. 教师专业化的个性化

教师专业化的个性化是指：一是不同学科之间在专业化方面的差异性；二是不同学段教师的专业化的差异性；三是不同地区学校教师专业化的差异性。只有针对这些差异性制订具体的专业化措施，教师的专业化才能走出一条个性化的路子。这就好比内科医生与牙科医生，他们各自需要掌握的专业知识、专业技术、专业技能具有很大的不同。离开这些各具个性的专业化，都是虚的而不是具体实在的教师专业化。

3. 教师专业化的非异化

“异化”一词来源于拉丁语 Alienation，有脱离、转让、出卖、受异己力量的支配等意思。从哲学方面理解，其含义是指主体在发展过程中，由于自己的活动而产生出自己的对立面，然后这个对立面又作为一种外在的异己力量而转过来反对主体本身。这样说来，教师专业化不是说教师被专业异化掉了，没有了教师个性了，也不是说教师在专业化发展过程中变成了教学的工具或者是十足的教书匠。实质上，专业化只是手段，教师成长才是目的，拓展专业知识、熟练掌握专业技能、提高专业能力、升华专业境界，进而更好地服务于教育工作才是教师专业化的归宿。如果把教师专业化当作最终目的，那就是异化了。

就教育现实来讲，尤其值得关注的是教师职业幸福感，这是近年来教育实践领域和理论研究领域极为关注的一个热点问题。继关注教师的心理健康和教师职业倦怠等问题之后，人们开始从积极心理学的视角关注教师的职业幸福感。

二、教师职业幸福感及其影响因素

（一）教师职业幸福感的含义

教师的职业幸福感，是指教师在教育工作中需要获得满足，自由实现自己的职业理想，发挥自己的潜能并伴随着自我成长，实现自我价值时所获得的持续快乐体验。

积极心理学是研究幸福和美德的科学，通常被称为“帮助人类发挥潜能的科学”。积极心理学认为，幸福感是一种能给人带来收益的心理资本，它来源于三个层面，即情感幸福感、心理幸福感和社会幸福感。

（1）情感幸福感，主要是来自身体的及生活方面给自己带来的积极的情绪体验。如生活满意感、满足、喜悦、快乐、幸福、兴奋、激动等。身体的愉快来自感官，感觉来自于外界事物对感官的刺激，比如美丽的花香和味道。

（2）心理幸福感，主要来自于自我接纳、个人成长、人生目标、对环境的控制感、自主性、与他人的积极关系等方面产生的积极体验。如对自己获得的成功充满自豪感，对自己执著追求的人生目标充满强烈的愿望，对自己感兴趣的活动专注、执迷、沉浸，对拥有亲密的朋友和家人感到温暖和幸福。

（3）社会幸福感，来源于一个人在社会活动或工作中得到社会认同、实现了自我价值、为社会作出贡献而获得成就感时的一种情绪体验。

积极心理学领域的旗手塞里格曼认为，真正的幸福应该是快乐与意义的结合。它包括三个要素：意义、快乐与投入。真正快乐的人会在自己觉得有意义的生活方式里享受它的点点滴滴。①

职业是指“个性的发挥、任务的实现和维持生活的连续性的人类活动”。职业幸福感就是指人们在这种人类活动中的幸福体验。霍恩（Joan E. van. Horn，2004）认为职业幸福感是个体对自身工作的各个方面的积极评价，包括情感、动机、行为、认知和身心幸福五个维度②。关于教师职业幸福感的含义，肖杰指出教师职业幸福感就是以自身的标准对从事的教师工作产生的持续稳定的快乐体验③。这个定义中，自身的标准就是老师个人的主观判断，而且这种幸福感包含着快乐的积极情绪体验，是在教师的教育教学工作中产生的。檀传宝认为，教师职业幸福感，就是教师在自己的工作中自由实现自己的职业理想的一种教育主体生存状态。教师职业幸福感具有精神性、关系性、集体性和无限性四个特点。教师职业幸福感的实现，需要两个方面的前提条件：一是狭义幸福能力的培育，即主体必须具有健康向上的人生观、价值观和品味人生的价值性条件；二是广义幸福能力的培

---

① Seligman，M. E. P.，Authentic happiness：Using the new positive psychology to realize your potential for lasting fulfillment，New York：Free Press，2002

② 邢占军等．几种常用自陈主观幸福感量表在我国城市居民中的试用报告［J］．健康心理学杂志，第10期，2002

③ 肖杰．小学教师职业幸福感的调查与思考［M］．上海：华东师范大学2004年硕士毕业论文

育，即主体具体的实践幸福的能力[①]。

简单地说，教师职业幸福感是指教师在从事教育、教学职业活动中的幸福体验。它包括两个成分：一是教师对职业工作的满意感，即认知成分；二是教师在职业工作中体验到的快乐情感，如快乐、满足、喜悦，即情感成分。教师职业幸福感来源于教师的日常教育、教学工作带来的快乐、兴趣、热爱，学生的成长与发展带来的欣慰与成就感，即情感幸福感；来自教师业务水平提高、专业发展、实现自我价值时的自我满足感，即心理幸福感；来自从事教师这个职业时的积极创造，来自教师在教育过程中体验到的社会价值感，实现自己教师理想的成就感，即社会幸福感。

（二）影响教师职业幸福感的因素及其具体表现[②]

教师获得职业幸福感的主要原因有[③]：工作本身有趣、工作中常能获得成功、学生的关心、领导的肯定和支持，它们所占的比例分别是：30.2%、22.1%、14.0%、10.5%。教师们认为这些是最重要的原因。而所有的原因被教师多选的频率数相差不多，除“家长的支持和肯定”是低于10%，其他的原因都在10% ~20%之间。可见，除上述主要原因外，其他的因素也是教师获得职业幸福感的原因。中学教师职业幸福感失落的主要原因有：工作烦琐机械、很少获得成就感，其比例分别为39%、18.6%。教师们认为这些是最重要的原因。另外，家长的不理解、工作中没有安全感和稳定感也是比较重要的原因，选择这两项的教师频率为14.6%、10.4%。杭州有一所中学曾以“教师的职业幸福感”为主题进行了问卷调查，结果发现，排名第一的最让老师们感到快乐的居然是休息；第二才是经济收入、学生取得好成绩和得到领导表扬等。硕士研究生胡小丽在撰写硕士论文时指

① 檀传宝. 论教师幸福［J］. 教育科学，第2期，2002

② 陈丽. 治校六讲［M］. 北京：北京师范大学出版集团，2010：67－68

③ 曾瑜. 成都市中学教师职业幸福感研究［D］. 西南大学2007年硕士论文。

出，不同教龄的教师在教师职业幸福感上存在“非常显著的差异，工作1~5年的老师，与教龄6~10年、11~20年、21~30年以上的老师都存在非常显著的差异，工作1~5年教师的职业幸福感得分较高”①。这一研究结果与以往对教师职业倦怠感的研究结果一致。教师工作6年是职业枯竭的一个拐点，也是教师幸福感的一个拐点。

从上面的实证研究，可以把影响教师职业幸福感的因素归结为两个方面（即主观因素和客观因素两个方面），其具体表现如下。

1. 缺乏对教师职业的正确理解和坚定的信念

信念是一个人的动力系统。教师的职业信念是指教师在对自己所从事的职业有了一定认识的基础上，在教师劳动价值方面所产生的坚信不疑的态度。一个能真正明白教师生涯意义的教师，才会懂得教育本身的意义，才会生发出对教育事业的热爱和对学生的爱，激发出教育的热情。有些教师是为了个人的“生存”或“饭碗”而“活”在教师行业中，甚至是混在教师队伍中，认为教师职业比较稳定，工资待遇有保障，又有寒暑假。而一旦从事这个行业后，感受到工作带来的压力和挫折时，一些教师就会动摇或消沉。

2. 心理的压力和职业倦怠导致教师职业幸福感的缺失

研究表明，教师缺乏职业幸福感，主要是由于教师的心理压力导致了职业倦怠。教师的压力从何而来？形成教师压力的因素主要有客观因素和主观因素两方面。客观因素是指社会环境各方面的影响：社会形象要求，社会角色要求；学校难待：评比多，检查多，成就少；家长难处：要求高，心眼多，意见大；学生难教：态度差，动机弱，差别大。自身因素：能力，脆弱或耐受力差等，以及心理上的某些影响：事业进入迷茫期，工作进入转型期，孩子进入叛逆期，心灵进入困惑期。教师的教学是一种精神消耗！研究发现：教师的心理抵抗能

① 胡小丽：《中学教师职业幸福感结构及其影响因素研究》，万方数据库，吉林大学2007年硕士论文。

力并不比学生强，而在大多数情况下，教师要比学生更需要心理咨询。“教师是什么样的人要比他教授什么更为重要。”教师的人格和心理健康水平甚至比他的专业知识更重要！在对广东2010年高中4万教师职务培训内容的选择从“组织”与“个人”需要发展的相关问卷中，所有教龄的教师都把“有助于个人身心发展的课程”排在了第一位。[①] 这表明教师除了考虑作为职业人完成工作所需要的工具性知识外，还考虑作为社会人所需要的个人发展性知识。

教师的职业压力影响教师工作的积极性和对教学的热爱程度。调查发现：有13.25%的教师不喜欢自己的职业；50.8%的教师考虑更换工作；只有49.2%的教师愿意选择终身执教。教师的心理压力过大，还可能导致教师消极教育行为增多，比如，行为冲动、易激动、情感失常、暴饮暴食或食欲不振、抽烟、喝酒、旷工，甚至产生极端行为，如自杀或伤害学生等。

据调查约有六成中小学教师有职业倦怠倾向。倦怠的教师常常表现：持续的精力不济、极度疲劳、头疼、失眠等；空虚感加强，感到自己的知识无法满足工作需要，不能适应知识的更新和不断变化的教学要求，怀疑自己，感到无能和失败；觉得情感资源被极度耗尽、干涸，工作满意度降低，对工作的热忱与奉献减少，不负责任，情感淡漠，对学生缺乏同情心和支持，不能忍受学生的捣乱行为；以及其他不健康的心理状态，如易激动、焦虑、悲伤，人际关系紧张，低自尊和缺乏自我价值感，忧郁。还易受社会上流行的对教师职业的负面评价影响，如“人际关系复杂化，加班日夜化，上班无偿化，检查严厉化，待遇民工化，翻身是神话”，等等。

3. 紧张的人际关系导致教师失去和谐的工作环境

由于教师工作的相对独立性，教师与教师之间缺乏协调性。加

① 施铁如《2010年广东省普通高中教师职务培训状况分析报告》第12页

上评职称、绩效工资改革等因素，往往导致教师之间相互竞争和攀比，造成人际关系紧张和冲突。师生之间缺乏融洽性。由于年龄的限制，中小学生心理不够成熟，不理解老师的一片苦心，对老师的教育采取抵触和反抗的态度，造成师生关系紧张，使教师产生压力感。

4. 教师缺少专业成长使教师失去了职业幸福感的助动器

专业成长是教师职业幸福感的重要来源。一些教师在教育教学岗位上几年甚至几十年如一日地工作，反复教授同一门课程，面对同样年龄段的学生，教学方式一成不变，教材内容缺乏生动的补充，教学手段陈旧落后，久而久之，出现了专业的枯竭。近年来教学改革一直没有停止过，教学手段的变化很大，从传统的粉笔到多媒体教学手段的运用；课堂教学模式也发生变化——从传统的讲授到情境教学、合作学习、探究式学习；教育对象心理发展的特点也发生了变化。所以教师需要不断地学习新的教学方法、教学手段以及新的教材体系，才能适应教学的改革，否则教师就会在课堂教学中难以胜任，使他们处于被动状态。

5. 生活压力和经济负担使教师无法体验到职业的快乐

相对来说，教师的工作待遇与教师的付出相比还是偏低的，特别是一些不发达地区的教师，生活中的实际问题长期得不到解决，教师又没有其他的渠道获得额外的报酬，加上得不到家人和社会的支持和理解，又没有必要的精神安慰，也造成了教师的心理压力大。

网上流传着这样一段描绘教师职业的顺口溜："满腔热血把师学会，当了教师吃苦受罪。急难险重必须到位，教书育人终日疲惫。学生告状回回都对，工资不高还要交税。从早到晚比牛还累，一日三餐时间不对。一时一刻不敢离位，下班不休还要开会。迎接检查让人崩溃，天天学习不懂社会。晋升职称回回被退，抛家舍业愧对长辈，囊中羞涩见人惭愧。百姓还说我们受贿，青春年华如此狼狈。”而对教师工作状况的描述则是：“领导多员化，教师奴隶化，学生祖宗化。”

6. 身心不健康影响教师的职业幸福感

对教师的要求过度完美主义、目标取向过高等，这些独特的个性品质，影响到教师对于工作的评估和认识，容易引发内心的挫折感，导致职业倦怠甚至心理枯竭，影响了教师的职业幸福感。教师的职业特征，导致教师群体易患一些身体上的疾病，这也是扼杀教师职业幸福感的杀手。有研究发现，男性教师的 2 周患病率为 41. 40%，慢性病患病率为 58. 53%；女性教师的 2 周患病率为 47. 24%，慢性病患病率为 61. 60%。在男女教师的 2 周患病及慢性疾病中，慢性咽炎及声带疾病、消化道溃疡占比率较大。此外，贫血、心脏病、高血压、支气管炎也是教师的常见病。同时有资料显示，不少教师患有肌肉、骨关节方面的疾病，其中以腰酸背痛、颈部和上背肌肉疼痛征候及右肩肌腱炎居多。门诊中还发现，许多教师因经常性久站而出现下肢静脉曲张的症状，由于长时间憋尿而引起急性膀胱炎。

伴随着科学技术和社会生产力的发展，人们的生活、工作方式发生了巨大的变化。生活与工作中的应激、矛盾、冲突，不仅使精神疾病和心理问题成为困扰社会与个人、家庭的重要问题，而且与社会心理因素有着密切关系的许多“文明病”，如心脑血管病、癌症和糖尿病等，也严重威胁着人们的健康。疾病的生物医学模式向生物—心理—社会模式逐步转化。

7. 忽视家庭的和睦，疏于对子女的教育，影响教师职业幸福感

教师的工作繁重而没有极限，一天工作十多个小时，从早忙到晚，在学校累了一天，回到家还要备课和改作业，往往身心疲惫。调查显示：48. 5% 的教师认为自己“工作太累”，37. 4% 的教师工作时间超过 8 小时（最长的达 15 小时）。一般教师都是早上 6 点出家门，晚上6点进家门，往往是管了别人的孩子，耽搁了自己的孩子；回到家里疲惫不堪，往往还要继续做与教育有关的事情。教师与家人沟通缺少时间与耐心，造成家人的不理解，家庭矛盾时有发生。甚至有时教师在学校受了学生和领导的气，这种气没有及时地消散，便会把这种消极情绪带回家中，发到爱人或孩子身上，产生“踢猫效应”。而且由于教师在教学生涯中总会看到许多优秀的孩子，因此也希望自己的孩子出类拔萃；当自己的孩子的学业成绩达不到要求时，教师往往对自己的孩子横加指责，缺乏宽容和耐心。结果导致一些教师在子女教育问题上产生了很强的挫败感，认为自己可以教得好很多孩子，却教不好自己的孩子，感到灰心失意。

8. 教师缺乏心理学的知识，得不到有效的引导

爱是一种能力，可以通过学习、练习而得到提升。但这种爱的能力的培养，要有一定的理论作指导。而教师因为缺乏这方面的指导，特别是缺乏心理学方面的知识，心理一旦出现问题，很多人不知道如何调节，导致心理问题得不到及时缓解，从而影响教师的职业幸福感。

申继亮教授曾对298名中学教师和48名师范大学在校生进行调查，考察教师对学生心理发展的了解、教师对教育教学活动的认识、教师对学生的评价和评估这三方面的内容。结果用百分制进行描述，50分以下的人占23.2%，50~60分的人占38%，60~70分的人占36.1%，而70分以上的人仅占2.7%。而且，有意思的是，在教龄和地区上，基本没差异；以前学没学过心理学也没有太大的差异。这就是说，60分以下的61.2%的人缺少心理学知识是普遍现象。所以一旦教师在心理方面出现了问题，教师就难以依靠科学有效的心理学知识帮助自己解决问题，而且很多教师也没有意识到应寻求心理专家的帮助和引领。

三、教师专业成长的核心内容[①]

（一）教师专业智慧与专业精神

“新学校文化”倡导的核心（也是教师自己的生活智慧和生活习惯）：第一个是宽容（“乐观”），即“相信现实是可以改善的”；“相信人性是善的”。始终保持“乐观心态”；人要成功，第一条须学会宽容。宽容别人就是宽容自己。赏识别人才能被别人赏识；宽容并赏识他人；宽容“个人”参与“社会批评”：容忍比自由更重要；还要善于“帮助”自己：当一个人自己帮助自己的时候，别人才会很愿意帮助他。第二个是“主动”（执行）做事的“激情”。主动的底线是执行，准时完成、没有任何借口；善于创造性地执行，不陷于被动：有时不得不做一些令人厌烦的事情；在执行与创造之间，注意守规则的公共生活与自由的私人生活；要学会拒绝与决策，不陷于过度琐碎的事务中：能做事且成事，坚持自我；开放而改变，合作而独立；应当理解，没有惩罚的教育是不完整的教育；不喋喋不休地抱怨，不以复仇为目的，心存感激；重新理解“个人与制度”的关系；等等。

教师的专业智慧包括：第一，课程智慧。它要求教师吃透教材、补充教材、更新教材。“课程智慧”主要是教师的“备课”的智慧。第二，教学智慧。教师的“教学智慧”则是“上课”的智慧，即一堂好“课”应具有课程或校本课程意识，教师所讲授的是丰富的知识，不是简单的“教教材”，教得有趣；能调动学生解决他们面临的问题或困惑，教师引导学生发现知识的结构并为学生的学习提供及时的反馈与矫正；能引起学生主动学习，让学生学会不依附于他人的独立学习、自主学习；教师的“传道”即能感染、熏陶和引导，激励、唤醒和鼓舞学生。好的教师总是以自己的人格魅力和精神气质感染、

① 参见：刘良华．教师专业成长［M］．上海：华东师范大学出版社，2000 年

感化学生。第三，管理智慧。教师在班级管理中要以“民主”管理作为根本精神和核心目的，让学生学会自我管理、自主发展；管理的“技巧”作为辅助策略；教师的威信是“民主”管理的前提。

教师除了具有专业智慧外，还应具有人格魅力与教育信念。学校在开展以学科组为团队的学科教学研讨的同时，期待教师们对“良好的教育”的理解与践行，以形成好的“教育信念”。经过讨论和调查逐步形成“什么样的教师是好教师”“什么样学生是好学生”“什么样的课是一堂好课”。学校设计本校“好教师”的形象，提出“好教师”的追求，诸如：“我要让我的学生喜欢我，我要让我的学生喜欢我所教的学科，我要让我的学生在我所教的学科中考试成绩不错。”

教师的专业精神则强调具有“人格魅力”：主动精神、乐观心态、创新意识以及生活情趣。有激情而快乐地生活！教师的“快活力”：成功教师的目标追求：立功、立德、立言；快乐教师的境界：做自已感兴趣的事（有情趣感），爱与被爱，过得有希望；成功地做事，快乐地生活，快乐比成功更重要。快乐的障碍：悲剧性，不平等，郁闷，压力……快乐的获得：意志力（执著、耐挫力、承受得住苦难）；乐观（宽容并赏识），执行力。此外，教师对自己的乐趣要珍惜，对别人的乐趣要学习。

在促进教师专业成长中，成功属于那些有积极心态并付诸行动的人。一个人轻视自己的工作，而且做得很马虎，那么他决不会懂得尊重自己。从世界上最著名的派克街鱼市场得到的宝贵经验是：“你可以选择采用什么方式工作，即使你无法选择工作本身。”也就是说，我们可以选择自己对工作的态度。在中国，自主择业和人才流动的机会很少，既然投身于教育事业中，为了工作花了许多的时间，就应该享受它带来的乐趣和活力。“我们可以闷闷不乐、无精打采地度过每一天，但如果带着阳光、带着幽默、带着愉快的心情上班，我们就会拥有美好的一天……”① 学校管理者应引导教师用心感受，去重新选择自己的工作态度，挖掘自己的潜能，从而形成群体价值和凝聚力；同时更要注重教师成长的足迹，用尊重、信任和鼓励促进教师学习研究的热情，着力塑造团队精神，这样才有益于形成学习型教研组团队观念以及教师群体的心智、态度、价值观和人际关系等，使不同学科的教学与管理骨干梯队形成，凝聚力得到加强，课堂教学质量不断提高。学校还要在实践中不断研究，找到一条适合自己需要的，能有效促进教师专业成长的校本研修之路。关于教师专业成长的基本内容，可供参考的有来自欧洲经济合作与发展组织（OECD）国家提交并通过其教育研究与革新中心（CERI）下发的旨在改进教师质量的政策案例研究的报告中关于“优质教师”的描述，以及刘洋编译的《成功教师的15条特征》。

【附录1】

“优质的教师”②

（1）敬业：驱动力。在教师中，敬业是使所有其他素质成为可能的特征。好的教师有很强的敬业精神，他们致力于帮助学生学习，改进其学习方法、提高其学习成绩、增强其自信心。敬业精神驱动教师不断探寻更有效的方法，即便面临着学生消极的态度和行为也是这样。教师的敬业精神超出了课堂，使他们与其自己学校的其他教师和更广泛的专业社团协同工作。“优质”教师的敬业精神超出了课堂，它扩展到了学校、专业甚至更远。

（2）热爱儿童。教师和学生之间感情与互惠的感受创造了一种对学习的积极态度。好的教师试图传送温暖，即便学生没有报答。优秀的教师往往有极大的耐心和毅力，支持学生的自尊并富有幽默感。

（3）教学艺术。在课堂中，好的教师“知道其原料”并知道如

① ［美］斯蒂芬·伦丁等. 鱼［M］. 北京：中信出版社，2006

② 唐晓杰编译. OECD国家案例研究的报告

何去教。这不仅仅是指知道课程内容，也不仅仅是知道教法，这一素质反映了课程与教学的会合点。知道如何传达特定的概念、技能和信息给学生，是区分好教师与其他教师的标志。好的教师能够用其学科专长作为学生学习一般技能的机会。

(4) 多种教与学的模式。优秀教师不仅掌握了一系列教特定概念、技能和信息的策略，而且对不同的教学模式或教学哲学有理论的和实践的理解。教师要有一个教学模式库，教师在适当的时间、对特定的学生和为提高具体的结果选择适当的模式。教的模式也是学的模式；教儿童的方式对儿童教育自己的方式有影响。在国别研究中，除了标准的教师为注意中心的班级教学方法外，有两种模式十分突出。第一种变通办法是把学生个体当作一个半自动的学习者，在教师的指导和监督下按自己的步调学习，某种程度上是自己提问和自己选择任务；另一种变通办法是把学习作为一种社会活动来组织。

教师允许学生对自己学习过程负起责任，鼓励学生自我评价自己的才能和弱点；对学生的个别需要作出反应，唤起和保持好奇心，促进独立的和以行动为取向的工作；促进通过发现、通过研究、通过过程和感官的学习和工作，给予充足的时间和创造灵活自由的机会，促进学生信赖自己，提供把理论上获得的知识与一生的情境联系起来的机会。

与以学习者为中心的教学模式截然不同，另一种学习策略视学习为一种社会活动。通过把学习置于一种社会情境中，小组学习可以提高学生的动机。在OECD国家已发现一些小组学习形式在提高学生成绩上是有效的。

(5) 与其他教师协作。除了交流思想和分享见解以改进其实践外，许多高素质的教师也参与各种小队，一起备课和教学。在好几个国别研究中这被说成是教师角色的一个越来越重要的部分。今天的教师需要作为一个小队工作，这是法国教师调查研究的要点。小队工作能力也是对学校层面的教师素质由什么构成这一问题的最经常的反应。类似的，教师参与协作性的“工作单位”是1988年瑞典重组教师教育的理由之一。在意大利，要求同一中学的每一年级的教师一起为学生备课，还要求不同学校的同一学科的教师一起确认评价学生成绩的准则。

(6) 反思。现已广泛认同，教师应当反思。当然，好的教师总是思考他们的所作所为，但教师能够而且应当发展自己的哲学而不是遵循他人传给他们的现成的程式。案例研究形成的一个共识是，优秀教师是一个反思的实践者，好的教师具备反思自己实践、自己质疑的能力。好的教师甚至可能是一个轻度的压迫性神经官能症患者。好的教师总是不满足，他们不断地探寻新的观念；高素质的教师总是愿意改变其整个哲学。

【附录2】

“好教师”的三条标准①

好教师应该把自己的孩子教育好。教师如果教育不好自己的孩子，会觉得很没有面子，甚至抬不起头来，人家会说：“连自己的孩子都教不好，还能教好学生?”教师如果能教育好自己的孩子，会从中悟出许多教育的道理，这些道理用在教育学生身上同样适用，因为很多道理是相通的。作为教师，在教育孩子方面有得天独厚的优势，相对于其他职业更有利。但这并不是说教师一定能教育好自己的孩子，很多教师还是未能教育好自己的孩子。作为教师，这是相当遗憾的，也是绝不应该的。我们在赞美优秀教师的高尚师德的时候，往往会说，他是如何爱学生胜过爱自己的孩子，不顾自己的孩子，一心扑在工作上。在我看来，一个只顾学生、不顾自己孩子的教师，不能算是好教师。如果为了学生而耽误了对自己孩子的教育，这同样是一种失职。这种失职其他人无法弥补，而且永远无法弥补，这对一个家庭

① 张文质：“我心目中好教师的三条标准”，转载自枫叶教育网。

来说是一种罪过，对一个国家来说也是一种罪过。有人赞美李镇西老师，说他如何如何爱学生，把全部的时间和爱献给了学生。李镇西老师则说："错了，我爱女儿胜过一切；我花在教育女儿身上的心思和精力是不能与教育学生相比的。"

如何教育好自己的孩子呢？首先要爱孩子。什么是爱呢？爱孩子就是要抽时间多和孩子在一起，和孩子一起吃饭、一起看书、一起做游戏、一起活动。国外的一项研究结果表明：父母和孩子一起吃饭，孩子的发展就好，不但学习成绩好，品德也好，很少会出现抽烟、酗酒、吸毒等不良行为。经常和孩子在一起，就容易发现孩子的问题，就能及时提醒，督促孩子改正。凡是在孩子初次出现不良行为时，对孩子的提醒最有效。就如流水，在源头，要改变方向很容易；当汇成河流，再想改变，就非常困难。孩子的教育也同样，起始阶段要纠正比较容易；一旦形成习惯，再要纠正就难乎其难，再骂再打也没有用。可是，我们有多少教师、家长意识到了这一点呢？说实话，我以前就没有意识到，是无意间儿子的一句话让我猛然醒悟。在儿子读小学的时候，有一次，我和妻子一起出去玩，临走的时候，我们对儿子说："在家好好看书、做作业，我们回来要检查。"当我们开门要走的时候，儿子轻轻说了一句话："你们可以出去玩，为什么要我在家看书做作业？"儿子的一句话让我们认识到了陪伴孩子的重要性。从此，出去的时候，我和妻子必定有一个人留在家里陪伴儿子。当我们有一人在家的时候，儿子就很安心，很静心，就会很自觉地看书做作业。现在我们对孩子的教育存在着一大误区，以为只要给孩子找一所高档的学校，花上足够的钱，就是对孩子的爱，就能把孩子教育好。其实不然，孩子成长的核心不是物质条件，不是花钱越多越好，而是需要陪伴，需要榜样。父母陪伴孩子时间的多少，决定着孩子成长的优劣；要改变孩子，首先要改变自己。看看我们周围的家长，也有不少教师家长，在孩子身上花多少钱都肯，都舍得，就是不肯、不舍得花时间陪伴孩子。更有甚者，自己整天在外面花天酒地，还要带着孩子一起吃喝玩乐，造成孩子营养太好，变成“胖”孩子，这是多么可怜又可悲。

好教师看上去至少比实际年龄年轻五岁。好教师给人的感觉很年轻，很阳光，这种年轻、阳光不仅表现在容颜上，更表现在心态上。好教师一定是一个身心舒朗、热爱生活、热爱健康、富有情趣、有较强抗挫折能力与自我消解痛苦能力的人。好教师应该保持童真，拥有童趣，富有童心。

如何保持良好的心态呢？让我们看一下江苏常熟石梅小学沈丽新老师的例子。张老师说：因为稿件之事与沈老师通电话，惊叹于她写作的勤奋，又惊讶于她孩子都读三年级了，看上去却如此年轻。沈老师说她的很多同事也常问她有什么秘诀，她说自己的秘诀就是“熬夜”——每天白天无论多忙，晚上一般也不早睡，一定要读书、写作。“我要让自己的心渐渐平复……读过、写过之后，仿佛所有的烦恼和辛劳都已消散，这时再入睡，身体才舒坦，心灵也最为健康!”“不带着悔恨入眠”，这就是沈丽新老师保持年轻的秘诀。

教育是一项非常辛苦的工作，付出和收入往往不成比例，许多该获得的权利常常被剥夺，许多该享受的待遇常常得不到落实，辛勤的付出往往没有结果，压力大、要求高、工作繁、收入低，用钱理群教授的话来说就是“想想你忍不住要哭”；可是哭又有什么用呢？整天愁眉苦脸，还不如换个角度思考，多想想教师的美好、教师的优越、教师的崇高，还是钱理群教授说的另一句话：“想想你忍不住又要笑啊。”每天带着笑脸上班，带着笑脸走进教室；再带着笑脸下班，带着笑脸走进家门。像沈丽新老师那样“不带着晦暗入眠”，你还会不年轻吗？你不想年轻恐怕都不行!

好教师看上去就像一个“教师”，如何理解“就像一个‘教师’呢”？日积月累的阅读、思考、写作，外表儒雅，有书卷气；爱孩子，爱教育，慈祥，和善，精气神对得起自己，对得起自己的职业。一个教师如果眼中没有慈祥，举止缺少优雅，脸上没有书卷气，都是很遗憾的。像个“教师”，听起来好像很玄，很空泛，不好把握，其实不然，这是对教师基本素养的要求。教师除了专业素养、精神素养，还要有基本素养，比如说话字正腔圆，举手投足文雅大方，穿着得体，字写得规范漂亮，有丰富的兴趣爱好，等等。张老师特别强调，小学教师不一定要有知识的深度，一定要有人性的丰富和广博。美国心理学家梅柏拉曾对教师的语言行为传递信息的效果进行过因素分析，最后得出一个十分有趣的结论：课堂信息传递的总效果等于7%的文字+38%的有声语言+55%的体态语言。由此可见，教师的体态语言在课堂教学中发挥着重要作用。这就要求教师在教学中正确应用体态语言，以增强教学效果。事实也证明，教师在课堂上优雅大方、朝气蓬勃的仪态，会给学生有益的影响，会有效调动学生的学习积极性，从而创造出充满生命活力的课堂。

（二）国家中小学教师专业标准（试行）

2011年12月，教育部正式公布《幼儿园教师专业标准（试行）》《小学教师专业标准（试行）》（征求意见稿）和《中学教师专业标准（试行）》，指出“教师专业标准”框架由基本理念、基本内容与实施建议三大部分构成。基本理念方面，提出教师要以学生为本、师德为先、能力为重，终身学习；基本内容由维度、领域和基本要求组成，分别对幼儿园、小学、中学教师的专业理念与师德、专业知识和专业能力提出约六十条具体要求；实施建议部分，则分别对教育行政部门、教师教育机构和幼儿园、中小学及教师提出了相关要求。这三个标准是国家对幼儿园、小学和中学合格教师专业素质的基本要求，是教师开展教育教学活动的基本规范，是引领教师专业发展的基本准则，是教师培养、准入、培训、考核等工作的重要依据①。

① 2011年12月13日人民网

【附录3】

小学教师专业标准（试行）（征求意见稿）

为促进小学教师专业发展，建设高素质小学教师队伍，根据《中华人民共和国教师法》和《中华人民共和国义务教育法》，特制订《小学教师专业标准（试行）》（以下简称《专业标准》）。

小学教师是履行小学教育工作职责的专业人员，需要经过严格的培养与培训，具有良好的职业道德，掌握系统的专业知识和专业技能。《专业标准》是国家对合格小学教师专业素质的基本要求，是小学教师开展教育教学活动的基本规范，是引领小学教师专业发展的基本准则，是小学教师培养、准入、培训、考核等工作的重要依据。

一、基本理念

（一）学生为本

尊重小学生权益，以小学生为主体，充分调动和发挥小学生的主动性；遵循小学生身心发展特点和教育教学规律，提供适合的教育，促进小学生生动活泼学习、健康快乐成长。

（二）师德为先

热爱小学教育事业，具有职业理想，践行社会主义核心价值体系，履行教师职业道德规范。关爱小学生，尊重小学生人格，富有爱心、责任心、耐心和细心；为人师表，教书育人，自尊自律，做小学生健康成长的指导者和引路人。

（三）能力为重

把学科知识、教育理论与教育实践相结合，突出教书育人实践能力；研究小学生，遵循小学生成长规律，提升教育教学专业化水平；坚持实践、反思、再实践、再反思，不断提高专业能力。

（四）终身学习

学习先进小学教育理论，了解国内外小学教育改革与发展的经验和做法；优化知识结构，提高文化素养；具有终身学习与持续发展的意识和能力，做终身学习的典范。

二、基本内容

维度1：专业理念与师德

领域：职业理解与认识、对学生的态度与行为、教育教学的态度与行为、个人修养与行为

维度2：专业知识

领域：小学生发展知识、学科知识、教育教学知识、通识性知识

维度3：专业能力

领域：教育教学设计、组织与实施、激励与评价、沟通与合作、反思与发展

基本要求

“专业理念与师德”维度中各领域的基本要求：

（一）职业理解与认识

1. 贯彻党和国家的教育方针政策，遵守教育法律法规。

2. 理解小学教育工作的意义，热爱小学教育事业，具有职业理想和敬业精神。

3. 认同小学教师的专业性和独特性，注重自身专业发展。

4. 具有良好的职业道德修养，为人师表。

5. 具有团队合作精神，积极开展协作与交流

（二）对学生的态度与行为

6. 关爱小学生，重视小学生身心健康，将保护小学生生命安全放在首位。

7. 尊重小学生的独立人格，维护学生的合法权益，平等对待每一个小学生。不讽刺、挖苦、歧视小学生，不体罚或变相体罚小学生。

8. 信任小学生，尊重个体差异，主动了解和满足有益于小学生身心发展的不同需求。

9. 积极创造条件，让小学生拥有快乐的学校生活。

（三）教育教学的态度与行为

10. 树立育人为本、德育为先的理念，将小学生的知识学习、能

力发展与品德养成相结合，重视小学生全面发展。

11. 尊重教育规律和小学生身心发展规律，为每一个小学生提供适合的教育。

12. 引导小学生体验学习乐趣，保护小学生的求知欲和好奇心，培养小学生的广泛兴趣、动手能力和探究精神。

13. 引导小学生学会学习，养成良好学习习惯。

（四）个人修养与行为

14. 富有爱心、责任心、耐心和细心。

15. 乐观向上、热情开朗、有亲和力。

16. 善于自我调节情绪，保持平和心态。

17. 勤于学习，不断进取。

18. 衣着整洁得体，语言规范健康，举止文明礼貌。

“专业知识”维度中各领域的基本要求：

（五）小学生发展知识

19. 了解关于小学生生存、发展和保护的有关法律法规及政策规定。

20. 了解不同年龄及有特殊需要的小学生身心发展特点和规律，掌握保护和促进小学生身心健康发展的策略与方法。

21. 了解不同年龄小学生学习的特点，掌握小学生良好行为习惯养成的知识。

22. 了解幼小和小初衔接阶段小学生的心理特点，掌握帮助小学生顺利过渡的方法。

23. 了解对小学生进行青春期和性健康教育的知识和方法。

24. 了解小学生安全防护的知识，掌握针对小学生可能出现的各种侵犯与伤害行为的预防与应对方法。

（六）学科知识

25. 适应小学综合性教学的要求，了解多学科知识。

26. 掌握所教学科知识体系、基本思想与方法。

27. 了解所教学科与社会实践的联系，了解与其他学科的联系。

（七）教育教学知识

28. 掌握小学教育教学基本理论。

29. 掌握小学生品行养成的特点和规律。

30. 掌握不同年龄小学生的认知规律。

31. 掌握所教学科的课程标准和教学知识。

（八）通识性知识

32. 具有相应的自然科学和人文社会科学知识。

33. 了解中国教育的基本情况。

34. 具有相应的艺术欣赏与表现知识。

35. 具有适应教育内容、教学手段和方法现代化的信息技术知识。

“专业能力”维度中各领域的基本要求：

（九）教育教学设计

36. 合理制订小学生个体与集体的教育教学计划。

37. 合理利用教学资源，科学编写教学方案。

38. 合理设计丰富多彩的班队活动。

（十）组织与实施

39. 建立良好的师生关系，帮助小学生建立良好的同伴关系。

40. 创设适宜的教学情境，根据小学生的反应及时调整教学活动。

41. 调动小学生学习的积极性，结合小学生已有的知识和经验激发学习兴趣。

42. 发挥小学生的主体性，灵活运用启发式、探究式、讨论式、参与式等教学方式。

43. 将现代教育技术手段渗透运用到教学中。

44. 能较好地使用口头语言、肢体语言与书面语言，使用普通话教学，规范书写钢笔字、粉笔字、毛笔字。

45. 妥善应对突发事件。

46. 鉴别小学生行为和思想动向，用科学的方法防止和有效矫正不良行为。

（十一）激励与评价

47. 对小学生日常表现进行观察与判断，发现和赏识每一个小学生的点滴进步。

48. 灵活使用多元评价方式，给予小学生恰当的评价和指导。

49. 引导小学生进行积极的自我评价。

50. 利用评价结果不断改进教育教学工作。

（十二）沟通与合作

51. 使用符合小学生特点的语言进行教育教学工作。

52. 善于倾听，和蔼可亲，与小学生进行有效沟通。

53. 与同事合作交流，分享经验和资源，共同发展。

54. 与家长进行有效沟通合作，共同促进小学生发展。

55. 协助小学与社区建立合作互助的良好关系。

（十三）反思与发展

56. 主动收集、分析相关信息，不断进行反思，改进教育教学工作。

57. 针对教育教学工作中的现实需要与问题，进行探索和研究。

58. 制订专业发展规划，不断提高自身专业素质。

三、实施建议

（一）各级教育行政部门要将《专业标准》作为小学教师队伍建设的基本依据。根据小学教育改革发展的需要，充分发挥《专业标准》的引领和导向作用，深化教师教育改革，建立教师教育质量保障体系，不断提高小学教师培养培训质量。制订小学教师准入标准，严把小学教师入口关；制订小学教师聘任（聘用）、考核、退出等管理制度，保障教师合法权益，形成科学有效的小学教师队伍管理和督导机制。

（二）开展小学教师教育的院校要将《专业标准》作为小学教师培养培训的主要依据。重视小学教师职业特点，加强小学教育学科和专业建设。完善小学教师培养培训方案，科学设置教师教育课程，改革教育教学方式；重视小学教师职业道德教育，重视社会实践和教育实习；加强从事小学教师教育的师资队伍的建设，建立科学的质量评价制度。

（三）小学要将《专业标准》作为教师管理的重要依据。制订小学教师专业发展规划，注重教师职业理想与职业道德教育，增强教师育人的责任感与使命感；开展校本研修，促进教师专业发展；完善教师岗位职责和考核评价制度，健全小学绩效管理机制。

（四）小学教师要将《专业标准》作为自身专业发展的基本依据。制订自我专业发展规划，爱岗敬业，增强专业发展的自觉性；大胆开展教育教学实践，不断创新；积极进行自我评价，主动参加教师培训和自主研修，逐步提升专业发展水平。

【附录4】

中学教师专业标准（试行）

为促进中学教师专业发展，建设高素质中学教师队伍，根据《中华人民共和国教师法》和《中华人民共和国义务教育法》，特制订《中学教师专业标准（试行）》（以下简称《专业标准》）。

中学教师是履行中学教育工作职责的专业人员，需要经过严格的培养与培训，具有良好的职业道德，掌握系统的专业知识和专业技能。《专业标准》是国家对合格中学教师的基本专业要求，是中学教师开展教育教学活动的基本规范，是引领中学教师专业发展的基本准则，是中学教师培养、准入、培训、考核等工作的重要依据。

一、基本理念

（一）学生为本

尊重中学生权益，以中学生为主体，充分调动和发挥中学生的主动性；遵循中学生身心发展特点和教育教学规律，提供适合的教育，促进中学生生动活泼学习、健康快乐成长，全面而有个性的发展。

（二）师德为先

热爱中学教育事业，具有职业理想，践行社会主义核心价值体系，履行教师职业道德规范。关爱中学生，尊重中学生人格，富有爱心、责任心、耐心和细心；为人师表，教书育人，自尊自律，以人格魅力和学识魅力教育感染中学生，做中学生健康成长的指导者和引路人。

（三）能力为重

把学科知识、教育理论与教育实践相结合，突出教书育人实践能力；研究中学生，遵循中学生成长规律，提升教育教学专业化水平；坚持实践、反思、再实践、再反思，不断提高专业能力。

（四）终身学习

学习先进中学教育理论，了解国内外中学教育改革与发展的经验和做法；优化知识结构，提高文化素养；具有终身学习与可持续发展的意识和能力，做终身学习的典范。

二、基本内容

维度1：专业理念与师德

领域：职业理解与认识、对学生的态度与行为、教育教学的态度与行为、个人修养与行为

维度2：专业知识

领域：教育知识、学科知识、学科教学知识、通识性知识

维度3：专业能力

领域：教学设计、教学实施、班级管理与教育活动、教育教学评价、沟通与合作、反思与发展

三、基本要求

“专业理念与师德”维度中各领域的基本要求：

（一）职业理解与认识

1. 贯彻党和国家的教育方针政策，遵守教育法律法规。

2. 理解中学教育工作的意义，热爱中学教育事业，具有职业理想

和敬业精神。

3. 认同中学教师的专业性和独特性，注重自身专业发展。

4. 具有良好职业道德修养，为人师表。

5. 具有团队合作精神，积极开展协作与交流。

（二）对学生的态度与行为

6. 关爱中学生，重视中学生身心健康发展，保护中学生生命安全。

7. 尊重中学生独立人格，维护中学生合法权益，平等对待每一个中学生。不讽刺、挖苦、歧视中学生，不体罚或变相体罚中学生。

8. 尊重个体差异，主动了解和满足中学生的不同需要。

9. 信任中学生，积极创造条件，促进中学生的自主发展。

（三）教育教学的态度与行为

10. 树立育人为本、德育为先的理念，将中学生的知识学习、能力发展与品德养成相结合，重视中学生的全面发展。

11. 尊重教育规律和中学生身心发展规律，为每一个中学生提供适合的教育。

12. 激发中学生的求知欲和好奇心，培养中学生学习兴趣和爱好，营造自由探索、勇于创新的氛围。

13. 引导中学生自主学习、自强自立，培养良好的思维习惯和适应社会的能力。

（四）个人修养与行为

14. 富有爱心、责任心、耐心和细心。

15. 乐观向上、热情开朗、有亲和力。

16. 善于自我调节情绪，保持平和心态。

17. 勤于学习，不断进取。

18. 衣着整洁得体，语言规范健康，举止文明礼貌。

“专业知识”维度中各领域的基本要求：

（五）教育知识

19. 掌握中学教育的基本原理和主要方法。

20. 掌握班集体建设与班级管理的策略与方法。

21. 了解中学生身心发展的一般规律与特点。

22. 了解中学生世界观、人生观、价值观形成的过程及其教育方法。

23. 了解中学生思维能力与创新能力发展的过程与特点。

24. 了解中学生群体文化特点与行为方式。

（六）学科知识

25. 理解所教学科的知识体系、基本思想与方法。

26. 掌握所教学科内容的基本知识、基本原理与技能。

27. 了解所教学科与其他学科的联系。

28. 了解所教学科与社会实践的联系。

（七）学科教学知识

29. 掌握所教学科课程标准。

30. 掌握所教学科课程资源开发的主要方法与策略。

31. 了解中学生在学习具体学科内容时的认知特点。

32. 掌握针对具体学科内容进行教学的方法与策略。

（八）通识性知识

33. 具有相应的自然科学和人文社会科学知识。

34. 了解中国教育基本情况。

35. 具有相应的艺术欣赏与表现知识。

36. 具有适应教育内容、教学手段和方法现代化的信息技术知识。

“专业能力”维度中各领域的基本要求：

（九）教学设计

37. 科学设计教学目标和教学计划。

38. 合理利用教学资源和方法设计教学过程。

39. 引导和帮助中学生设计个性化的学习计划。

（十）教学实施

40. 营造良好的学习环境与氛围，激发与保护中学生的学习兴趣。

41. 通过启发式、探究式、讨论式、参与式等多种方式，有效实施教学。

42. 有效调控教学过程。

43. 引发中学生独立思考和主动探究，发展学生创新能力。

44. 将现代教育技术手段渗透应用到教学中。

（十一）班级管理与教育活动

45. 建立良好的师生关系，帮助中学生建立良好的同伴关系。

46. 注重结合学科教学进行育人活动。

47. 根据中学生世界观、人生观、价值观形成的特点，有针对性地组织开展德育活动。

48. 针对中学生青春期生理和心理发展特点，有针对性地组织开展有益身心健康发展的教育活动。

49. 指导学生理想、心理、学业等多方面发展。

50. 有效管理和开展班级活动。

51. 妥善应对突发事件。

（十二）教育教学评价

52. 利用评价工具，掌握多元评价方法，多视角、全过程评价学生发展。

53. 引导学生进行自我评价。

54. 自我评价教育教学效果，及时调整和改进教育教学工作。

（十三）沟通与合作

55. 了解中学生，平等地与中学生进行沟通交流。

56. 与同事合作交流，分享经验和资源，共同发展。

57. 与家长进行有效沟通合作，共同促进中学生发展。

58. 协助中学与社区建立合作互助的良好关系。

（十四）反思与发展

59. 主动收集分析相关信息，不断进行反思，改进教育教学工作。

60. 针对教育教学工作中的现实需要与问题，进行探索和研究。

61. 制订专业发展规划，不断提高自身专业素质。

四、实施建议

（一）各级教育行政部门要将《专业标准》作为中学教师队伍建设的基本依据。根据中学教育改革发展的需要，充分发挥《专业标准》的引领和导向作用，深化教师教育改革，建立教师教育质量保障体系，不断提高中学教师培养、培训质量。制订中学教师准入标准，严把中学教师入口关；制订中学教师聘任（聘用）、考核、退出等管理制度，保障教师合法权益，形成科学有效的中学教师队伍管理和督导机制。

（二）开展中学教师教育的院校要将《专业标准》作为中学教师培养、培训的主要依据。重视中学教师职业特点，加强中学教育学科和专业建设。完善中学教师培养培训方案，科学设置教师教育课程，改革教育教学方式；重视中学教师职业道德教育，重视社会实践和教育实习；加强从事中学教师教育的师资队伍建设，建立科学的质量评价制度。

（三）中学要将《专业标准》作为教师管理的重要依据。制订中学教师专业发展规划，注重教师职业理想与职业道德教育，增强教师育人的责任感与使命感；开展校本研修，促进教师专业发展；完善教师岗位职责和考核评价制度，健全中学绩效管理机制。中等职业学校参照执行。

（四）中学教师要将《专业标准》作为自身专业发展的基本依据。制订自我专业发展规划，爱岗敬业，增强专业发展自觉性；大胆开展教育教学实践，不断创新；积极进行自我评价，主动参加教师培训和自主研修，逐步提升专业发展水平。

第三节　校本教师专业发展的实践研究

怎样让教师获得所需的实践知识理论和技能，最根本的途径是教师在教学中的具体实践。因为教师的实践性知识理论和技能，不会产生于外在已有的知识体系，而是个人在实践过程中经过与环境的对话和交流，在不断总结、积累的基础上逐渐生成的。即在教学岗位上经过反复实践，不断探索、研究、学习，才能使实践知识理论与技能等专业化体系得到发展。根据我们在中小学的实践研究中获得的体会与经验，并参考国内学者们和第一线教育工作者研究的成果，以及提出的理论观点和具体办法，兹扼要介绍以下一些途径和方法。

一、“听报告”①

作为校外的专业支持者，按照自己的理解，给教师开设了一系列讲座，如“什么是有效教学”“教师怎样做研究”“教师读书建议”“怎样做行动研究”等。组织教师“听报告”虽然是教师专业成长的“陈旧”方式，但毕竟是获取信息、开阔眼界的一个重要途径。应尽可能在“报告”中穿插切合教师实际生活的“案例”和“故事”，以便尽可能地让这些“报告”被教师接受和认可。

除了让教师听“专业报告”之外，学校还可组织教师观看“专业录像”或“教育电影”。我们给老师推荐了《赏识你的孩子》（周弘主讲）、《课程改革与学生学习方式》（肖川博士主讲）、《新课程与教育评价改革》（芦咏莉博士主讲）以及《春风化雨》《音乐之声》《你是人才吗》（中央电视台“对话”节目）、《对话韩寒》（中央电视台“对话”节目）等音像资料。

① 熊焰．校本培训：教师专业发展［M］．广州：广东高等教育出版社，2006：80－86

最初教师注意收集和整理自己的行动研究过程中的“资料”，然后撰写成相应的“教育论文”。但一段时间后，发现不少教师撰写的“教育论文”要么显得泛泛而谈，要么显得无话可说。根据英国学者怀特海（Whitehead）所设计的行动研究的“步子”，建议教师关注和“叙述”研究的“过程”，而不只是“议论”。我们称之为“叙事研究”。“叙事”的基本过程与怀特海的“步子”相似，重点在于提出“我是如何遇到教学问题以及如何解决教学问题的”，具体策略是“讲述自己的教育故事”和“换一种说话的方式”。

教师“讲教育故事”实质是以“公开发表”作为研究的突破口。而“公开发表”又不同于一般所谓的“发表文章”。它要求教师以合理有效的方式解决自己的教室里发生的教学问题，然后将自己怎样遇到这个问题、怎样解决这个问题的整个教学过程“叙述”出来。这里的“发表”实质上是一种“叙述”，“叙述”之后形成的文章是一种“教育记叙文”而不是“教育论文”。这种教育“记叙文”比传统的教育“论文”更能引起读者的“共鸣”，并由此而体现它的研究价值。教师写教育“记叙文”（或者说教师做“叙事研究”）并不排斥教师写“教育论文”，但教师最好在积累了大量的教育故事之后，再去讲教育道理。

二、“教师读书”

教师是与书本打交道的职业，读书是教师的本分。但是，对于很多中小学教师来说，读书已经成为一件很困难的事情。

（一）“教师阅读”的状况

按照《现代汉语词典》的解释，阅读是看（书报）并领会其内容。这是阅读在词源学上的基本含义。第七次全国国民阅读调查发现[①]，2009 年，我国 18～70 周岁国民中，包括书报刊和数字出版物在

① 中国网．第七次全国国民阅读调查（2010－04－27）

内的各种媒介综合阅读率为72.0%，比2008年的69.7%增长了2.3个百分点，这体现了国民阅读总体上呈增长态势。我国18～70周岁国民图书阅读率为50.1%，比2008年的49.3%增长了0.8个百分点；报纸阅读率为58.3%，比2008年下降了5.6个百分点；期刊阅读率为45.6%，比2008年下降了4.5个百分点。2009年国民人均年阅读传统纸质版报纸73.01份，比上年减少了15.59份；人均年阅读传统纸质版期刊6.97本，比上年减少了1.23本。但是，7.4%的国民则经常在网上阅读网络书籍和报刊。教师是离不开教材和基本的教学参考资料的，我们这里说的“读书”自然是不包括这些的。这里的“读书”是指除了教科书之外的，为了提高自身素质而进行的广泛阅读。早在2000年所做的建国以来首次对教师的阅读状况进行的全国范围内的调查中[①]，中小学教师是否经常阅读是这项调查关注的首要问题。在是否经常阅读的自我评价中，有91.19%的受访教师作出了肯定回答。关于阅读价值取向明确在13个选项中，根据教师选择频度排序，它们依次为教学参考、现实题材小说、教育理论、文史类、时事类、历史题材小说、其他、科技类、言情小说、政治理论、科幻小说、武侠小说和经济金融类书籍。中小学教师阅读的价值取向明确，但教学参考类书籍高居榜首现象，应引起各界的反思和关注。阅读时间不够、经费不足、好书不多是影响教师读书的主要因素。在选择不常阅读的人中，有79.2%的教师认为其原因是“没有时间”，14.7%和6.1%的教师认为是“没有书刊”和“买不起书刊”。到了2007年，北京市海淀区教育科学研究所公布的在全区范围内进行的一项教师阅读状况调查[②]显示，有半数以上教师每天阅读时间不足半小时，平均每人每年读书不到7本。此次调查选取了小学、初中、高中80所不

① 鲍东明．全国教师阅读状况调查（2000—2001）［J］．中国教育报，2003－07－07（14）

② 马利．中小学教师读书现状堪忧［J］．燕京都市报，2007－07－03

同类型学校，每校选 12 ~ 14 位教师共 1 011 人（其中男教师 167 人，占总人数的 16.5%，女教师 844 人，占总人数的 83.5%）。统计表明，教师阅读时间明显不足，有53.5%的教师平均每天阅读时间不足半小时；教师每周能利用业余时间进行 1 小时阅读的占 15.4%，每周阅读时间为 2 ~3 小时的教师占 33%，每周阅读时间在 4 ~5 小时的教师占 19.2%，每周阅读时间超过 5 小时的教师占 27.3%，另有 5.1%的教师几乎没有时间阅读。有专家表示："对于教师职业而言，这样的阅读时间是难以满足知识更新需要的。"

我们说学校是教师专业化成长的"沃土"，学校应是一个学习型组织；教师应是"学习者"，即教师个体的"做中学"是岗位成才的根本途径。长期以来教师的"读书"与"教书"是"分离"的。原因之一是传统教育制度的"安排"。传统的教育观点强调，在童年、少年或青年期，集中一段时间进行学校学习，奠定文化、科学知识的基础，并培养一定的个性、能力、气质、性格，对于将来进行工作是合适的。一般认为，学习与工作在这种意义上进行分离，不应遭受过多的指责。需要分析的不是教育制度造成的学习与工作的分离，而是由于企业组织管理本身造成的学习与工作的分离。这种分离由来已久，而如何弥合这种分离状态，则是企业或学校要解决的问题。下面我们来看一看科学管理的一个著名案例①：

在科学管理年代（19 世纪末），工厂里开始有"学习"的影子。然而，学习的是极少数人，绝大部分工人只干活，并不研究、学习如何改进绩效。1881 年，泰勒 25 岁，开始在米德维尔钢铁厂进行工作方法研究。他仔细观察每一个人，减少他在操作中浪费的时间和多余的动作。

① ［美］哈罗德·孔茨，海因茨·韦里克．管理学［M］．北京：经济科学出版社，1993：28 - 33

吉尔雷思在仔细研究砌砖工在各种情况下砌砖的动作后，把砌每块砖的18个动作压缩为5个，有时甚至只要两个动作。后人的研究充分表明：砌砖科学方法的形成，在于资方而非工人。可见，工作的主体——工人，并不同时就是学习的主体。

能否过渡成为一个学习型组织，在工业经济时代也许意味着组织生存的好与坏，而在知识经济时代则意味着存与亡。为了适应时代的要求，员工要成为学习型组织中的员工，而管理者则要千方百计提高组织的学习能力。正如组织学家达夫特所说："新组织是以知识为基础的，也就是说，它的设计是用来处理思想和信息的，每一位雇员都是一项或几项概念性工作项目的专家。他们不是为了效率而奋斗，以知识为基础的公司中的所有雇员都必须不断地学习。""在这个世界秩序中，管理的责任是创造组织的学习能力。在许多行业中，比竞争对手学习和变化更快的能力或许是唯一有力的竞争优势。"①

实现学习与工作的整合。在知识经济时代，组织的竞争一定程度上就是知识的竞争。员工的学习、工作与知识需要有效地整合，这正是学习型组织的使命。信息技术已经改变了人们对工作与学习之间关系的基本看法，高度信息化的组织是一个学习机构，它的一个基本目的就是拓展知识（不是学术意义上的知识本身，而是使组织怎样才有效率的核心）。学习不再是教室里或者上岗前孤立的活动，人们不必撇开工作专门抽出时间来学习，相反，学习就是工作的核心，学习与效率是同义词，一句话，学习将是劳动的新形式。工业时代的许许多多组织不能称之为学习型组织，因为它们存在着两种分离：从组织角度来看，是工作与学习的分离；从个体来看，是工作与知识的分离。前者导致在组织绩效中，看不到由于学习而带来的改善；而工作与知识的分离，对于一个人来说，则是妨碍了他的全面成长。今天，从组

① R. L. 达夫特. 组织理论与设计精要［M］. 北京：机械工业出版社，1999：272

织管理模式上我们需要一种整合学习、工作与知识的办法，这就是创建学习型组织。

做一个“职业学习者”，做一个“终生读书人”。教师应把读书当做一种生活方式。生活方式是人赖以生存和发展的方式，在农业社会和工业社会，它主要包括衣、食、住、行等；而在信息社会，人们的基本生活方式，除衣、食、住、行之外，还包括了阅读。阅读，作为一种以主要吸收知识为前提的生活方式，正在成为人们基本生活方式的一部分。

新课程反映了社会对教师工作的质的需求，教师必须随着新课程所建立的学习方式改变自己的教学方式；而教学方式的变化是由教育观念决定的，新课程主张开发教科书以外的课程资源，而且要积极引导学生开发课程资源。在这种形式下，教师的读书活动更应该加强。因此，我们在这里更关注阅读对中小学教师发展方面的含义。阅读是教师发展的重要源泉和重要标志。没有书籍的滋润，难以得来深厚的学识和素养。教师通过“阅读”，可以汲取进行教育和教学工作的精神营养，并把这种精神营养转化为自己的工作能力和综合素质，充分提高教育和教学效果。可以说，教师“阅读”量越大，他的教育和教学水平相应也就越高。阅读成为教师基本生活方式的一部分，就是让阅读像衣食住行一样，成为教师职业生活须臾不可离开的东西，让阅读本身构成教师职业生活的基本成分。当阅读成为越来越多教师生活方式的有机构成时，就为其奠定了比较扎实的教育理论基础。当今的教育现实有着诸多的因素还在干扰着教师阅读生活方式的形成。要使阅读成为教师生活方式的一部分，必须有强有力的推动。

教师在没有形成独立的读书习惯之前，需要学校安排阶段性的读书交流活动。通过诸如读书交流会、读书报告会的形式，使读书成为一种生活方式。教师读书之后重要的是要形成自己的“想法”，并转化为“做法”；可以将教师个人化的教育想法称为“教师的信念”。有了教师的信念之后，教师的行动将随之发生改变。于是，教师读书将构成教师行动研究或者校本教学研究的一个部分。在日常教育行动研究过程中，读书将融入教师行动研究或校本教学研究的每一个环节和步骤。教师的读书将不断地为教师发现问题和解决问题提供教育的眼光和教育的心情。

（二）教师读什么？

在采访调查中，许多教反映没有时间读书。一般情况下，一个教师每周上 12 ~ 14 节课，也就是每天 2 ~ 3 节课，需要 2 ~ 3 小时备课、1 小时处理作业和有关学生的事情。如果担任班主任，每周增加一节班会或思想教育课，还需要早晚看班，处理班级偶发事件等。有的教师还要上晚自习辅导课。每天在校时间里，除了备课、看教学参考资料以外，教师是没有时间读其他书籍的。课余时间老师还需要休息、忙家务，“忙碌”是阻碍读书的一个原因，但还不是主要原因。教师们确实很忙，但许多工作的效率是很低的，这也浪费了许多时间。“有足够时间读书”的也不多，认为“有时间的，但没有用于读书”的则更少。但在读书风气差（甚至以读书为耻）的氛围中，提出是否有时间读书的问题显得很苍白而无意义。

调查中，一些教师表示也想读书，但是因为各种原因，感到没有心情去读书。影响教师读书的主要因素有：其一，工作繁忙、压力大。其二，社会弥漫着功利的、浮躁的心态，教师缺乏理想、志向、求知欲；读书功利性强，学校以论文发表数量评定教师职称，教师宁可读一些报刊杂志，去摘抄一些现成的话作为自己写文章的材料，而没有读书的“兴趣”“习惯”和“乐趣”。其三，学校没有读书的环境，教学工作多浮于表面，学校领导不关心老师读书以及教育评价机制制约。其四，书太贵，好书太少：教师需要的是对胃口的书，是站在老师立场上看问题的书（如以实践为支撑的理论书籍），但是这样的书太少（或者是很少有人给教师推荐）。

客观地说，“读书”不仅仅是时间的问题，而且是教师是否有想读书、是否有动力去读书的问题。关键在于做教师是否非要读书，不读书是否就会影响自己的职业发展。有不少教师认为，做教师其实无需读书，工作照样可以应付得过去。许多小学教师、中学教师，自从师范院校毕业以后，除了教材和教参，十几年甚至几十年从没有读过一册书的也大有人在。在目前这种考核办法下，不读书的教师还真不一定不如爱读书的教师教得好；而读书多的教师不一定能取得好的工作成绩。那些只抱着教材、教参的教师，能培养出有知识、有素养的学生吗？在这方面，我们的教学改革任重而道远。

近年来，教师读书呈现出一些新的特点。教师开始从着重阅读教案、教参、练习题集、考试指导方面的图书转向重视阅读教育理论方面的图书，主要表现为以下几个特点：一是青睐教育名家名著。各级各类教师对古今中外教育名家名著表现出极大兴趣；二是关注教育科研方法类图书。过去，教育科研似乎只是专业研究人员或高校学者们的专利。现在的中小学教师越来越注重开展教育科研；三是热衷对课堂教学具有较强指导作用，操作性也比较强的学科教育理论图书。当前，广大教师的读书热点主要集中在基础教育课程改革方面。

当教师寻找要阅读的书籍时，图书市场上“为了教师”的书太多，而“适合教师阅读”的书又太少。很多书的“前言”都指明“适合中小学教师阅读和参考”，但真正适合中小学教师阅读和值得参考的书却显得稀稀落落。我们想找一些适合教师阅读的书籍时，竟发现书架上的相关专著或教材似乎与教师的阅读期待相距甚远。很多书倒适合大学本科生在教室里安静地琢磨，而且一定要有期末考试作为威胁，否则这些书很难说有多大的可读性。

中国教育界尽管从来不乏“为教师写作”的人，但真正“为教师写作”的书并不多，不少形式上是写给中小学教师的，但往往是书摆在那，可实际上中小学教师却并不在场。这导致了大量的教育写作几乎是没有读者或者说读者缺席的写作。我们期待教师在行动研究或校本教学研究中不断地“与历史对话”。但当教师坐下来愿意“与历史对话”时，却找不到谈话的“对象”（作者）。

我们在现有的条件下，根据中小学教师的推荐和我们几位大学研究者的多次讨论，暂时设计了一个“教师学习行动计划”（详见本章附录3）①。这个“教师学习行动计划”并不理想，只是提供参考和选择。所列的书目将可根据中小学教师的“阅读指数”做出调整。

“教师学习行动计划”将教师的阅读书目分三个类型——“生活智慧类/实践智慧类”“教育新理念类”和“教育散文类”，主要是指反映教育生活实践的“教育随笔”“教育手记”“教育日记”“教学录像”“教育电影”。我们最初给教师推荐了一些参考资料，然后根据教师的“阅读意见”，形成了一份“教师读书推荐书目”，后来又根据教师的阅读反馈意见不断做了调整，即“适合教师阅读的20本书”（详见本章附录4）。

（三）教师如何阅读②？

在“教师阅读”的过程中，第一个阶段最好先阅读“生活智慧类”的书。比如哈伯德的《自动自发》、卡耐基的《人性的弱点》等；第二个阶段再阅读教育新理念和教育随笔类的书籍；第三个阶段是将自己的“自我超越”的热情和最新形成的“教育信念”付诸“行动”并在行动中反思调整。在整个阅读过程中，“生活智慧类”的书或文章应该成为教师改变和行动的前提。阅读这些书应该成为教师的“信仰之旅”。先调整和形成人生的信仰和追求，然后才有可能学习和调整自己的“教育观念”。对教师来说，先有“生活态度”“生活信仰”的转变，然后才有“教育观念”和“教育行动”的跟进。

“教师阅读”一是泛泛地阅读，二是深入探索、自觉反思。改变才会有成长，你总是要试图去改变一些做法、一些想法，而不是自我

① 刘良华．“教师学习”行动计划［J］．明日教育论坛：教材多样化之后

② 熊焰．校本培训：教师专业发展［M］．广州：广东高等教育出版社，2006：127－147

封闭、固步自封。三是及时总结，着力提升。要养成及时总结的习惯，收集、整理我们听到的、看到的、读到的有价值的现象和表达。四是团队合作，真诚交流。[①]

“一个学校的教师，应该是一个团队。团队成员之间的精诚合作，互相真诚的分享和交流，对于彼此的成长，有着十分重要的、巨大的价值。团队中有一种无形的力量使我们成长，因为在团队中我们形成了一种精神的氛围，一个心理的场域。”一个学校的教师共同读一本书，每周有固定的时间来交流和分享，这样就有了一个交流的平台、一个思想交集的空间。教师们会自觉意识到，为了能在分享交流的时候有所贡献，就理所当然地要提高阅读的品质。教师通过在团队中的分享和交流，深化了认识，丰富了内心。有分享和交流的内在需要，是教师力量的重要源泉；分享和交流的需要的反面是内心的麻木和枯竭，这也是教师的倦怠感产生的真正根源。

“教师学习行动计划”中列举那么多的书，并非所有的书都得完整地阅读。教师个人在某个阶段可以从中任意选择“三本书”重点阅读，也可以普遍浏览之后确定适合自己阅读的个性化的“三本书”。而在具体的阅读过程中，教师可以调整、改变自己的“三本书”的结构。期待在教师阅读之后的某一天感叹说：“在我人生的道路中，有‘三本书’对我影响很大。”

虽然以“读书”的名义，但实际上是建议教师读“文章”。一般所谓的“好书”，也并非字字珠玑。只要这本书中有一篇或几篇好文章，已经不容易了。所以我们建议教师拿到一本书时，首先要学会从书的整体结构中选择自己喜欢的、有阅读价值的“章”“节”。教师名义上是买“书”、读“书”，实际上是买“文章”、读“文章”。教师有限的业余时间一般无法保障整本书地“系统阅读”，其实适合教师阅读的“书”或许是“读者文摘”类的。我们宁可建议教师读

① 肖川．如何阅读［J］．教育科学研究，2004（4）：58

“文章”，而不要读“书”。“文章”即教育经典、教育散文、教育故事。[①] 关于故事，《现代汉语词典》的一般解释是：“故事是真实的或虚构的用作讲述对象的事情，有连贯性，富吸引力，能感染人。”故事因其故事性、通俗性而具有吸引力，为大众所喜爱。另一方面，每个真实的或虚构的故事背后，都有其背景及其隐喻，对背景和隐喻的解读往往给人带来启示和帮助，它体现着故事娱乐性后面隐含的更大的作用。

我们深信故事就是生活，生活就是故事。因为生活是由一个个故事组成，生活有了故事，也就有了精彩，也就有了意义。因为经历着故事，在故事中成长；讲述着自己的故事，就讲述着自己的生活；我们听着别人的故事，我们也在品味着他们的人生；我们读着故事，实际上是跨越时空和彼此不相识的人们交流着酸甜苦辣，在故事中沉思、成长。而在教师们每天的生活中发生着许多故事……有些故事对教师理解新教育理念和进行教育实践具有相当的魅力与价值。我们曾给教师们推荐类似以下的“文章”。

文章可以从《读者》《师道》《教育参考》《福建论坛》等杂志中来，但大量的还得从“书”中来。教师需将书当作文章阅读，要学会将一本书拿起来之后通过目录、前言以及相关的整体浏览而迅速决断最值得自己阅读的“章”“节”。将厚书读薄，这是一种读书的艺术。当然，正如培根所言：“书籍好比食品，有些只须浅尝，有些可以吞咽，只有少数需要仔细咀嚼，慢慢品味。”[②]

教师在没有形成独立的读书习惯之前，需要学校安排阶段性的“读书交流”活动。通过诸如“读书交流会”“读书报告会”的形式，使“读书”过程成为寻找教育问题和教育困惑解决方案的“设计”过程。

---

① 陈大伟．新课程的故事与解读［M］．成都：四川大学出版社，2003：2

② ［英］培根，何新译．人生论［M］．中国友谊出版公司，2003：181

广东韶关建国小学、广州市清水濠小学等学校倡导开展“教师读书活动”，并建议教师们通过“座谈会”“报告会”“写读后感”等方式交流读书心得，以有助于教师逐步形成自己的人生信仰与教育追求。

“阅读”让教师的观念改进，也使教育教学行为渐变。韶关建国小学曾老师写道：

从小，我就酷爱在阅读当中获取乐趣、寻找真谛。在书本杂志多如恒河沙数的书海中，我最钟爱的就是《读者》和《青年文摘》这两本杂志。因为我一直认为，好的文章，应该可以触动人的心灵。而触动心灵的好文章，在这两本杂志中比比皆是。

这些好文章不但让我自己受益，而且我还时常将它们引入到我的课堂当中，和学生一起分享阅读的快乐。以故事来教育他们，常常能收到意想不到的效果。以下便是最成功的一例。

孩子们生性贪玩，在相对比较枯燥的学习生活中，他们时常自己为自己寻找乐趣，喷水壶就是他们自己发明出来的玩意。在他们自带的水壶盖上扎好多小洞，用力一挤，细细的水柱就喷射出来，射在彼此的身上，就象在玩水枪一样。孩子们乐此不疲，但是弄湿了的身子却很容易感冒，并且浪费了大量的水——短短的课间十分钟，一个孩子就能射去好几瓶的清水。当时的思想品德课正好是教到《节约水电》一课，在课堂上的教学、交流，效果让我感到很满意，自以为可以收到效果。可是下课铃一响，水战又“硝烟四起”了。我惊叫了一声，夺去他手中的水壶，把地上被水打湿的那块泥土小心弄干。怎样才能制止这种行为，让我很是伤脑筋。

记得那段时间我在《读者》上读到了一篇名为《水》的故事。讲述作者徒步旅游来到了严重缺水的西北。在长途的跋涉中，他满脸风尘地来到了一个小山村。他看见了上了锁的水井时，对水的迫切需要使他求助于在一旁的小女孩。女孩子为他打开了水井上的锁，打来了一勺清水。笔者先是用水洗了一把脸，当他想用水洗手时，女孩子小心翼翼地挖起来，把湿土埋到了一棵新种的小树旁，再埋怨地说："你怎么可以这样浪费水！"作者被她的举动深深震撼了。在他生活的南方，洗手洗脸是平常事，任由水哗哗流去，而洗澡更是动辄要用上一两吨水。而现在他只不过是洗一把脸，却让这个女孩子有这样的举动，不过是一团湿润的泥土，她都如此珍视。

我把这篇文章带到了班上读给了孩子们听，却没有想到深深地把他们打动了，大家久久沉默不语。在不久后的一次课间，有学生捡到了一瓶无人认领的水，他正想随手把它丢掉，却遭到了周围同学的阻止。一大帮孩子把这瓶水拿到了楼下，把里面的水小心翼翼地浇在了几个花盆里。看到这个场景，我被感动了。我们课堂上的说教，说完了也就过去了，没有在学生身上留下任何痕迹。而一个小小的故事，却能让他们真切地感受到水的可贵。好文章的力量确实是不可估量的。

一本好书就是一位好老师。我们应该让自己的生活中处处都有好老师的指导。无论是做人，还是处事；无论是对学生，还是对我们自己。

其实有许多教师在日常工作中亦有自己的"人生读本"。以下是韶关建国小学钟老师的讲述:①

阅读《庄子》纯属偶然，某日于朋友家中阅读蔡志忠的漫画《庄周梦见蝴蝶》，只见一对翩翩的大翅膀中间挂着一个小老头，小老头是庄周，现实中的庄周正做着黄粱美梦：不知是蝴蝶变成庄周还是庄周变成蝴蝶。看着实在有趣，不由一阵心喜，于是买下了如今这本封面被装点得古色古香的《庄子》，后来又看了一些关于庄子的书，但庄子原文看了不过几句。

① 熊焰．校本培训：教师专业发展［M］．广州：广东高等教育出版社，2006：105

《庄子》对我来说有用至极，因为我总是能在《庄子》里找到思想的共鸣。每当有了解决不了的问题，我就把它翻开，用里面的话来调和自己的心境。遇到努力工作未得到回报，而这一切又与自己不善与人结交、不懂言辞的个性有关，便会想起《山木》篇里那枝叶繁茂的大树，因"无可用"而被伐木者取，而至故人家时那不鸣之雁被烹的情景；我想，做人要处于"材"与"不材"之间。这里看着很消极，其实在积极与消极之间，也没有什么绝对的好坏，只要遇到挫折能看得开，能让人身心处于愉悦状态，能让自己的人生继续前行，而不是总抱着怀才不遇的沮丧。

早在读书时期我便学过《庖丁解牛》。后来在《养生主》里面看到这段才恍然大悟：那个用刀十九年，而刀刃若新发于硎的庖丁原来就是庄子笔下诞生的。庄子是想告诉我们凡事应当顺应自然规律和天理，做到匠心独运、胸有成竹，如此才能到达完美的境界。这个生动的寓言故事，也给了我另一个启发，凡事都要了解其内在规律，做到心领神会，才能手到成功，积累起丰富的经验。"解牛"如此，"解人"又何尝不是这样呢？要了解与剖析一个人，也是应该全面地了解他的本质特点与内心世界，用眼神准确引导，以动作精良跟进，而不是强拉硬扯，从而有效地进行疏导，运筹帷幄。

在《庄子》里，有很多东西可用。针对具体情况，有选择地来用，受益无穷。

三、教育反思

教师实践性知识理论的积累和行为方式的转变，都是在教育教学实践行动过程中形成的，反思是获得实践知识和改变教学行为的重要方法。

反思不是"冥思苦想"。反思不是一般性的思辨性的思考。它是对自己的思考，它有两个特点："反身性"，思考回到自身；"引起教学行为的变化"，而不是纯思辨。反思要与教师的行动相联系，即反思是为自己的行动的反思，对自己的行动反思。有行动前、行动中、行动后的反思。

反思不仅是“自己独自的思考”。我们强调自己做自己专业发展的主人，强调对自己的教学实践进行反思，更强调教师之间的合作交流。因为反思离不开教师之间的合作学习。

反思不仅是“对自己的教学实践进行研究”，而不必再学习理论。诚然，反思性实践的理论强调从个人的经历中学习的重要性，但并不否定教育文献的学习。反思是根本，教育文献为我们的反思提供新的视角，给我们眼光，而不是代替我们的反思。反思往往带有我们独特的个性，理论可以帮助我们识别其中的一般与普遍的因素；正因为理论的这种特性，可以让我们多角度、换角度看事物，从而丰富我们的精神世界。因为“理论不仅仅是个别的方法，而且是有时我本可以求助的依据，更确切地讲，正是因为理论，我们才可能以不同的方式来看待这个世界，有不同的行为举止……理论赋予行动内容与目标，理论能让我们读懂别人行为的意义与意图。理论能让我们看到不同的自我；提醒我们，在采取某个行动、说某句话时，我们可能失去了其他的机会。理论不只是简单地表达世界目前的状况，而且会给我们空间，让我们思考世界不同的原因”①。

强调教师“反思”只是对自己的教学实践进行反思，则会使教师的反思局限在教学领域。这样的反思就很可能丧失批判性，停留于教学技术层面。反思实质应是对教师全部生活方式的审视，而不是把反思的基本内容限制在教学技术和班级组织的技术问题上。从其表面看，是对教师教学实践的反思，实质则深入教育领域、教育的价值和教师生活的态度。

由于“反思”一般指“回头思考”，它指教师以及合作研究者在

① ［美］Sandra Hollingsworth. 国际视野中的行动研究——不同教育变革实例［M］. 北京：中国轻工业出版社，2002：156

“行动”结束后回头思考解决问题的整个过程，查看所设计的方案是否能够有效地解决问题；在行动过程中发生了哪些有意义的教学事件；如果问题没有很好地被解决，需要进一步理清究竟是由于所设计的方案本身不合理，还是因为方案的执行发生严重偏离；如此等等。当教师“反思”自己在教学及其研究的过程中发生的一系列“教育事件”时，教师的“经验性教学”就转化为某种“反思性教学”（reflective teaching）或“研究性教学”。

一位教师处在有利于反思环境中的感受

我们都愿意相互学习，并随时准备扮演别人的角色，从他们的立场来看问题。在这里我们感觉不到竞争，这一点非常重要。由于没有竞争，在这种地方相互之间已经没有必要去保护自己，因而我们的自我就不再是重要的了。你不再害怕别人把自己当做傻瓜，你可以承认事情变得很糟糕。在这种小组中你感到绝对的安全。你会猜想：我们所做的一切说明了这种小组为何重要的原因。你可以完全地开放自己……是不断的交谈和这种开放帮助你去改变……这可能是你曾经有过的最重要、最具有影响意义的经历了。

为了使教师身处学校之中，相信公开暴露自己的失误并不会导致遭受不公平的待遇，关键是学校管理层的示范。国外的研究表明，在教师当中如要培养反思精神，校长们公开宣布自己的错误比其他任何因素都更为重要。“这些校长愿意承认他们不是全能的，并请求教师们帮助他们了解一些问题，寻找解决办法。通过承认自己容易犯错误，他们在下属的心目中产生一种开放的思想……这样，他们就创设了反思实践的文化。”①

① ［美］Sandra Hollingsworth. 国际视野中的行动研究——不同教育变革实例［M］. 北京：中国轻工业出版社，2002：156

四、“教学问题”的课题研究

如果说“教师学习”的主要目的是促使教师“观念转变”，如果说“叙事的行动研究”主要限于解决一系列课堂教学行为的问题，那么，“问题课题化”则意味着系统而持久地追踪问题和解决问题。教师系统而持久地追踪问题和解决问题，这正是行动研究所追求的。

课题研究不止于观念转变，也不止于某节课的教学行为转变，它来源于教师在解决日常教学问题的过程中感到某个问题需要比较持久地追踪。当教师比较持久地追踪某个问题时，这个问题就已经转化为“课题”，原来的“问题解决”就转化为“课题研究”。

（一）“问题课题化”①

教师在自己的日常教学中，总会遇到一些具体的教学问题或教学困惑。教师应该怎样解决这些问题呢？大多数的教师总是“想方设法”地去设计和解决这些问题。因为有些问题教师是可以凭借自己个人的教学经验一次性解决的。专业化水平较高的教师，往往具有丰富的教学经验，这些丰富的教学经验，大体上可以应对教学生活中发生的一系列问题。

教师凭借自己的个人经验比较轻松地一次性地解决教学问题，这就显示为教师的“日常性教学”。在“日常教学”中，教师往往凭借个人经验来解决教学问题，完成教学任务，所以也有人将这种“日常教学”称为“经验性教学”。

在“日常性教学”（或“经验性教学”）中，教师虽然遇到一些具体的问题，但这些问题对教师而言并不构成“难题”，教师能够比较轻松地、一次性地解决这些问题，而不会使问题“课题化”。

① 刘良华．校本教学研究［M］．成都：四川教育出版社，2003：64－80

但是，有两种情况将对教师的“日常性教学”构成“难题”：难题之一是，教师原以为可以按照个人经验一次性地解决某个教学问题，比如讲解某个“数学问题”，但是，当教师按照自己的经验处理这个教学问题之后，结果发现原来的教学问题并没有被解决，比如教师发现学生在练习或考试中大量地出错。当教师无法一次性地解决某个教学问题时，这就暗示该问题可能是一个新的“难题”。为了解决这个新的“难题”，教师需要对这个问题进行比较持久的“追踪”。难题之二是，无论教师个人的教学经验如何丰富，教师总会遇到一些仅仅凭借自己的个人经验无法解决的问题。当教师凭借“自己的经验”无法解决某个问题时，比如不知道如何以“任务型教学”的方式进行外语教学，这就暗示教师需要借鉴“他人的经验”，通过汲取“他人的经验”来获得解决新问题的新思路。

教师一旦追踪某个教学问题，或者，教师一旦需要借鉴“他人的经验”来解决某个教学问题，那么，教师的“日常性教学”就有了“研究”的状态，可以称之为“研究性教学”（或“非日常教学”）。

在“研究性教学”中，教师遇到的教学问题就转化为教学研究的“课题”。可以称之为“问题课题化”。一旦教师追踪某个教学问题，一旦教师关注“他人的经验”并借鉴“他人的经验”来解决某个教学问题，这个教学问题就转化为“课题”。而“校本教学研究”，也就是教师为了改进自己的教学（for the teaching），在自己的教室中发现了某个教学的问题（of the teaching），并在自己的教学过程中（by the teaching）以“追踪”或汲取“他人的经验”解决问题。有人称之为“为了教学”，“在教学中”，“通过教学（教师）”。

“为了教学”是指，校本教学研究的主要目的不在于验证某个教学理论，而在于“改进”、解决教学生活中的实际问题，提升教学工作的效率，实现教学的内在价值。

“在教学中”是指，校本教学研究主要是研究教学之内的问题，而不是让教师研究教学之外的问题；是研究自己的教室里发生的教学问题，而不是研究别人的问题；是研究现实的教学问题，而不是研究某种教学理论假设。

“通过教学”是指，校本教学研究就在日常教学的过程中，由教师本人亲自解决问题，而不是让教师将自己的日常教学工作放到一边，到另外的地方专门去做研究；也不是教师放弃解决问题的责任，而完全由别人来帮助解决问题。

（二）问题课题化的策略

当教师打算“追踪”或借鉴“他人的经验”来解决某个教学“问题”时，教师首先总是想方设法地“设计”出一个解决问题的方案，然后尝试性地将这个方案付诸“行动”；行动之后回头再“反思”原先设计的方案是否合理，是否真正能够解决问题。

实际上，真正的教学难题总是不可能一次性地得到解决，这就需要教师再次“设计”解决问题的方案，然后再次付诸“行动”，行动之后再次“反思”原先的方案是否需要重新调整或修改。这就构成了由“教学问题”到“教学研究的课题”的转化的基本过程——教学问题—教学设计—教学行动—教学反思……教师在这一过程中展开自己的教学工作。

校本教学研究，强调解决教师自己的问题、真实的问题、实际的问题。不过，并非任何教学“问题”都构成研究“课题”，只有当教师持续地关注某个有意义的教学问题（即“追踪”问题），只有当教师比较细心地“设计”解决问题的思路之后，日常的教学“问题”才可能转化为研究“课题”。教师的“问题意识”才上升为“课题意识”。

强调对“问题”的追踪和设计，意味着所研究的“课题”来自教师自己的教学实践，“课题”产生的途径往往是“自下而上”的而不是“自上而下”的；它是教师“自己的问题”而非“他人的问题”；它是教室里发生的“真实的问题”而非“假想的问题”。

强调对教学问题的“追踪”与“设计”，意味着校本教学研究不是“随意性问题解决”或“经验性问题解决”。教师虽然在自己的日常教学生活中从来就没有远离过“解决问题”，但如果教师只是以日常经验和惯用策略去解决问题，而不是在“想方设法”（设计）之后采取“行动”并持续地“反思”其效果，那么，这种问题解决只属于“日常性教学”的活动，算不上研究。

强调对“问题”的追踪与设计，使日常教学中的“问题意识”与校本教学研究中的“课题意识”区分开来。不过，这也不是说“问题意识”就不重要。在教学研究中，常见的障碍既可能是“课题意识太弱”，也可能是“课题意识太强”。“课题意识太弱”的教师，容易满足于以日常经验解决那些琐碎的日常问题，“自下而不上”，不善于在解决日常的教学问题的过程中捕捉一些关键的、值得设计、值得追究的“研究课题”。由于缺乏必要的追究与设计，那些日常的教学问题虽然不断地被解决，教师却很难从整体上转换自己的教学观念、改变自己的教学行为。与此相反，“课题意识太强”的教师，容易只热衷于“热点问题”“宏大问题”，“自上而不下”，对自己的日常教学生活中的实际问题视而不见或“以善小而不为”。满足于“大问题”“大课题”的后果是忽视、轻视了教室里每天都在发生的真问题、真困惑。

有效的校本教学研究所研究的“课题”的产生过程是：教师在大量地、随意地解决问题的过程中发现了某个值得“追究”和“设计”的“关键的问题”。教师一旦打算在后续的教学中进一步“想方设法”（设计）去解决这个“关键的问题”，这个问题就可能转化为课题。

我们要充分利用教研活动、课题研究、集中培训以及自我学习等所有能有效促进教师学习提高的载体，提高教师朴素的、自觉的研究意识与学习意识，让教师养成在研究状态下学习、工作和生活的职业习惯。

【附录1】

什么是“有效教学”

从有效教学过程来看，有效教学意味着教师能够有效“指导”，包括有效“讲授”并促进学生主动学习，也包括有效“提问”并“倾听”学生。究竟什么是“有效教学”？虽然很难简单讲述，却有一些基本的追求，主要内容如下。

1.1 有效“讲授”

有效“讲授”是任何课堂教学必不可少的，即使是以学生自主学习为主的课堂活动中，教师讲授也是必需的。教师清晰有效的讲授，可以在师生互动中点拨、引领、启发、强化，起到画龙点睛的作用。

苏格拉底式的讲授方式虽然充满争议，但还是有值得借鉴的地方。首先，苏格拉底不直接“告诉”学生答案，而是以“提问”的方式激发学生的思考。其次，苏格拉底总是很有耐心地“倾听”学生，关注学生的想法，从学生的回答中进一步追问，以澄清学生的思考。一般的课堂教学中，教师在讲授过程中也都会穿插教师的提问或者学生的提问，但真正能够倾听学生，从中展开教学的却比较少。教师的提问更多地是为了教师自己讲授的需要。

教师“讲授”要考虑的一个重要方面，就是要关注教学过程中的关键“事件”。我们可以考虑加涅等人所建议的“教学事件”，包括创设情境以便吸引学生的注意、选择灵活多样的教学方法以便促进学生有效学习、提供鼓励性的及时反馈以便让学生看到自己的成长和进步。

1.1.1 使“讲授”能够吸引学生的注意

教师在备课时，首先要考虑的就是，如何在上课一开始就吸引学生的注意。这与一般性的维持纪律式的组织教学不同，它对教师的要求更明确，教案中就要设计好用怎样的方式吸引学生的注意。如果学生不集中注意，所有的教学活动将成为一系列无意义的事件。

吸引学生注意的有用技巧之一，是教师所引入话题是新颖而有趣的；它不该是简单的、干巴巴的内容介绍，或者诸如“请将数学课本翻到79页”。教师可以在开始讲课时，举一个结果令人惊异的例子，以引起学生的好奇心。例如，在讲化学反应及其衍生物之前，可以将一小块钾放进装水的烧杯里，让学生看它的反应（钾会噼啪爆响，产生火花，最后燃烧）。

吸引学生注意的有用技巧之二，是“把目标告诉学生”。仅仅用某些吸引注意的手法引起学生的注意，或一般性的外围提醒，如“注意了，开始上课”“看，这一排同学坐得多端正”等组织教学，有时并不一定能够让学生集中注意力。让学生集中注意的一个常用方法，是告诉学生在课时结束时应该有哪些“行为结果”。“把目标告诉学生，可以帮助他们在上课前组织思维，在他们头脑中提供可以‘挂靠’要点的‘钩子’。这激活了学习过程，并使学习者集中注意力去获取所要求的行为结果”。

吸引学生注意的有用技巧之三，是“让学生知道学习的重点和难点”。教学的多样化并不意味着无重点地蜻蜓点水，在多种呈现方式中的各项学习内容，并不是同等重要的。在上课开始时就要引导学生了解课文和练习册中的“关键”部分。在课堂教学的进行中、结束时应强调相应的关键部分，以免学生只关注形式的多样热闹和参与的开心，却抓不住核心内容。多样化教学不能冲淡主题。强调难点和重点，可以帮助形成相应的知识结构和知识主题。

1.1.2 使“讲授”保持一定的节奏

使讲授保持一定“节奏”。这一点非常重要，却往往被很多不细心的教师疏忽或遗忘。保持与学生能力相适应的“教学节奏”，它的效果将不限于能够带来艺术性的享受，更重要的是，这种节奏，既能使教师的“讲授”变得轻松（凡抱怨上课累的教师多半与节奏感缺失有关），而且能使学生借助某种暗示效应而更有效地记住、理解某些知识并形成相应的价值观。“最有效的教师会保持一种顺利的、相对快捷的节奏……虽然教学活动的速度很快，但却与课程内容的难度和学生的能力很匹配。”

如何保持讲授以及整个教学的“节奏”，实在是值得考虑的教学问题。这里有一个教学艺术的领会过程和教学经验的积累过程，但还是有一些策略可以考虑的。

比如可以使教学节奏与任务的难度或复杂程度相适应。教师必须尽量避免在不重要的地方过长时间地停留，循序而不渐进；还要避免离题太远而做一些与教学主题无关的叙述；或者花费太多的时间在单个学生或某些学生身上。

比如应该重视教学环节以及不同主题的“过渡”。当教师改变话题、重点或活动时，就会出现过渡。“过渡，尤其是小过渡，是课堂上的常见现象，它很大程度上决定了课程能否顺利进行。不好的过渡会极大地妨碍教学时间的有效使用。因此，教师应该保证过渡数量不多，而且尽可能有条理、简洁。当没有处理好过渡，或者下一个环节由于某种原因被延误时，问题就会产生。”

为了使教学过渡顺利，教师在“备课”时就应有所考虑，尤其需预先准备好与过渡有关的材料设备。当准备上课时，就可以预先估计哪里会出现变化，哪里需要停顿。教师还可以将经常性的过渡常规化、惯例化。例如，当学生提前完成作业时应该干什么，而不是坐在那儿等候。

1.1.3 提供鼓励性的即时反馈

在提供参与机会，学生有所表现之后，紧接着，教师必须做出相应的适宜的即时反馈。这两种事件在时间上是紧密相连的。“行为和反馈之间尽可能短的时间间隔是学习最重要的因素之一：行为和反馈之间的联系越紧密，学习就会越快发生。”也可以说，提供反馈是引发活动的完整和延续。反馈可能是引发活动的一部分，也可以是一个单独的活动。由于引发活动没有提供反馈，学生无法知道自己的行为是否正确。即时反馈有助于对学生的学习进行及时的矫正和强化。所以，这两个事件发生的时间间距要尽可能地短。

在引发期待行为阶段，学生对问题或练习的回答必须是“个体”的，即个体尝试着进行回忆、概括、释义、应用或者解决问题，但紧随其后的反馈可以指向“全班”。这样做可以使个别学生的正确答案为全班所借鉴，使个别学生的错误为全班引以为戒，起到举一反三的范例作用。

对于学生错误的回答特别需要注意，重要的是对于错误答案作出富于鼓励的答复，从而保持引发活动的非评价性的特点。如“开头不错”“你的答案部分是正确的”“可以做得更好”等鼓励性话语。类似这样的回复能够使学生关注更有用的回答，而不会因为自己的错误回答受到批评。学生行为之后紧跟着表扬和鼓励而不是批评，更有可能促进学生的学习和迁移。“在尽可能非评价性的氛围中引发学生回答，这使学生能够自由地冒险式地回答；对于这些回答他们可能不大肯定，但他们能以它们为起点，开始构建正确的答案。任何回答，不管多么粗糙或错误，只要给以恰当的反馈和纠正，都能成为学习的起点。”

当然，反馈活动，既可以是即时的、随堂的、非评价性的；也可以是延时的、脱堂的、评价性的。在有些时候，“延迟评判”对学生来说可能更具有鼓舞人心的效果，包括一些测验和第二天返回的批改过的作业题，或者若干天或若干周后返回的延伸任务（文章、研究论文和文件包等）。一般而言，教师对作业的评判，应该尽快地向学生反馈，甚至可以“让学生当时知道结果”。但是，这并不是说，所有的作业和练习都需要“即时反馈”。有时“延时评判”会发生另外的效果，尤其当某种作业的结论带有不确定性时，这种“延时评判”就变得更加必要。

一个完整的课时计划往往包括多个“教学事件”。但在教学实践中，并不一定都要包括所有的教学事件。比如有时一整节课都是复习，有时回忆先前知识和评估行为在当天的课时中没有出现的必要。灵活机智是有效课时计划设计和有效课堂教学的基本追求。

可见，无论教学如何改革，“讲授”仍然作为“有效教学”的一条有意义的教学方式显得卓尔不凡。它以它的“优势”使之在长久的教学实践中延续下来，并形成了自己的传统。

当教学目标是传递信息时，教师讲授是有效而经济的。教师讲授满足了教师一定的个体需要和职业需要，即：便于教师的控制，教师在讲授时可以更好地对班级进行调控；有益于学生成功，尤其是对于信息性的知识获得，讲授能增进学生的理解；时间经济，教师讲授是对时间最为有效的使用，是学生获得知识最经济的一条捷径。教师讲授也可能满足学生的一些需要。这些需要包括：“获取——学生获取信息的需要；顺从——钦佩他人的需要，在这儿，他人是指讲述者；一致——同意他人和相信他人的需要；求助——寻求帮助的需要。另外，好的讲述能帮助学生发展重要的学习技能，这包括倾听、做笔记、思考的能力。”

教师讲授最大的局限性在于，它可能不容易充分地将学生融入进来，而是使学生处于被动静听状态，单调乏味；加上内容过多或过长，使那些缺乏良好注意能力、记忆力差的学生获益很少。传统的教师讲授，难以激发学生积极参与；以教师为中心、以书本为中心、以课堂为中心的教学，总是源于某种不恰当“讲授”。

无论“讲授”多么有效，教师若想有效地激发学生“投入”地学习，则需要有效地“提问”并“倾听”学生的声音，使教学保持某种“互动”的、“对话”的状态。

1.2 有效“提问”与“倾听”

有效教学的基本状态是对话式的、互动式的。在这种对话式的、互动式的教学中，教师可以讲授，但不能总是只有一个声音。而教学是否出现和维持某种对话式的、互动式的状态，取决于教师是否能够有效地“提问”。

1.2.1 有效“提问”

有效“提问”意味着教师所提出的问题能够引起学生的回应或回

答，且这种回应或回答让学生更积极地参与学习过程。有效提问是一个很微妙的教学技艺（技术与艺术兼而有之）。“问题的有效性不仅仅在于词句，其有效性还在于音调的变化、重读、词的选择及问题的语境。提问有很多方式，每种方式都能决定它是否会被学生理解为一个问题、会被理解成一个怎样的问题。”

“提问”作为课堂教学中师生互动或生生互动的主要形式，可以使教师将关注的焦点从教师转移到学生身上。虽然好的提问有明显的教学价值，但是似乎教师们很少关注如何有效提问这一主题。

什么样的提问是有效的?

第一，使问题具有一定的开放性。教师提的问题可以分为封闭的问题和开放的问题（也称收敛型问题和发散型问题）。有效“提问”则意味着教师尽可能多地提出开放性的问题，或者说尽可能使所提的问题具有一定的开放性。开放性问题是一种丰富的资源，能使教学更为新鲜而有趣。

可是，在课堂教学中，恰恰是“封闭的问题”最常见而泛滥成灾，特别是在以教师讲授为主的课堂教学中。有关研究表明，这类问题占提问总数的80%。

其实，封闭性问题与开放性问题有时可以相互转化。同一个问题在一种情况下是封闭性的，而在另一种情况下又可能是开放性的。反之亦然。“假设你让一个学生按照某种标准来决定或判断哪些家用产品会表现出钠元素的特性，如果这个学生仅仅从以前学过的产品目录中回忆出几个，那么这个问题就成为封闭性的问题；但如果这个学生从来没有学过这种产品目录，而必须是通过分析这种产品的物理特性来作出判断，那么这个问题就是开放性的。”有些问题只需要简单回忆某个知识点就可以回答，这种情境中的问题就是封闭性的；但如果这个知识点没有学过，学生要想正确回答问题，必须进行归纳推理、分析综合等高层次思维活动，这种情境中的问题就属于开放性问题。

在现实的课堂教学中，封闭性问题可能更适合于强化以知识记忆和理解为主的教学和成绩测试，比如标准化成绩测试中的选择题，往往测试的就是这种认知复杂性较低的行为。这种成绩最容易被测量。而开放性问题的测试相对困难，往往不能收到立竿见影的效果。但是，不管它们在暂时的成绩测试中的结果如何，教师都应该长期适量地持续运用高层次的开放性问题。

第二，使问题保持一定的难度。问题可分为记忆型的、理解型的和应用型的。

记忆型问题难度最低，对学生要求不高，只要能够准确回忆起以前学过的知识，并正确作答即可，并不需要理解所记忆的知识，或将所学知识用于解决问题。

理解型问题需要学生对所记忆的知识进行一定的理解和加工。对这些问题的回答，应该能够表现出学生对所学知识有解释和概括说明的能力。学生要回答这些问题，必须在以前所学知识的基础上对学习过的知识在形式上加以变化使用。例如，教师问的并非资本主义的定义，而是“用你自己的话解释资本主义的概念”，这就需要对原始的定义进行转述或转换。

应用型问题要求学生把知识应用于不同的问题和不同的情境中。它超越了记忆和对知识的转述阶段。应用型问题“鼓励”学生把新学的材料用于新的、不同的环境中，包括将以前学过的知识用于与“真实世界”近似的情境中。应用型问题有助于提高学生灵活运用知识的能力，使其尽快形成自动化的知识序列并用于新的问题解决，而不是只停留在零星的对知识点的记忆的水平上。所以，坚持使用应用型问题比应用型问题的数量更为重要，而且在任何知识学习阶段都是必要的。

比较高级一些的“应用型问题”要求学生形成一些独特和创新的“产品”，如设计一个解决方案、预测一个问题的结果。这样的问题的开放性较大，它能激发多种多样的回答。

应用型的问题，有时要求学生进行“判断”并能依据一定的标准作出“决定”，它让学生尽可能面对真实的问题作出评价。这种能力的训练应从小开始，而不是等到需要被迫作出抉择时再培养。“由于作出决定和判断是成人生活的主要部分，很有必要使学生在教室的经历与他们所生活于其中的世界紧密联系，不管他们的年龄和成熟程度如何。让人遗憾的是，评价型问题往往被留到了单元的末尾。更具误导性的观念是，评价型问题更适合初中高年级和高中的学生而不是小学生。这两种错误的观念，都会削弱评价型问题对学习者的影响。如果学习者要处理好真实世界的问题，他们必须从学校教育的最早阶段就学习去这样做。”

在现实的教学过程中，有多少教师的提问是具有一定的开放性的？又有多少教师的提问是有恰当的难度的？有些教师怕学生不懂，习惯于把那些有价值的问题零敲碎打，肢解成一系列“小步子”问题（可称之为“试”题）；可是，当教师的提问既无一定开放性，又没有一定的难度时，教师的“提问”不仅不能给教学带来生机，反而对课堂教学带来“满堂问”的干扰。而这种“满堂问”的干扰竟然是以“提问”“启发”“对话教学”“互动教学”的名义堂而皇之出现的。当教育界屡次倡导“对话教学”“互动教学”之后，依然保持“一言堂”“满堂灌”教学习惯的教师似乎不再多见。但教师从“一言堂”“满堂灌”的教学习惯走出来之后，不期又遇到了“满堂问”的尴尬。

“满堂问”在目前的课堂教学中几乎成为普遍的现象，教师的新习惯是用自己设定的“问题”领着学生去找寻系列“标准答案”。满堂问与满堂灌相比，虽然形式上学生参与到教学中，但在本质上是一致的，都是没有把学生真正当做学习的主人，没有给学生提供自主学习、独立思考的空间，没有从根本上变革学生被动接受的传统教学模式。

在这种“满堂问”的课堂里，教学气氛是活跃了，甚至显得有些热闹，但学生受益不多。

课堂提问本来是一种基本的课堂教学活动，问题设计得好，可以引导学生的思维，促进学生的学习。但如果用一些过于琐碎的无意义的问题牵着学生的鼻子走，用一些只有唯一答案的问题领着学生朝着同一个方向迈进，学生就没有了自己，没有了自己的方向。

这样的学生从小学就会揣摩、猜测他人的意图，学会察言观色。这样的学生会考虑：老师希望我回答什么？怎样回答才能令老师满意，受老师表扬？对他们来说，重要的不是“我如何思考，我的意见是什么，我的想法如何”。

这种满堂问、串讲串问的教学，淹没了教学重点，挤占了学生读书、思考、练习的时间，也限制了学生的思维。

满堂问带来的另一个问题，就是教师表面上似乎时时在关注学生，提问学生，但教师并没有“领会”学生。没有领会是因为没有倾听。当学生的回答与教师预定答案不太符合甚至相左时，教师往往并不愿意追究：学生为什么会这么回答？是否应该从学生的思维、学生的回答出发，引导学生获得正确的结论？

其实，这种满堂问的教学与满堂灌的教学一样，二者都没有关注学生，没有把学生的思维纳入到教学中。在满堂问的教学中，教师只是根据自己的理解，为学生设计一条通向已定答案的小径，并设法让学生沿此路径去获取答案，使学生为认同而学习，为标准答案而思考。如果节外生枝，没有按预定教案思路完成教学任务，教师就会认为这节课是不成功的。

此类“满堂问”实在是一个值得追究的话题，以至于有学者专门就《漫话“满堂问”》发表看法：据《文汇报》2001 年 3 月 20 日载，上海市有一所区教育学院对 6 所中小学语文、数学各 9 节课的课堂提问进行了专题调查，从中发现了不少问题。如：教师提问次数过多(平均每节课达三十次)，且大都是教师问学生答，所有的问题又过于简单，所提的问题几乎只有一个标准答案，很难见到学生主动发问。总之，教师所问是学生已知的东西，学生即使有不懂的地方，也无意发问，这叫做“懂的要问，不懂的不问”。此项调查中发现的这些现象，恐怕至少在如今的公开课中带有一定的普遍性，其中“为课堂提问号脉”之见，亦切中时弊。

这次调查中发现的此类现象，显得相当幼稚、粗糙。这种现象在以往甚少见到，至少没有现在这样普遍。究其原因，或如调查者所说，最近若干年来，为改变教师“满堂灌”的弊端，提倡“师生互动”，其中有不少研究者、教学管理者甚至把学生在课堂中“动”的时间，作为衡量教学改革程度的尺度，有时听课者还用秒表记录学生“动”的时间，而教师问、学生答倒不失为一种“师生互动”的方式。

所谓“满堂灌”，只是一个简单的比喻。要说以往教师全都是“只讲不问”，那也不尽符合事实，只是以往教师提问不像如今这样滥，并且那时教师还多少懂一点“课堂提问ABC”，因为过去在教师培训、示范课、评课中有这种讲究。而最近若干年，人们特别注重教学改革，对“满堂灌”异常敏感。“满堂灌”也者，这一个“灌”字好生了得，竟把教师的讲述、讲解（不管讲得如何），全都贬为“灌输”，以致就连课讲得很精彩的教师也不敢在公开课中亮相——何必自讨这个没趣呢？因为如今教学研究者、管理者的兴趣不在于教师如何“讲”（如何“问”），主要关注的是学生在课堂中活动的时间。这样，不少教师不懂“教师提问ABC”也就不足为怪了。

“满堂问”的问题未必像调查者所展示的那样突出，也许只是在有人听课时才如此着意地大搞“满堂问”，以避“满堂灌”之嫌。同时，年级越高，学生越对师生间频繁地简单问答感到单调、厌倦，只是在“客人老师”面前才不得不配合老师做出起劲地举手发言的样子。经常同自己学生打交道的教师并非不明此理，“惟世风如此”，才不得已而为之。

本人听课不多，从所听的公开课中，似乎觉得现在不少教师已经“忘记了”“课堂提问ABC”，或者竟不知道这种“ABC”。如果是，在这个问题上岂不是越改越糊涂了？在此不妨顺便谈谈以往听优秀教师上课时留下的印象：教师提问后，学生大都积极举手，有些小学生甚至急不可待，把小手举得很高，而老师总是要学生仔细想一想，不必急于回答；一两个学生回答后，老师进一步提出“谁能把这个问题回答得更好?”没有直接回答问题的学生，对同学的回答一一加以评说。先肯定其优点，再指出其不足，或者说：“某同学如那样那样回答，那就更好了。”有的学生还对别的学生评论再加以评论。最后老师提出：“谁能把大家的意见综合一下?”“谁能把这个问题的答案说得更完整一些?”“谁能把他们的意思表达得更清楚一些?”“同学们还有什么不懂的地方?”其中主要之点在于教师把全班学生的注意力引向同学的回答，而尽可能把师生之间的问答变成同学之间的讨论。可见，只有在教师引导下“学生之间的互动”才堪称“师生互动”。

自然，即使是组织得很好的课堂提问、课堂讨论，仍有别于“以学生活动为中心”或“以问题研究为中心”的课程，问题是如何才能实现“以学生活动为中心”“以问题研究为中心”的课程。中国迄今为止或在可预见的未来，基本上实行的是“学科课程”编制。学科课程是按学科知识的逻辑程序组织教材的，其中的知识是教师已知、学生未知的知识。这种系统知识与学生现实生活关系不大，与学生认知的心理程序又缺乏沟通。这种教材“心理化”的难度甚大，教师面对众多各不相同的学生，寻求教材与各个学生认知心理沟通之途谈何容易？在这种情况下，自然特别需要“师生互动”，而师生之间难以互动，实是学科课程使然。即使实行学科课程编制，如果教材分量不太多，教学进度较为宽松，师生之间或有品味教材的余地。然而，中国现行教材分量如此之重，教学进度如此急迫，故若开拓学生自主学习活动的空间，除了在课程组织结构中纳入以学生活动为主的课程（如“综合实践课”）以外，在学科课程范围内，恐怕只有课堂提问、课堂讨论、阅读指导以及实验室实验，才是顺理成章的补救办法。

所以，要从根本上改变教师“满堂灌”、学生被动学习的状态，先得改变导致学生被动学习的单一学科课程编制和过重的课业负担这一格局。在这种格局尚未根本改变以前，“师生互动”实现的程度是相当有限的。超越一定的限度，很可能事与愿违。在如今的公开课中，不仅可见到教师“满堂问”，还可见到许多“师生互动”的新花样。如类似电视节目的课、类似游戏的课，倒煞是热闹，只是不知成效如何？

课堂提问可算是成千上万教师每日每周都在做的事，这类最平常、最带有普遍意义的问题，才是教育研究中最不可忽视的课题。然而，多年来教育研究主管部门往往不屑关注这种“小问题”，这才导致把相当幼稚的东西当做“教学改革的成果”堂而皇之地展示。可见，上海那所区教育学院关于课堂提问的初步调查，不仅对于作为调查对象的教师，而且对于空泛的教育研究风气，都不失为切中时弊的举措。

1.2.2 有效“倾听”

真正有效的提问是“倾听”。破坏谈话的人总是喋喋不休，善于谈话的人只是提问，并倾听。

学生一旦主动学习，教师的责任就由讲授、提问转换为“倾听”。善于倾听的教师，总是能够将学生的“声音”转化为有效教学的资源。

倾听是一种对话，好的对话者总善于倾听。这需要教师在“提问”之后，给学生留出足够的“等待”时间；为学生的回答提供及时的反馈；关键的策略是，要让学生感觉教师在等待和倾听。

第一，让所有学生都参与“提问”和对提问的“回应”。有些教师在“公开课”上为了更“安全地”、更好地按预定计划进行，往往把问题答案限制在自己所熟悉的范围之内，对于超出自己认为是恰当的范围的答案，就会拒绝。久而久之，多数学生将对所谓的“发言”感到乏味而予以拒绝。教师总是在等待更确切的回答，要么一个一个地叫下去，浪费了课堂时间；要么直接叫那些能够准确回答的“好”学生，这几乎使课堂变成几个学生的舞台和多数学生的看台。

第二，让学生感到教师在倾听。教师的反馈行为，会在很大程度上鼓励或者妨碍学生的参与。教师在提问过程中显示出对学生的关注、对学生的欣赏，能够极大地激励学生积极回答问题。教师提问学生的过程，应该成为学生相信自己、展现自己、欣赏自己的过程，这种提问方式带来的成就感和成功体验，是一种巨大的学习动力。

面对那些回答问题有困难的学生，面对错误答案，教师不要打断学生的回答（即使是错误的回答）。有时候，学生开始回答了，却被中途打断，只能听教师对回答的提示；或者，学生开始了一个错误的回答，马上被教师打断，叫另外一位学生回答或教师代为说出正确的答案。很明显，“这两种后果都会挫伤学生的积极性，他要么没有机会说出完整的答案，要么就会意识到他的答案是如此的错误，以至于根本不值得听完。也许这两种做法都不是有意的，但学生就是这么看的”。这样，学生会感到沮丧而不愿意积极主动地参与课堂活动。

教师需要“容忍”不同，给予知识上和情感上的鼓励，至少不能把“提问”当做惩罚的手段。使用“提问”来惩罚学生，这也许是“提问”中最严重的误解之一。比如对于回答错误的学生，问他一个更难的问题；对于干扰课堂秩序的学生，问他一个他不可能知道答案的问题，等等。有的教师可能出于好意，但不管出发点如何，这类问题确实是惩罚。因为这可能让学生自我感觉很差，自信心不足，更紧张，不愿意积极参与课堂教学。这些只会对学习过程产生阻碍。

必要时，教师需要“追问”“补充”和“赏识”学生的回答，这会让学生感觉教师一直在关注问题的回答进展。教师的“追问”“补充”和“赏识”是必要的。遗憾的是，有些教师喜欢经常使用一些几乎“无效”的“补充”或所谓的“赏识”——“好极了”或者“哇喔”。真正有效的“补充”和“赏识”至少应该是真实而真诚的：“不要使用这种程序化的、毫无意义的反应，你应该尽力澄清、综合处理、扩展、修改、提升或评价学生的回答。”

有效“倾听”是自然而然地将学生的回应转化为教学的资源。在这种倾听的环境中，学生成为重要的课程资源，而不是简单的接受者。学生的回答，应该成为教师进一步追问、引导的起点和阶梯。真正有效的教学总意味着教师善于“倾听”学生的声音，开发并转化学生的观点，引发更复杂的回答。这样会自然而然地激励学生积极参与。

1.3 有效“激励”

研究“师生互动”模式的目的，在于辨别哪些教师行为能够促成有效的学习行为。而在教师的所有行为中，最重要的是教师是否具有“激励性人格”，比如热情、期望和可信任感。

1.3.1 热情

教师在教学过程中表现出来的“热情”有两层含义：一是对学生“热心”，二是对自己所教的专业有“求知兴趣和求知信仰”。

“善教者使人继其志”，具有求知热情的教师自己相信自己所做的事是有价值的、有意义的，值得去孜孜不倦地追求，并在教学过程中把这种求知兴趣和求知信仰传达给学生，唤起学生对知识的兴趣和信念，让学生全身心投入学习。学生在获得知识的过程中形成的情感态度、价值观与教师的这种热情密切相关。

教师对学生的热心，主要是通过与学生建立积极的、支持性的关系来表现。这种安全的、轻松的、令人满意的人际关系环境，能够促进学生的学习。好的教师是“真实”的生活中的人。

热心意味着对学生的信任、关心和接受，比如亲切地喊出学生的名字、经常微笑等。热心也意味着“倾听”学生的声音，将学生作为重要的课程资源，将学生的意见、感觉、想法主动融入自己的教学中。

“热情”的教师，不仅对学生热心，而且对自己的专业“执著”“投入”，并以自己的“执著”和“投入”激励学生更好地学习。

教师的投入和执著，显示为对所教专业“有兴趣”并融入其中，精力充沛、充满活力。热情的教师常常被描述为有活力的、积极上进的、精力充沛的、富有表现力的。他们的行为表明他们对学生和所教课程愿意负责任。

“热情”是自然而然的一种“兴致”，不是故意做什么和表演什么。凡有夸张的“表演”的地方，教师的“热情”将令人紧张而疲劳。自然而然的热情，宁可是一种安静，也好过表演式的“喧闹”。

对学生而言，教师的热情隐含在教师的语音、语调和教师的身体语言中：

热情的教师，自信和友好；缺乏热情的教师，焦虑、保守。

热情的教师，用丰富、生动的手势强调重点；缺乏热情的教师，只是经常在一节课中站在或坐在一个地方。

热情的教师，富有创造性，指导方法多样化；缺乏热情的教师，仅仅使用一种或两种指导方法。

热情的教师，教课时全身心投入，富于表现力；缺乏热情的教师，很容易心不在焉或漠不关心。

热情的教师，与学生保持眼神的交流；缺乏热情的教师，避免与学生对视。

热情的教师，运用不同的音高、音量、变调、停顿等来控制教学的节奏；缺乏热情的教师，讲课音调单一。

热情的教师，教学时饶有兴致和富有情趣；缺乏热情的教师，没有表情且显得不耐烦。

热情的教师，坚定地认为学生能够成功地完成任务；缺乏热情的教师，在学生不能很快领悟时便很快放弃。

热情的教师，知道并能迅速处理学习任务外的事情；缺乏热情的教师，忽略学生的学习任务以外的行为。

热情的教师，保持节奏比较快的课程进度；缺乏热情的教师，课堂效率低下。

热情的教师，有幽默感，能嘲笑自己；缺乏热情的教师，经常挑剔别人。

热情的教师，通过走动保持学生的兴趣和注意力；缺乏热情的教师，站在教室的前面，很少走动。

1.3.2 期望

教学高效的教师总是能够积极期待每个学习者，对自己和学生怀有很高的成功期望。他们相信所有的学生都能掌握所教内容，而他们也有能力帮助所有的学生学会。

教师的期望有可能导致学生不同的成功。“你得到的是你期望得到的”，这一自我实现预言来自于罗森塔尔和雅各布森的“课堂中的皮格马利翁效应”（也称为“期望效应”“罗森塔尔效应”）实验。

罗森塔尔和雅各布森在1968年研究了教师的期望对学生智力测验成绩的影响：在学年结束时，所有的学生都参加了标准智力测试。在下一学年的开始，大约20%的学生被随机确认为“潜在的学习进步者”。这些学生并非真的不同于其他人，也并无迹象表明他们将比其他学生取得更好的成绩。然而，研究者们告诉教师，这些学生在下学年可能取得好成绩。

所有的学生在学年中、学年结束以及第二学年结束时，都参加了标准智力测验。结果表明，那些被当做潜在的学习进步者的孩子，确实比别的学生获得了更大的收获。当教师被进一步问及这些学生时，他们认为，这些学生比别的孩子更好奇、更对学习感兴趣、更容易适应、更有激情，更少需要社会认可，更可能在今后的生活里取得成功。教师不知道，其实这些孩子最初与他们的同伴是毫无区别的。

在谈到他们的研究结果时，罗森塔尔和雅各布森总结说，正是教师对这些学生获得成绩的期望增加，导致了他们获得了这种进步。有趣的是，这些孩子取得的成绩，似乎正是教师与孩子们交流的方式不同的结果。他们指出，教师的语调、脸部表情、接触和姿势，表现出了对这些学生的较高期望。这些非语言的信息“可能帮助了孩子们改变他们的自我认识、他们对自己行为的期望、他们的动力或者他们的认知技巧”。

可见，学生的成功在一定程度上取决于教师对他们的期望值。学生从教师那感受到的是“你很笨，不是学习的料”，学生就会丧失信心，自暴自弃；相反，学生从教师那感受到的是“你有能力学好，你是聪明的，只要努力就能成功”，学生就能加倍努力，即使失败，也认为是暂时的。简单说来，学生会将教师对他的期望值内化为自己的期望，进而影响到学生的自我评价和努力程度。学生对教师的这种期望非常敏感，如果教师对某一学生抱有较低期望，不仅这位学生感觉得到，其他学生也能感觉到，从而相应地调整他们的想法和期望。“学生们时时都在注视着教师的行为，可以感受到这些行为之下的态度和期望。结果，学生很可能将教师对他的低期望内在化，降低他的自我期望值。这自然就增加了这个学生学不会的可能性。”

大多数学生进入学校时都很自信并渴望成功，但他们很快就学会将自我期望值调整到与教师对他们的期望一样。最容易受到教师的期望影响的学生，往往是年龄小、学习不好，处于转折时期（例如从小学升到中学），或者是很喜欢这个教师的学生。

教师的期望可能帮助学生成功，但这只是一种可能；只抱有期望，没有相应的帮助措施，并不能有相应的效果。只有把期望学生成功和帮助学生成功结合起来，才能够使教师的期望在学生身上实现。

重要的是，教师需要为每个学生提供成功的机会，让学生能够成功，有成功体验。这种成功体验会增强学生的自信心，看到自己的能力，从而倍加努力，取得更大成功。这是一种良性循环。对于那些学习困难，不相信自己能够成功的学生，更需要体验成功。即使不能让学生总是成功，至少要保证每个学生大多数时间里能够成功。

当学生能力较差、自信心不足时，要降低学习任务的难度，创造机会让学生获得成功的体验。当学生变得自信，能力增强时，要保持学习任务适度的难度，有一定挑战性，让学生“跳一跳摘到桃子”，激励学生获得更大的成功。有效的教学，要求教师使任务的难度与学生的能力水平相匹配，保持在“最近发展区”。只有设在最近发展区水平上的教学才能促进学生的发展。

教师要有一种乐观的学生观，要经常表达对学生的期望。要使教师期望促进学生成功，除了语言，更需要用“教学行为”来表达对学生的高期望：

高期望的教师，清楚地告诉学生课程目标；低期望的教师，不说明目标，或目标不明确。

高期望的教师，进行扩展的、有条理的、有步骤的解释；低期望的教师，解释不完整、不清晰。

高期望的教师，将课程内容与学生的兴趣清晰地连接起来；低期望的教师，很少试图将课程内容与学生兴趣相联系。

高期望的教师，设定合理的标准，并经常修改它们；低期望的教师，设定标准过高或过低，而且很少改变。

高期望的教师，在必要时，计划并提供补救；低期望的教师，不提供补救。

高期望的教师，保持一致的训练和任务方向；低期望的教师，不保持一致的训练和任务方向。

高期望的教师，鼓励学生发表意见；低期望的教师，忽视学生的意见。

高期望的教师，经常微笑、点头，保持与学生的眼神交流；低期望的教师，很少注意课堂环境。

高期望的教师，经常地、公正地让所有学生回答问题；低期望的教师，很少、不公正地让学生回答问题。

高期望的教师，在学生回答问题之前，允许学生有思考的时间；低期望的教师，在让学生回答问题之前，学生很少或没有思考的时间。

高期望的教师，帮助学生纠正不正确或不充分的回答；低期望的教师，经常一味批评那些不正确或不充分的回答。

高期望的教师，不经常批评学生；低期望的教师，经常批评学生的表现。

高期望的教师提供大量的、经常的、具体的反馈信息；低期望的教师反馈不经常、不清楚。

高期望的教师，当学生正在工作时，很少打断他们；低期望的教师，当学生正在工作时，经常打断他们。

高期望的教师，能够做到持续地鼓励、支持学生，相信并尊重学生。通过鼓励和支持学生（特别是当学生遇到困难和挫折时，教师的鼓励和支持给学生以动力），可以帮助学生达到教师所期望的成功。

期望是一种鼓励，鼓励并不限于口头的“表扬”和“赏识”。当学生开始一项新的任务时，一种支持性的、安全的、开放的课堂环境，对学生来说就是一种鼓励。这种课堂环境“可以促进学生开始新的或不熟悉的任务。必须让学生感到你所布置的任务是现实的、重要的，你将帮助他们成功地做完，必要时，他们会得到你的帮助”。当学生已经开始了一项任务，但受到挫折并准备放弃时，这时非常需要教师鼓励他们继续下去。

期望和鼓励，是帮助学生凭自己的努力解决问题，是让学生建立自信，而不是廉价的夸赞和怂恿。

说到底，教师对学生持久地保持期望和鼓励，是一种生活信念。有效教师，是积极的，以自己和学生的成功为中心，并保持乐观。有效教师，无论对自己还是对学生都有信心和期待。他们相信自己有能力帮助每一个学生获得学习上的成功。

这种期望会影响教师对学生的行为，从而影响学生的学习。当教师预期某个学生不会成功，他们倾向于减少花在这些学生身上的时间和精力。因此会增加这些学生不成功的可能性。相反，教师对学生的高期望则可能带来教师的更大投入；教师对学生的这种积极态度和努力行为，也感染了学生，使学生把教师的期望内化为自己的期望，从而增强自信心，加大努力，最终获得成功。

1.3.3 可信任感

“有效教师”总是那些学生感到“值得信赖”的教师。“可信任感”

有助于创造一种轻松的、安全的心理环境，使学生相信教师能够帮助他们获得成功。“教师们通过坦率、诚实的师生交往，建立可信任感，而不是通过教师的地位或学历证明，这些只有在学生认识到时才有用。”

教师取得学生的“可信任感”在低年级也许相对容易，但随着学生年龄的增加和学生心理的成长，教师获得学生的可信任感会变得不那么容易。“在低年级，教师作为成人，对于学生而言，自然会有某种程度的可信；然而，当学生越来越成熟，他们就越来越不会对教师自动产生信任。作为大学学生，可以对教师的可信度作出判断，这些判断至少部分地决定了每位教师的有效性。”

教师在学生心中的“可信任感”主要取决于两个重要因素：一是教师的学识，二是教师的人格。

学生总是期望教师学识渊博，教师若满足学生的期待，则学生可能因感叹而“模仿”教师、“追随”教师。“善教者使人继其志”，一个教师若能够让学生“追随”自己，也算不易。

除了学识之外，更重要的是教师的人格魅力。诚如德国学者林德所言，“真正能教导学生的就是教师的人格”，而不是所谓的教学方法。林德发表过《人格教育学——对于现代方法主义的警告》，其副标题倒真的值得那些长期迷恋于“教学方法”者关心。

教学方法的选择和运用，对于“有效教学”而言自然是重要的，但似乎还有比“方法”更重要的，这就是教师的人格。教师的期望、教师的热情，教师是否能够赢得学生的信任，几乎决定了教师教学的有效程度。

“人格”教育是教育的根本理想。教育的终极关怀，总是指向学生的人格，旨在让学生养成理想的人格，追求“人格完成”。而“要使学生具有理想的人格，教师先要有那样的人格”。德国教育界曾一度兴起“人格教育学”，撇开其偏颇处，它对于那种长久地关注“知识”，沉湎于“主知主义”（包括“为思维而教”的教育学）的教育学来说，实在值得关注。

【附录2】

适合教师阅读的20本书

1. ［美］亨特著：《心理学的故事》（海南出版社）。推荐理由：如果要选择一本心理学的入门读本，可以把本书作为首选。它讲了大量的严肃的"心理学"的故事，又以"有情节的故事"形式呈现出来。

2. ［美］Harre著：《他们改变了心理学——50位杰出的心理学家》（华东师范大学出版社）。推荐理由：了解某个领域最好的办法，是从了解本领域的著名人物开始。本书精选了几个重要心理学分支的50位有影响的心理学家的生平与研究，如皮亚杰、弗洛伊德、维果茨基、杜威、巴甫洛夫、斯金纳等。

3. ［美］Hock著：《改变心理学的40项研究》（中国轻工业出版社）。推荐理由：这本书所收集的著名的心理学研究个案中，既告诉你心理学的问题，也告诉你心理学的方法。你不仅可以由这本书了解心理学在研究什么问题，而且可以因此而了解心理学研究所使用的方法。

4. ［美］杜威著：《学校与社会·明日之学校》（人民教育出版社）。推荐理由：了解教育学的简单办法是"吃掉""消化"教育学领域的几个著名人物。这个领域的著名人物当然首推杜威。杜威的《学校与社会·明日之学校》其实并不是一本书，而是几本书的合并。这几本书也并不是确立杜威理论地位的书，但这几本书讨论的都是当时美国社会变化与教育变革的大是大非问题。从社会转型的状态来看，中国当今的社会状态与美国当时的状态类似，中国当今的教育状态与美国当时的教育状态也比较类似，这使本书特别适合现时代的中国教师阅读。

5. ［苏］苏霍姆林斯基著：《给教师的建议》（教育科学出版社）。推荐理由：在教育学领域的著名人物中首选杜威之后，接下来人们往往会想到苏霍姆林斯基。该书选择了苏霍姆林斯基的《给教师的100条建议》的精华部分，并从苏氏的其他著作里选择了一些精彩条目，仍然保持“100条建议”。苏霍姆林斯基曾经感动过中国教育界的几代人，他的建议和相关的故事现在仍然有持久的魅力。

6. 联合国教科文组织国际教育发展委员会编著：《学会生存》（教育科学出版社）。推荐理由：杜威和苏霍姆林斯基的书已经成为过去的“文献”，如果要在当代教育文献中推选出一本经典性的教育名著，《学会生存》会在很多读者那里成为首选。书中提出培养学生“创造性”，鼓励学生“自学”“终身教育”等，将成为未来教育的永恒主题。相关材料可参考国际21世纪教育委员会向联合国教科文组织提交的报告——联合国教科文组织总部中文科译《教育——财富蕴藏其中》（教育科学出版社1996年版）。

7. ［加］范梅南著：《教学机智》（教育科学出版社）。推荐理由：本书告诉教师什么是“教育机智”：比如“保留孩子的空间”“对孩子的体验的理解”“尊重孩子的主体性”“润物细无声”“保护那些脆弱的东西”“将破碎的东西变成整体”“通过语言”“通过沉默”“通过眼神”“通过动作”“通过气氛”“通过榜样”……选择这本书，同时也选择了一种“教育写作”的方式。

8. 顾明远、孟繁华主编：《国际教育新理念》（海南出版社）。推荐理由：本书算不上名著，但教师可以借此而了解国际教育领域不断产生的“新经验”和“新思潮”，如“多元智能”“后现代主义教育”“终身教育思潮”“合作教育”“创新教育”“创业教育”“教师专业化”“掌握学习理论”“发现教学”“范例教学”“发展性教学”“交往教学”“建构主义学习理论”“校本课程开发”等。相关材料可参考商继宗主编的《教学方法——现代化的研究》（华东师范大学出版社2001年版）。

9. 薛涌著：《美国是如何培养精英的》（新星出版社）。推荐理由：对中国教师来说，最紧迫的任务是了解“别国的教育”。本书是介绍“别国的教育与别国的教师”的一份出色的文献。作者相关的书可参见《精英的阶梯》(新星出版社)。

10. 肖川著:《教育的理想与信念》(岳麓书社)。推荐理由:中国教育理论界曾经大量地制造教育学的“理论”和“体系”,唯独缺少真实的、个人化的“教育理想”和“教育信念”。本书是“另一种言说教育的方式”,是对中国教育界普遍流行的“社论体教育言说方式的突围”。作者相关的书可参见《教育的智慧与真情》(岳麓书社)、《教育的使命与责任》(岳麓书社)。

11. 张文质著:《唇舌的授权:张文质教育随笔》(福建教育出版社)。推荐理由:本书是了解张文质这个人的最好的途径,该书的副标题其实可以置换为“张文质教育自传”。作者相关的书可参见《教育是慢的艺术——张文质教育讲演录》(华东师范大学出版社)、《教育的十字路口》(华东师范大学出版社)。你可能会因此而关注他谈论的“生命化教育”,但可能更喜欢他谈论教育问题的形式与文采。

12. 刘铁芳著:《给教育一点形上的关怀——刘铁芳教育讲演录》(华东师范大学出版社)。推荐理由:刘铁芳的书与肖川、张文质等几位老师的书可以一起汇聚为“人文教育”以及相关的生命化教育、公民教育的潮流。作者相关的书可参见《守望教育》(华东师范大学出版社)、《走在教育的边缘》(华东师范大学出版社)。

13. 刘良华著:《教师专业成长——刘良华教育讲演录》(华东师范大学出版社)。推荐理由:本书以“与众不同”的方式讲述教师专业成长的主题与途径。作者相关的书可参见《教育自传》(四川教育出版社)。

14. 周勇著:《大师的教书生活》(华东师范大学出版社)。推荐理由:本书的主题就可以引起阅读的饥饿感。“本书介绍了顾颉刚、沈从文、鲁迅、钱穆、陈寅恪、朱自清做教师的日子,古旧馨香、历久弥新的教育生活。”作者相关的书可参见《跟孔子学当老师》(华东师范大学出版社)。

15. 李泽厚著:《论语今读》(相关的图书包括《道德经》,二者虽然在很多观点上有冲突和张力，但正因其相反，乃可以相成）。推荐理由：如果说第一紧要的任务是理解“别国的教育”，那么第二紧要的任务则是了解“自己的文化”，尤其需要从老子、孔子、孟子等人开始。

16. 夏中义主编：《大学人文教程》（广西师范大学出版社）。推荐理由：本书为教师提供有关“自由”“民主”“平等”等“人文精神”的基本资源。作者相关的书可参见《大学人文读本：人与国家》（广西师范大学出版社）、《大学人文读本：人与世界》（广西师范大学出版社）、《大学人文读本：人与自我》（广西师范大学出版社）。

17. 王小波著：《沉默的大多数》。推荐理由：该书既有“教育启蒙”的意义，又有“教育文艺”的形式。相关图书包括“周国平散文”“余秋雨散文”等。

18. 谢泳编：《胡适还是鲁迅》（中国工人出版社）。推荐理由：就思想领域而言，胡适和鲁迅这“两兄弟”几乎可以撑起整个近代中国的历史。他们的思想在当今依然可以担当“启蒙”的大任。相关的图书可参见《鲁迅全集》《胡适全集》。

19. 鲁迅著：《鲁迅杂文精选》（人民文学出版社）。推荐理由：中国教师需要不断以阅读鲁迅的方式保持长久的自我反思状态。“时至今日，鲁迅杂文仍是我们认识中国人，认识中国社会、中国历史、中国文化的，最切实可靠、最生动深刻的文本”。

20. 钱理群著：《我的精神自传》（广西师范大学出版社）。推荐理由：阅读钱理群老师的书，可以领会“知识分子”的精神以及“知识分子”的苦衷。

第 三 章

校本教师专业发展研修的基本原则、内容和策略

教师专业化发展的主要途径基于两点思考：一是教师专业化是一种方向，是一种指向，需要引领；二是教师专业化是一种行动，是沿着一定轨道自我不断超越的行动，需要科学的指导。因此，终身学习是教师职业的底线，教师通过自己的学习带动学生的学习，是教师教育生涯的最积极、最有意义的活动；如果缺乏主动、持久、自觉、有效的学习，工作热情就会下降，学习动力就会减弱，创造激情就会消退，进取精神就会消失。教师的专业发展带有明显的个体特征，它不是一个把现成的某种教育知识或教育理论学会之后，应用于教育教学实践的简单过程，而是蕴含了教师将一般理论与个人的情感、知识、观念、价值取向、应用场景相融合的过程。而校本教师专业发展研修是以学校为基地，在教师的教学实践中，以实际为中心，通过教师自觉自愿地、最感兴趣地、持续不断地、长久地努力，以促进教师的专业发展、提高学生素质为目的，把教学、研究、学习融合为一体的实践活动。它既是教师行动研究的一种方式，也是教师专业成长的重要途径。

第一节　校本教师专业发展研修遵循的基本原则

校本教师专业发展研修应当遵循自觉自愿原则、情趣性原则、无时限原则、持续性原则，如此才能充分激发教师的潜力，获得理想的研修成效。

一、“自觉自愿”原则

自觉自愿原则是激励教师参与研修的发动机，教师自觉自愿参与研修活动，既源于教师自身的认识，同时又在于研修组织者的引导与激励，从而促使教师们自觉自愿。最根本的是使教师充分认识、理解校本研修的理论与实践研究的重要意义，激发教师产生自觉自愿的情感和行动。

科学发展观引领下基础教育改革与发展的需要。从我国社会主义现代化建设发展的进程来看，开展“校本研修”的理论与实践研究，顺应了科学发展观引领下基础教育改革与发展的需要。邓小平提出“科学技术是第一生产力”的科学判断，把“科教兴国”作为我国基本的发展战略，引导了改革开发向前推进。中国共产党第十六次全国代表大会又提出“科学发展观”，强调“坚持以人为本，树立全面、协调、可持续的发展观，促进经济社会和人的全面发展”。《中共中央、国务院关于进一步加强人才工作的决定》更明确指出：“小康大业，人才为本”，并根据“人才资源是第一资源”的科学判断，提出了“人才强国”战略。从“科学技术是第一生产力”到“人才资源是第一资源”的前后衔接，从“科教兴国“到“人才强国”的循序前进，体现了我国发展观和发展战略的与时俱进。关注学校教育的发展，立足“校本研修”，提高教师的专业素质，是“办让人民满意的教育”的重要前提，它关系着实现我国办教育的宗旨，及新时期构建社会主义和谐社会的客观需要，更是每个教育工作者的光荣使命和职责。

理论研究者与实践工作者密切结合。教育理论创新来源于实践，促使理论研究者与实践工作者密切结合，转向具体的学校教学实践。无论是国内还是国外，理论与实践的关系，一直是争论不休的问题。这种讨论尽管没有得出一致的认识，但却推动着教育工作者的思维方式发生变化。既然理论总是无法全面解决任何一种具体实践问题，也就是说，理论与具体的实践之间，总是存在着一定的脱节现象。那么，为何不直接深入到学校的实践中去，在理论与实践的结合中探寻学校发展的方向及教育理论重新建构的路径呢？可以说，关注校本研修，既是教育实践界的渴求，更使教育理论工作者自觉地转向。

课程改革需要充分地聚焦学校。深入推进基础教育的课程改革，实施中小学素质教育，需要充分地聚焦学校；关注“校本”才有可能把各项措施落实。总之，教育法令的颁布，教育政策的实行，教育方针的贯彻，都需要学校的具体实践。基础教育进行课程改革的根本，正是由学科本位、知识本位，向素质本位、学生发展本位的转变。课程改革能不能深入发展，关键在于学校的落实。如果没有在学校形成一套行之有效的做法，忽视了课堂、忽视了教学（以及师生关系的调整等），任何教育改革的新理念和新举措都会落空，都只能陷于“一纸空文”的尴尬境地。所以说，中小学校在整个基础教育中所处的位置，使“校本研修”逐渐成为教育改革关注的重点。还应当理解，聚焦学校，关注“校本”，是由于学校的复杂性使“校本”的意义更加突出。按照旧的传统的思维方式或研究逻辑，通常是先由某种理论作先导，然后在学校实践中贯彻、实施；或者先进行研究，然后加以开发，再逐渐在学校中推广应用。然而，无论是教育理论研究者，还是教育实践工作者都注意到这样一个严酷的事实：任何一所学校都是具体的、独特的，它所具有的复杂性是其他学校的经验不能说明的，是理论所不能充分验证、诠释的。在一定程度上，只有深入一所学校具体的生活场景，了解它的运作机制，认识其人际关系、规范、制度等，才能找到解决问题的办法。也就是说，在这所学校的基础上，发展、形成起来的“个别化理论”，才能更为适宜、贴切地解决它的问题，提高它的水平。

学校增强发展的内驱力。随着教育管理体制改革的深入，现代学校制度的建设逐步落实，迫切要求中小学校增强自身发展的内驱力、主动性。在旧的传统的铁板一块、程式化、僵化的管理体制下，无所谓“校本”的问题，而只有“官本”和办学一方的盲目服从。学校的任何活动、任何方面都由上级主管部门颁布的各种条文所框定，特别是在应试教育的框架下，学校办学思路没有丝毫创造性，中小学校长只需要考虑如何呼应式地、毫不走样地完成上级部门部署的任务就行了；而其中又是以培养应试型学生作为中小学校最主要的办学指标，以实现高升学率作为基础教育阶段中小学校成功办学的最大追求。同时，也以机械和被动地接受上级教育行政和督导部门按统一标准实行的检查、督导作为学校在某一阶段的管理目标。所以，学校中校长、教师的手脚都被严重地禁锢束缚了。而随着教育管理体制改革的深入，学校办学的自主权在不断扩大，这为“以校为本”带来了发展的契机，中小学校必须对课程、师资培训、教学等拥有更多的发言权。教育这一“计划经济的最后一座堡垒”，正在逐步适应着市场经济的发展，发生着这样或那样的变化。所以说，追求“校本”已经不再是一种来自上级的号召，而已经成为学校实现成功办学、特色发展的内在要求，是学校内在建设发展的必然需要。

只有教师们都能理解以上基本意义，才能够激发他们自觉自愿参加校本研修活动，通过具体的实践研究，增长知识、提高才干。

二、“情趣性”原则

情趣性原则是参与研修的推动力，教师对校本研修是否有兴趣，对研修活动有没有热情是自觉参与研修的前提。因此，应当培养教师参与研修的情趣，帮助教师树立“工作本身就是生活”的理念，激发教师追求美好的、幸福的教师生活情趣，把自我成长看成通往幸福生活的有效途径。或者说，没有生存追求的根本改变，就不可能有生存方式和行为方式的改变；当教师没有追求美好的、幸福的教育生活的愿望时，一切试图改变教师的努力都可能是徒劳的。可以说，激发教师的生命追求，引导教师追求幸福生活是教师发展的根本。当教师对研修有了情趣，自然会主动、积极地参与研修活动，成为自身问题的解决者、自我发展的设计者和驱动者。

校本研修关键是培养教师的研究兴趣，养成良好的研究习惯，让研究成为教师的一种自觉的行为，没有任何强迫。因此校本研修必须充分考虑教师的感受和内在需求，突出教师在教研工作中的主体地位，充分尊重教师个体，使校本教研充满生机和活力，使教师真正进入研究的状态，在教学中研究，在研究中生活，教学、研究、生活融为一体，密不可分。教学的改进与提高离不开研究，教学的生机与活力存在于教学研究中，没有好的教研，就没有好的教学和好的教师。使教师尝到研究本身的乐趣，激发教师对教育教学的热情，从而进一步增强教师对学校的归属感，获得工作的成就感和满足感，这样才能真正使教师走上教学研究这条幸福之路。

培养教师的研修情趣，还要在选择研究内容上，允许教师选择自己感兴趣的，和专业成长有关的（也可能是与专业发展没有直接关系的）课题，不要过分干涉，不要千篇一律，更不能强加于人。但应当引导教师不作空洞的理论研讨，也不要纠缠在琐碎的实际问题中，提倡理论与实际结合，自主反思与专业引领结合，既解决实践问题，又提高自己的理性觉悟和认识水平。在教师自我意识到专业发展对提升工作质量、生命质量的意义和价值，感受到自身的变化，体会到成长的快乐之后，教师开始从外在的驱动转向积极主动地寻求发展契机，选择各种各样内容，采取多种方式，利用各种有效途径，发展自己、超越自己。研修活动发展到教师自主驱动，不断改变教育生活状态，追求更美好的教师生活，教师的学习成长就进入了自动化的境界。

三、"无时限"原则

无时限原则是基于尊重教师工作的特殊性和参与研修的必要性而提出的。所谓的无时限是让教师自我利用一切可以利用的时间进行研修活动。事实上，无时限并不是绝对没有时间限制，如听专家或名师的一次报告就有一定的时间规定，但以教师听报告这种方式增进教师的专业化水平则是没有时限的。人们都熟知教师承担的任务很多，工作十分繁忙，而研修又是教师生活的必须，研修的内容与方式也是五花八门，要在时间、空间有限的情况之下，做到既发展学生的素质，又使自己得到成长，就不能给教师规定确切的时限。

多年实践研究的实际表明，教师的教学、研修、成长可以融为一体，即在教学实践中研究实际问题，在实践中促进学生成长，并发展自己的专业能力。这是一条重要的途径。但教师的发展还需要集体的帮助、交流，还需要读书、听学者专家的讲演等，这些都需要时间。从提高学生的素质和教师的专业成长来说，也不是一朝一夕，一蹴而就的，需要比较长的时间。完成一个研究项目、读完一本书都要花费许多时间。所以，无论从哪个角度讲，都应当遵循无时限原则，以减轻教师们在时间方面的压力。教师的学习、研修成为自觉活动后，学校的管理必须坚持以人为本，在明确研修目标、确保研修目标实现的前提下，充分信任教师、解放教师，并努力创造和提供给教师自我研修的环境和条件，以建立"终身学习、全员学习的学习型学校"为方向，以学习型组织的理念建设和发展学校，帮助教师自主发展、自觉发展。让他们在自我激励的情景下，自我规划、自我设计、自主研修、自我评价，不给他们限定某时研修、某时结束研修等类似的要求或规定。

四、"持续性"原则

在基础教育课程不断变革的情境下，教师必须不断发展、成长，才能满足教学发展的要求，即研修需要持续进行。因此，培养教师的自我批判精神，形成不断地否定自己的理念，教师才能持续前进。或者说，没有对自身教育教学现状的“不满意”，没有对更理想的教育教学效果的追求，缺乏问题意识和自我批判精神，教师的自我发展也就失去了基础，研修也不可能持续下去。还应当注意到，一般来讲，人总是要考虑投入和产出关系的。教师们会对参与研修活动的成本和收益进行核算和比较。如果收益大于支出，就会自觉参与、主动参与；如果收益小于成本，就很难有积极性，研修也难以持续进行。因此，在引导教师参与研修时，不仅要让教师们对未来收益有积极的预期，而且要尽可能降低成本，把研修活动变得容易些、效益高些。这样教师们就产生了研修的积极性，就会将研修长期坚持下去。而要使研修容易些、效益高些的一个基础是多样性与选择性，亦即创设多种多样的研修方法与途径供教师自主选择。这样做不仅是尊重教师主体地位的基本要求，而且是提高研修针对性的前提。针对性又是实效性的条件。只有研修活动真正取得实效，教师参与活动的主动性和积极性才可能被有效激发；只有教师具备了参与研修的积极性和主动性以后，研修活动才能持续进行。总之，要采取措施及相应的办法，维持研修的持续性，因为这是教师专业发展的需要。

第二节　校本教师专业发展研修的内容

教师校本研修的内容应当依据三个方面的基本需求来确定：一是国家教育行政部门对教师素质的要求；二是基础教育课程改革发展对教师提出的基本需要；三是教师本人渴求获得的知识理论和技能。这三个方面的需求都必须兼顾，而不能忽视或有所偏颇。

一、国家教育相关规定对教师素质的要求是重点研修内容

2004 年，教育部在《关于加快推进全国教师教育网络联盟计划，

组织实施新一轮中小学教师全员培训的意见》中指出："今后五年内，全国教师网联计划的主要任务是按照'面向全员、突出骨干、倾斜农村'的方针，组织实施以新理念、新课程、新技术和师德教育为重点的新一轮中小学教师全员培训，组织优秀教师高层次研修和骨干教师培训，不断提高广大中小学教师的学历、学位层次和实施素质教育的能力水平，促进教师队伍整体素质显著提高。"这就是国家教育行政机关指出的教师研修内容，重点是新理念、新课程、新技术和师德的提高。

（一）教育新理念

所谓教师的教育理念亦即教师的教育观，它是教师在教育教学活动中形成的对教育工作本质的认识，以及对学生、学习等的基本看法。教育理念是教师思想、行为的指导，它既关系着教师自身的成长，又影响着教育教学质量，进而和学生的发展产生直接关系。所以，树立教师的新教育理念十分重要。因为教育不只是一个简单的操作行为，而是基于信念的行为。教师首先需要考虑的不只是如何有效地教学，而是应该带给学生什么样的教育经验（包括什么样的知识最有价值、什么样的主题最值得探索）。而且还需要思考究竟要培养什么样的人、受过教育的人该是什么样的、教育承担着怎样的职责和使命。这样一来，教师应该关注的就远远不只是课堂教学行为、有效的教学策略、课程教学模式等问题，而且应该关注更为广泛的教育整体问题。由此，说明了树立教育理念的重要意义。

究竟确立什么教育新理念？就我国教育的方针、政策和教育现实情境来说，应当确立实施素质教育的教育理念。1999 年中共中央国务院作出的《关于深化教育改革全面推进素质教育的决定》指出："全面实施素质教育，就是全面贯彻党的教育方针，以提高国民素质为根本宗旨，以培养学生的创新精神和实践能力为重点，造就'有理想、有道德、有文化、有纪律'的、德智体美等全面发展的社会主义事业建设者和接班人。”素质教育蕴含全面发展的思想、终身教育和终身学习的理念，充分体现以人为本、符合时代发展要求。

关于实施素质教育的目标，原国家教委副主任柳斌曾经作了如下解释：“素质教育是与应试教育相对立的，它是以全面提高公民思想品德、科学文化和身体、心理、劳动技能素质，培养能力、发展个性为目的的基础教育。”在具体实践方面，柳斌提出了素质教育的三要义：“第一要义是面向全体学生，第二要义是要德、智、体全面发展，第三要义是让学生主动发展。”①《中共中央国务院关于深化教育改革全面推进素质教育的决定》突出强调了要培养青少年学生的创新精神和实践能力。2004 年，中共中央国务院在《关于进一步加强和改进未成年人思想道德建设的若干意见》和《关于进一步加强和改进大学生思想政治教育的意见》中，又把加强和改进青少年思想道德建设和思想政治教育摆在了更加重要的位置。上述方针政策的规定，就是教师确立新教育理念的核心，也是必须研修的内容。

（二）课程改革的深化

实施新课程是全面提高学生素质的需要。为了帮助中小学教师顺利进入新课程，根据教育部制订的“先培训，后上岗；不培训，不上岗”的原则，中小学教师在进入新课程之前，都将接受上岗培训。但上岗培训主要是大面积的培训，只能提供给教师一些共同性的知识理论和技术，无法解决教育教学中个别、具体的问题；而且大面积的培训也必然是集中的、短时间的培训，无法解决新课程实施中经常出现的现实问题。所以，在新课程从会场培训走向课堂实施，从接受理论走向转变行动，从面上推广走向实践纵深的时候，必须依靠广大教育实践工作者的研修活动以获得支持，依靠建立以校为本的研修制度以获得保障。

① 柳斌．基础教育的紧迫任务是走向素质教育［A］．国家教育委员会人事司编写．素质教育的理论与实践［C］．上海：科学普及出版社，1997：21

新课程改革涉及教师教育教学生活的各个方面，正是新课程改革实践不断向教师提出研修的新问题；也正是新课程改革增强了教师们的研究意识，激发了研究热情，才使研修活动永葆活力和青春。只要稍微留意就会发现，在实施新课程的实践过程中，需要研修的问题不胜枚举、层出不穷。例如：在教学过程中如何使学生主动投入学习，形成主动学习的心态和能力？怎样处理课前预设和课堂创生的关系？如何处理尊重学生创造性与传递人类文明的关系？如何处理基于学生生活经验和提升改造学生经验的关系；等。这些都是值得研究解决的问题，同时也都是研修的内容。

（三）提高运用教育新技术的能力

以多媒体计算机和网络通信为代表的信息技术的迅猛发展与普及，不仅改变人们的工作和生活方式，也改变教与学的方式，它对教育思想观念、教育理论、教育内容、教育方法和教育手段都产生了深刻的影响。基于信息技术的教育实践将打破时空界限，提高人们学习的主动性和积极性，促进教学方式的变革，提高教育的效率。掌握信息技术，运用信息技术推进教育改革、提高教育质量，是中小学教师在新的时代背景下的新任务。

2004年，教育部颁布了《中小学教师教育技术能力标准（试行）》，它是我国关于教师培训的第一个标准。标准指出，教育技术就是运用教育理论及各种技术，通过对教与学的方式、过程和资源的设计、开发、利用、管理和评价，以实现教学优化的理论与实践。在提高教师运用教育新技术能力的过程中，要加强中小学教师的信息素养的培养。信息素养有广义和狭义之分。广义的信息素养包括信息意识、信息能力和信息道德三方面，狭义的信息素养通常只指信息能力。信息意识是人脑特有的对信息和信息活动的态度控制系统，即对客观事物中有价值信息的觉察、认识和力图加以利用的强烈愿望。信息能力是指对信息的获取、分析、加工、创造、传递、利用与评价的能力。信息道德是在信息领域调整人们之间相互关系的行为规范和社会准则，它是信息化社会最基本的伦理道德之一，包含在人们的社会伦理道德之中。教师信息素养培养包括广义和狭义两个方面的培养。

（四）教师职业道德修养[①]

加强教师职业道德修养的主要任务是：增强教师爱岗敬业的责任感，提升教师教书育人的使命感、光荣感，促进教师依法执教，互相尊重、平等、民主地对待学生和家长，廉洁自律、为人师表、团结协作、不断学习、勇于创新。这些也是教师校本研修活动的核心内容。

教师的主要责任是培养人、教育人；青少年是祖国的未来，让青少年自幼树立社会主义的道德品质，让他们从小就明辨是非、分清善恶、识别美丑，具有非常重要的意义。作为教师，首先需要具有高尚的道德，并努力躬身实践。

职业道德的形成重在自我修养。教师职业道德是在职业生活中，调节和处理与他人、与社会、与集体、与职业工作关系所应遵守的行为规范或行为准则，以及在这些方面所表现出来的观念意识和行为品格。所以说，教师的职业道德不只是表现于合乎外在行为规范的要求，而且在于具有了内在的道德观念意识，并在道德观念意识指导下表现出来高尚的行为。从道德规范到道德意识，再到品德行为，离开教师自身的内化和实践，离开了自己的道德修养，则不可能实现这种转变，加强教师职业道德修养也将成为一种空谈。一个道德高尚的教师，必定是一个自觉进行师德修养的教师。

教师的道德修养是教师为了培养优良的道德而进行的自我锻炼、自我改造、自我陶冶、自我教育的过程和为此付出的种种努力。道德修养的过程是个体的道德理性与本能欲望对抗平衡的过程，修养的目的在于自觉地以理性引导欲望，解决理性与欲望的冲突和矛盾。解决

① 陈大伟．有效研修［M］．沈阳：辽宁师范大学出版社，2010：68－70

理性和欲望的矛盾，并不是要消灭自然欲望，而是要以理性驾驭自然欲望，使自然欲望得到升华和超越；通过道德修养，人从“自然人”向“道德人”转化，道德主体不断超越自我、完善自我，而成为一个具有高尚道德的人。

二、基础教育课程改革发展需要不断更新研修内容

21 世纪是不断变革的世纪，社会的变革推进着教育的不断变化。它要求基础教育的课程也不停顿地改革、前进。教师为了满足变化的需要，必须不断地充实、提高自己的专业化水平。这里，姑且不讨论教师专业知识理论如何适应新课程发展需要的问题，只研究教师怎样提高实施课堂教学的能力？教师完成教学任务主要是通过课堂来实现的，课堂是教学的时空场所、师生对话和交流的社会舞台，也是提升教师专业能力的重要阵地。而且，新课程改革最终发生在课堂上。所以，研究课堂中教师的教育教学行为成了研修重点，这也是提高教学质量的核心问题。

基础教育课程改革，使我国中小学教师的课堂教学活动发生了历史性变化，教师在进入新课程规定的新课堂生活之中时，将随着新课程改革所建立的学生学习方式的改变，加快重新建立自己符合新课程理念的教学方式。新课程改革对教师课堂教学的要求更高了。实施新课程改革的学科教学实践，需要教师自觉地按照新课程改革的理论，更新和树立教学思想、教学方法。缺少先进理念指导的课堂教学，很难培养出时代所急需的具有创新精神的新一代建设者。同时，又要求教师在新课程改革理论的指导下，善于在课堂教学中灵活运用课程改革理念，形成师生平等对话、动态交流的学科课堂；师生在课堂生动、愉快的交流和互动中，真正迸发出灿烂的创造思维的火花。为达到这个目标，就需要以新课程改革理念为指导，充分关注课堂教学改革，并把关注课堂教学作为研修的重要内容，从中学习，以促进自身的专业成长。

（一）以课程改革理念为指导构思学科的课堂教学①

教师们应当明确，在新的课程改革背景下，课堂教学的内容与形式都发生了很大的变化。几十年一贯的“教学大纲”，被新的“课程标准”所取代，教学的内容并不仅仅是传统意义上的教材（即一本教科书所能涵盖和包罗的）。只凭着一本教材、一支粉笔、一块黑板，不可能完成“课程标准”规定的学习目标和任务。“课程标准”所提供的只是一种准绳，是对学科教学底线的一种规定。学生接受知识的渠道不再仅仅局限于课堂。所以，运用崭新的课程改革理念，整体构思相关学科的课堂教学，这就要求教师们对传统的课堂教学进行认真的审视，进行积极有效的改革。

1. 从“课程观”出发审视学科教学活动

首先需要考虑的不是怎样教学，而是应该教给学生什么样的教育经验，而且还要考虑什么样的知识最有价值，最值得探索。教师不仅仅是课程的开发者和实施者，其自身更是一种重要的课程资源，最容易和学生进行沟通与交流，使课堂教学产生情境性和感召力，从而激发学生学习的热情和信心。教师能够创造有活力的、富有情感的学习氛围，这也是现代化的教学媒体不能取代教师的重要原因。

教师的课程意识及在课程建设中发挥资源的作用，应该体现和落实在具体学科的日常教学中。新课程标准提出了基础型课程、拓展型课程、研究型课程三类课程的概念，这三类课程既相对独立，又彼此渗透。作为学科教师，既要关注学科教材本身的教学，又要充分和不失时机地拓展学生的学习资源与学习空间，把具体学科的教学内容同丰富多彩的社会生活紧密联系起来，以丰富教材学习的内容，让学生深切地感受到学科学习的无穷奥妙；既要关注学生在课堂上的自主、

① 陈大伟. 有效研修［M］. 沈阳：辽宁师范大学出版社，2010：68－70

合作学习，关注基础知识的接受与掌握，又要积极地重视研究性学习因素在各学科课堂教学中的挖掘和运用，指导学生运用“研究性学习”的思维品质，丰富和创新基础型课程的课堂教学形式——课堂教学的重心要从关注教师的“教”，转移到关注学生的“学”，改变学生学习中的被动状态。课堂应该是学生自主、合作、创新学习的乐园。它的“自主”体现在尊重学生学习过程中的自主性、独立性，在学习的内容上、时间上、进度上更多地给予学生自主支配的机会，给学生自主判断、自主选择和自主承担的机会，增强其学科学习的兴趣和学习过程中的美好体验；它的“合作”体现在学生之间和师生之间的互动合作、平等交流，学生不再是孤立的学习者，而是愿意与同伴一起合作学习，愿意与人分享学习与生活中的失败和成功的体验；它的“创新”体现在学习者不固步自封、不因循守旧、不墨守成规，能不断地反思和检视自我，能清晰地认识到自己要完成的学习任务，积极地寻找发现问题、解决问题的途径，实现一种积极有效和高品质的学习。

实践立体的课程理念，这为基础型课程教学增强了活力。只有科学、有效地拓展，引导学生积极、主动地探究和开展研究性学习活动，才会发现教材不再是单薄的、有限的，学科教学不再是封闭的、孤立的；而学生所实践的学习，是一种自主、合作、创新的学习；教师所实践的课程改革，是一种富有生命力的，真正受学生欢迎的、有利于其能力发展的课程改革。

2. 课堂教学应当创设民主的教学场景

新课程改革理念指导下的教学过程，是师生民主交往、积极互动、共同发展的过程。通过民主交往，建立人道的、民主的、平等的、和谐的师生关系，这是教学改革的一项重要任务。师生间交流的内容包括知识信息和情感、态度、需要、兴趣、价值观等方面的信息以及生活经验、行为规范等。通过这种广泛的信息交流，实现师生互动，相互沟通、相互影响、相互补充，从而达到共识、共享、共进。

因此，教师引导的落脚点应是学生的自主构建，整个教学过程应是“教”不断向“学”转化，以促使学生的独立性和自主性不断提升。这就要求教师的角色要进行换位，要从传统的传授者转向现代的促进者。具体来说，教师应是开发者、引导者、组织者；而学生则是学习者、发现者、研究者、创造者。

在新课程改革理念指导下，创设民主的教学场景，要求各学科课堂教学应当是一种富有生命力和创造性的活动。在和谐、民主的课堂教学思想指导下，教师从神圣的讲坛走下，成为师生共同和平等活动中的首席，师生互动、生生互动，使课堂成为师生互动、心灵对话的舞台，而不再是教师单独的知识传授和讲解（或仅仅是优秀教师展示授课技巧）的表演场所。这样的课堂应是关注学生发展的空间，教师要以学生为本，充分发挥学生的主体地位；要将学生的接受性学习和研究性学习有机地融合在一起，教学中不但要关注每一个学生，更要关注每一个学生思维发展的过程。新课程所追求的理想的课堂，应该是焕发出生命活力、民主气氛浓厚的课堂。

3. 课堂教学应落实完整的教学目标

传统的课堂教学是以知识目标为本位的，教师在教学中过于注重知识目标的达成，而忽视了对学生能力、兴趣、情感，态度、价值观等诸多方面的培养。新课程改革明确提出，学科教学中要自觉实现三维目标：知识与技能、过程与方法、情感态度与价值观，构建起课堂教学比较完整的目标体系，由以知识本位、学科本位转向以学生的发展为本，真正对知识、能力、态度进行有机整合，体现对人的生命存在及其发展的整体关怀。

怎样实现三维目标的整合？这是值得在具体实践中加强探索和反思的问题。在教学目标中强调的“知识与技能，过程与方法，情感态度与价值观”这三个维度，并非简单的并列关系，而是彼此渗透、相互融合，统一于学生的成长与发展之中。其中：知识与技能，是实现过程与方法和情感态度与价值观两个目标维度的载体；过程与方法，是连接知识与技能和情感态度与价值观两个维度的桥梁；情感态度与价值观，是教学中知识与技能、过程与方法的升华。要实现“三维”教学目标，关键是要进行各项目标的有机整合，核心是要求教师加强学生在学习活动中的体验、感悟和反思。这种体验不仅是当堂亲身经历的，也可能是过去储存积淀的经历的唤醒和激活；这种体验必须承认学生之间的差异，尊重学生的自我感受，尊重学生对问题的独特阐释和创新理解，相信学生的自我经验，肯定学生的自求自得。

教师把新课程理念全面落实到教学工作中，是一件并不容易的事情，理论付诸于实践的成效也因人而异。只要不断地学习、实践，再学习、再实践，让行动成为一种习惯，就能进入一种浑然天成的境界。

（二）注重在教学细节中落实新课程改革理念

教学细节是可以感知的，它可能是教师的语言、动作、表情、有意识的穿戴，还可以是师生之间课堂互动的行为组合，甚至可能是在特定情境中，学生按照教师要求和教学指令延后所做出的相应行为反应。这种行为反应，也许不需要当场做出，它可能发生在教学过程中，也可能发生在教学过程之外，如“家长签字”就是这样一种具有延后性质的教学行为。它是由教师发出和要求的，由学生和学生家长完成的，它位于教学过程之外却影响教学过程，是一种非常典型的中国式的教学细节。教学细节作为教师教学行为的一部分，以及由师生互动而作用于学生的行为反应，自然地具有外显性和可观察性的特点，它是教学信息输出和输入的重要信息传输途径。师生之间通过彼此行为所赋予的信息，往往会有更进一步的行为反应，进而对整个教学进程产生影响。

1. 教学观念落后和能力不足，难以正确把握、运用教学中的细节

教学细节的特点，决定了它虽然是最小的教学行为单位，却有着多样化的表现形式和较为复杂的结构。而在现实的教学生活中，常常见到一些不很完美乃至是失败的课堂教学细节。

【案例1】

课堂上，老师在按照自己的教学设计讲完了教学内容后，看似亲切地询问："同学们，听懂了吗？"全班学生大声说："听懂了。"老师又问："谁还有没有听懂的地方，请说出来，老师再详细讲解一下。"学生A站起来怯生生地讲了不懂的问题，老师认真做了解答。最后，老师说："记住，今后要专心听讲啊。"

【案例2】

李老师有上课拖堂的习惯，这一节又轮到李老师上课了，同学们不由得嘀咕起来："这一节课恐怕又要拖堂了。"果然，下课的铃声虽然已经响过五六分钟了，可李老师觉得，这一节课是排在下午的最后一节，因而还可以延长一些时间，把问题讲深讲透。于是，他索性将课拖得更长，虽然学生中也出现了一些不安，但李老师还是津津有味地讲着……

这两个课堂教学细节的实例，看似平常，但从课程改革的角度加以思考，则耐人寻味。先说第一则案例，按照新课程理念——学习的过程应该是学生自我建构知识的过程。由于学生的生活经历、知识基础不同，因而课堂中存有"未解之惑"是一种正常现象，而教师认为学生有疑问就是上课没有专心听讲，显然是武断的结论。老师看似不经意的一句"今后要专心听讲"，实际上是向全班学生传递了一个错误信息，那就是"学生有不懂的地方肯定是上课没有专心听讲"，哪个学生愿意戴上"不专心听讲"的帽子呢？学生有没有听懂的地方，本身就很难为情，是鼓足了勇气才向老师请教的。老师的这句话，极有可能扼杀学生大胆提出疑问的勇气和自信，很可能导致学生再也不敢承认有"不懂"的地方了，这对教育教学的顺利开展会产生很大的负面影响。

第二则案例所呈现的是目前为数不少的教师都有上课爱拖堂的习惯。他们认为拖堂无关紧要，甚至认为是对学生负责的表现。其实就学生而言，一般都有45分钟课堂节律的心理反应，有时到了接近下课铃声响起的时候，课堂上便已经开始出现一些躁动，更何况下课铃声响起之后。从积极的角度来说，课间休息对学生发展至关重要，坐了40分钟或45分钟的学生，迫不及待地需要下课的10分钟，进行身体和心理的调适，以便下节课更好地学习，这是正常的心理反应和生理需要。所以，上课爱“拖堂”是一种缺少“人本”“生本”思想的教学行为。作为教师，应该从以学生发展为本的角度，自觉地去反思和审视“拖堂”的问题。

2. 课程理念需要以教学细节为支撑

成功的教学细节具有很强的“教育性”，它体现着先进的教育理念，符合学生心理发展的基本规律，符合教育教学的基本规律；成功的教学细节总是体现着教师的人文关怀，体现着对学生的尊重、信任和理解；体现着教师的教学技巧、教学智慧和教学艺术。教学行为和教学细节的“教育性”揭示了教学细节虽小，却是渗透教师教学理念的放大镜。所以，在新课程教学理念指导下，重建课堂教学行为，不仅需要确立新的教学理念，而且需要扬弃陈旧的教学行为。在教学行为改变的过程中，要高度关注对教学细节的分析、研究、改造和创新。以新课程的教学理念来反思和改造现有的教学细节，以新课程的教学理念来创造崭新的教学细节。教学细节的反思、改进与创新，不仅发生在教学设计的环节，而且发生在教学实施的环节，发生在教学现场，发生在师生互动中；不仅需要教师个体的努力，而且需要教师群体的共同努力；既需要教学实践，又需要教学研究，要通过教学实践与教学研究而获得专业能力的相互促进、相互提升。

（三）教学过程应做巧妙的预设，使之处在动态之中

实施新课程改革，创设富有魅力和生机的课堂，应该灵巧设计教学流程，关注细节，而且使整个过程处于动态之中。

1. 巧妙设计、预设教学流程

教学过程是一个严密的系统，它是由课堂上的若干个教学细节组成，且环环相扣。每一步的疏忽或缺漏，都会影响到教学质量。新课程教学改革，最终要在课堂教学的每个细节上实践和体现。所以，关注教学流程和细节，这是提升教学质量、表现教学智慧的必经之路。而从课程改革的角度说，精心地预设教学细节，就是关注新课程的理念能否落实到位，以及教学行为能否根据新课程的要求重新塑造。关注细节又是追求教学行为的合理化、智慧化、精确化，实现具有品位的教学新境界的体现；抓住了细节，就抓住了课堂生命的全部。因此，必须将课程改革的理念融入一个个真实的细节之中。

一位教师在教语文《麋鹿》一课时，精心设计了在导语部分用“简笔画”的形式来处理细节的办法。一开始，她没说一句话，连课题也没写，只用粉笔在黑板上简洁地勾勒出麋鹿的轮廓。学生看后都笑了。有胆大的学生说：“老师，你画的是什么呀?”这时，教师回答说：“凭自我感觉，老师画得非常好、非常像。老师画的是一种动物，而且是一种极其珍贵、属于国家一级保护的动物，它名叫麋鹿（板书题目）。这种动物，外形奇特，生活习性有别于其他动物，更有着一段富有传奇色彩的经历。”学生不笑了，也不议论了，教室里非常静，不少学生迫不及待地翻起书来。显然，这个细节处理已产生了作用，把学生带进了《麋鹿》这篇课文的意境，激起了学生对麋鹿的好奇心及强烈的求知欲望。这位教师以一幅简笔画的教学细节，使学生对相关课文的学习留下了深刻的印象。

而另一位语文老师在教报告文学《包身工》时，巧妙插入了这样

的教学细节——要求同学们根据课文提供的数字，选择适当的数据，编写练习题，算一算东洋老板、带工老板的剥削账和包身工的被剥削账。这样的练习使教学思路由“阅读”转向“计算”，使同学们耳目一新。他们带着新奇感，认真地去阅读、思考；在练习过程中，教师加以点拨、引导，于是账越算越细，越算越清，比如有：

（1）上海福临路东洋纱厂的包身工，干的是男工活，每天工钱是0.32元，相当于男工的三分之一。问：男工每天的工钱是多少？东洋老板将2 000名男工换成包身工，可以多榨多少元？（计算结果，前者是0.96元，后者是1 280元）

（2）已知，福临路东洋厂家从2 000名包身工身上每天可以多榨取1 280元，这2 000名包身工分别属于50个工头，平均每个工头剥削多少钱？东洋老板剥削的钱是工头的多少倍？（12.8元，200倍）。

在练习题交流、讨论的过程中，同学相互评议，各抒己见，使课堂气氛十分热烈，达到了高潮。但教师此时又是一转：“现在请大家修改自己的练习，以《读〈包身工〉，编应用题》为题，把练习改成作文。”并提出了一些具体要求。这样，又从“数学”转向了“写作”，这位老师对《包身工》这一教学细节的安排，便为课堂教学巧妙地设置了波澜，课堂上高潮迭起，较好地收到了激发兴趣、以练代讲、深化阅读的作用。

一堂课是否成功，关键是能否让学生对教师预设的教学细节产生切身的感受。如果善于捕捉教学中一些细节问题，把它讲细讲精，就会收到意想不到的效果。而且，累积了许多教学细节也逐渐形成了一个教师的教学风格，教师的教学风格正是由许多不显眼的细节构建而成的。没有细节，也便没有风格。即教师应有自己的“关键词”，有了“关键词”便有了“风格”。

按照新课程的理念改革教学，要求从预设全新的教学细节入手，改变原有教学行为，形成新的教学理念和实践，并以此来体现出对学生的尊重、信任、理解，体现出对学生全面发展的充分重视，体现出对教育教学基本规律的自觉理解和应用，体现出教学技巧、教学艺术和教师素质，体现出先进教育理念下教师的人文关怀。因此，推进课程改革，必须从教学细节的精心预设做起。

2. 即时捕捉与发挥课堂中生成的课程资源，让课堂充满生机

现实中的课堂教学是没有“彩排”的，每一堂课都是“现场直播”。这种“现场直播式”的课堂教学，最具有鲜活性与生命力。当学生心灵开放，思维多向，行为活跃，课堂定会因不可预测因素的出现波澜起伏。也许，偶然的因素会使教师措手不及，造成教学秩序的暂时失控。对此，不能回避也不应当回避。相反，若能巧妙地处理不可预测的因素，将它转化为教学资源，定能掀起学生认知冲突的高潮，激发学生的情绪，激活学生的思维。课堂也会因此更加生动活泼，充满生活的乐趣。

一位语文教师执教公开课《藏羚羊跪拜》，在朗读课文后，让同学们谈谈自己对课文的感受。一位学生回答文章中的“老猎人”是可恨的，另一位学生回答文章中的“老猎人”是慈善的，两位同学的回答显示了一种思维的冲突，这一结果与教师课前的预设并不相吻合。教师的原意是先让学生谈一些零星的理解，再让学生根据教师课前预设的一组问题进行思考，体会文章的结尾“老人在藏北高原上消失了”是不是合乎情理，再由此导入新的教学环节。但是，在这位教师驾驭课堂、解答学生问题的过程中，敏锐地感觉到：顺着两位同学的思维冲突发展开去，因势利导，会比教师原先设计的思路更利于学生加深对作品主题的理解。于是，这位教师便改变了课前预设的程序，随机生成了新的教学细节：利用两位同学的思维冲突，与教师后面的教学步骤进行了整合，引导全班同学直接进入读、说、再读的环节，这一节课的教学在学生和教师、学生与学生之间热烈的互动之中，顺利地实现了教学目标。

教师在课堂教学中，如果能够巧妙地运用偶发事件带来的教学资源，因势利导，就可以很好地将教学中的阻力变成动力。对课堂教学中发生的细节的关注，体现了教师的机智，它是教师观察的敏锐性、思维的深刻性和灵活性、意志的果断性等有机结合的表现，是教师优良心理品质和高超教育技能的概括，也是教师迅速地了解学生和机敏地影响学生的教育艺术。因此，要正视因偶然因素给课堂造成的“不顺”，既要精心酝酿、预设课堂中精彩的教学细节，又要以教学的机智撑起荡漾在波涛中的课堂之舟，使师生在愉悦的体验中抵达认知的彼岸。实践证明，生活化的而非程式化的课堂教学必然有一些“从未见过的、无法预见的情景，这对教师是一种挑战，也是一种强大的激励力量”，教师在其中体验理性与感性释放的愉悦和创造性所渗透着的欣喜。

3. 处理教学细节要着眼课堂整体，且贵在自然而然

没有课堂教学整体观念的细节安排，只能使课堂教学有“亮点”而无“闪光点”，甚至使教学目标不能实现。所以，任何精彩的教学细节，都是为一定的教学内容及其整体设计服务的，必须与教师具体的教学目标、教学环境相吻合。同时，成功的教学细节又是水到渠成的，它不是矫揉造作的。任何做作的教学细节，到头来只能是画蛇添足，看似热闹却没有任何效果。

（四）教学是动态的课堂，依赖于教师综合素质能力

教师在课堂教学中对教学细节的处理能力，体现了其教学实力和功力，它往往与教师的经验、阅历、业务水平、思想方法有着密切的关系。有时候，看似教师随意之举，或是即兴而作，却充分显示了教师教学功夫之谙熟、教学艺术之精美。

动态课堂的形成源于教师扎实的教学基本功。“教学细节”是多类别、多角度的，有无数的未知境界需要探究。锤炼教学细节，需要四个方面的背景——教师的教学理念、学科专业基础、教学技艺以及

开阔的知识视野。只有这四者综合地表现于教师的身上，才能够真正设计出精美生动的教学细节。因此，必须苦练基本功，对教学细节的设计与应用做到得心应手、优雅流畅。

动态课堂的形成源于教师对事业的执著追求。教师要有对事业不懈追求的满腔热情，没有追求就没有探索的勇气、前进的动力、执著的精神。而唯有执著，才能发现在教学细微处的教学细节。教学水平一般的教师与名师的差距，不仅是教学设计问题，也不只是经验问题，更多的体现在对教材的二度设计、课堂教学细节的把握以及师生交流对话、生生对话的敏感度等细节的把握与处理上。就以课堂教学的用语来说，一般的教师常常会被名师精彩的语言艺术所折服，而自身却总是学不像，学不到位。这是一个细节，因为它小，平时都在不经意间给忽略了，因为一般教师重视的是如何教，如何设计新颖的招数来吸引学生、吸引听课老师，对课堂教学中的若干小事、小问题，却没有顾及。殊不知，正是许多细节铸就了名师之"名"。对教学细节的应用在于积累。唯有执著，才能不懈地关注，不断地积累。许多人在读过一些有关的教育书籍之后，就开始寄希望于运用一个或两个细节方面的技巧去获得成功，这样有时也可能会取得成功，但这不是细节的真正奥秘所在。细节真正的奥秘在于能够坚持不懈地去积累细节。按照哲学从量变到质变的原理，量变积累到一定程度就一定会发生质变。只要把工作中的细节一一做好，并长期坚持下去，一定会有丰厚的回报。

动态课堂的形成源于教师的爱心、对学生人格的高度尊重。教学要注意细节，它是需要教师用爱心、用细心、用信心去精雕细琢的一种艺术。这种艺术的每一个环节都充满对学生的理解、尊重和期望。在实施课程改革的背景下，教师在课堂中对成功的教学细节的预设和生成，必须基于对课程改革理念的准确把握，教师必须具有民主的教学作风，尊重学生的人格，要把学生看成是平等的对话者和合作者；要善于作课堂中的倾听者，并对倾听获取的信息迅速作出教学决策，把它们视为最有价值的教学的“活资源”，进而把它们转化成一个个随机生成的教学细节，推动课堂教学向纵深发展。只有这样，才能让看起来只是意外的细节变得富有灵性，充满灵动的智慧和人文的关怀。

在课程改革背景下，新课程要求：关注学生的终身发展、可持续发展，关注教学过程中三维立体教学目标的达成，关注学生健全人格的塑造和健康心理的培养。同时，也要求广大教师更加充分地关注课堂教学中的细节，在细微处下工夫，让细节成为课堂教学中的亮点，成为学生学习的增长点。既关注理念，又关注细节，学科教学和谐局面才能真正营造出来，并把新的课程改革切实引向成功，实现预期的目标。

以上叙述说明，关注课堂教学问题，是教师校本研修不可缺少的内容。把课堂教学相关的事项弄明白，并且能够充分地把握、运用，则在教学过程中就会游刃有余，所担负的教学任务就能圆满完成。

三、教师渴求获得的知识与技能是研修的重要内容

在基础教育课程改革不断深入发展的背景下，无论是老教师还是中青年教师，大都感觉到适应新课程教学有一定的难度，渴求获得和掌握急需的知识理论与技能。这种需求和国家教育行政部门关注教师的专业化发展的要求是一致的。但是，教师们已经熟悉、掌握的知识理论和技能是千差万别的，他们各自的需要显然也就不同，依靠统一的培训、集体学习、研究，不可能解决教师们的实际困难。只有通过教师自我研修（即缺什么就补什么），才能满足现实的急需。因此，研修的内容不能作统一的规定，而应当因人而异，各选所需作为研修内容。从多年来教师专业成长的实际情况来看，教师们最需要的是掌握实践性知识理论和技能。因此，教师的研修内容应当是以实践知识理论的把握和实践技能的熟练为重点；负责教师专业发展的部门及其

相关人员，应该以发展教师的实践知识理论和实践技能为核心，组织教师的研修活动，促进教师的专业发展。

近些年来，在关注教师专业发展时，教师岗位学习的重要性也得到充分重视。“校本培训”“校本教研”“校本研究”“校本学习”“校本研修”等概念的陆续提出，反映了大家都在不约而同地关注教师的在职成长。从实践性知识理论和技能的特点出发，促进教师实践性知识理论和技能发展应该是教师专业化的方向。

第三节　校本教师专业发展研修的策略

一、教师个体思考

（一）做一名好教师的基本原则

怎样做一名好教师，增进教师的职业信心，促进教师职业发展，是需要认真面对和思考的问题。在一个不断变化的社会和工作环境中，教师需要具备应对挑战的能力。这里借用 Osborn 等（2000）的框架来讨论做好教师的原则。相当长的时期内，我国的重点学校制度对教育教学产生了巨大的影响，担任重点学校、重点班的教学任务的教师，获得了很高的声誉；而普通学校和普通班的教师，则往往因为自己教的学生很难取得具有竞争力的成绩，而使自己的职业信心降低。作为教师，有想法是好的，特别是富于创造力、对儿童的身心发展具有良好意义的想法，但是必须考虑现实。你非常希望和赞同让学生们通过调查和问题解决的方式来掌握概念和教材内容来开展素质教育，但是除非你能保证学生们获得令人满意的考试成绩，否则你作为教师的声誉将被玷污。虽然用学生的成绩评价教师工作的做法，并不一定是公平的，但是，现实的教育制度显然无法立即改变。

在对待一些具体的教育问题（如课程、考试评价、教学方法、学生分流等）方面，基于不同哲学观点的不同派别，会有不同的侧重和强调。很难绝对地讲，哪一派哲学理论和思想就是绝对正确的，哪一派就是完全不可取的。但是在一些最根本的教育问题上，还是有统一的看法的。比如对“人”的观点，“相信人能发展、变化，相信人各不相同，相信正是丰富多彩的人，构成生动活泼的社会；教育要以人文精神为核心，相信通过关注人、信任人，就可以发现和创造出办法来影响和改变人”为人们所公认。此外，人人平等、公平诚信等原则，也是为人类社会所公认和肯定的价值观和哲学。个人的哲学思想是在长期的工作实践和生活中形成的，哲学思想对人的行为具有稳定的指导作用。作为合格的教师，有必要建立指导自己的教育和教学工作的一套哲学思想；清晰的哲学思想，将引导和激发教师在教学中的心理状态。“创造性教师的成长，关键在于其教育哲学观的生成与发展。”

在可测量的和隐性的成功之间寻找平衡。通常，对教师工作质量的评估最直接的标准是学生的考试成绩。如果学生考试取得了良好的成绩，则教师的工作被认为是卓有成效的；但如果所教学生在考试中的成绩不理想，那么，无论教师在学生的其他方面付出了多大的劳动，教师的工作则总是被低估。学生对学习肯定的态度和倾向，是教师工作成效的隐性方面。当代教育制度的要求，越来越倾向于学业成就，但是总有一些学生跟上要求很吃力。然而，如果他们能发展出对事物肯定的方式和强烈的自尊，那么，他们就能够面对未来的挑战，无论其成绩如何（Osborn 等，2000）。学习成绩较差的学生，往往在学校、家庭、社会都受到差别对待，在学习能力和自信水平上，都低于学习成绩好的学生。所以，帮助这些学生往往需要更高的责任心、更多的付出和更多的教育技巧，但教师这方面的工作又往往很难得到认同。好的教师应该试图在这些可测量的工作成绩和隐性的成效之间寻找平衡，既帮助学生发展肯定的学习态度，又帮助学生在学业上取得好的成绩。

要从学生的角度思考问题。在现代教育中，教师和学生的关系已不再是传统上的师道尊严（学生对教师必须无条件服从）。教育被要求以学生为中心，充分发展和发挥学生的自主性和创造性。因此，如果能从学生的角度思考，就可能更好地了解学生、理解学生，和学生进行沟通和交流，并能进一步建立师生间的相互信任。这对指导学生是极有帮助的。

考虑他人的期望。教师是在一个特定的环境下与一群特定的人（尤其是儿童）进行工作。每一个人都有自己的利益，并且会以直接和间接的方式对教师形成压力。教师应该意识到，自己是一个工作群体中的个体；学校工作环境可能还有一些没有成文的规则，同事也会影响到教师的思考和教学方式。但是，不要仅仅听从，要清楚为什么要以一定的方式行为和做事。

与家长的关系。教师与家长的关系已经越来越重要，逐步成为学校工作的一部分。从目前的情况来看，家长的意见在学校的管理中的作用很重要，家长已不再是学校管理的旁观者了，学校和教师也不能随意要求和训斥家长。而教师，特别是班主任教师，正承担着家长与学校直接沟通的任务。由于学生家长有着不同职业、不同教育水平，以及不同的家庭经济状况，因此相当一部分家长，对整个教育和对自己孩子的教育都有着不同的看法，因此处理好与家长的关系并不简单。需要坚持的原则是：与家长平等地交流，平等地对待每一位家长。

（二）教师个体专业成长的关键点

教师有开放的心态和改变自我的意愿。当教师身处专业发展的一定阶段，既有的教学经验和教学业绩就可能成为进一步发展前行的桎梏。年龄不是拒绝成长的借口，惰性才是造成我们平庸的祸首。教师学习最重要：阅读身边的同伴经验、阅读优秀的名师经验、阅读理论经典，让自己成为有思想的实践者。

教师有课堂改进的勇气和智慧。教师如果没有课堂改进的勇气和智慧，教师学习就会无法持久。教师学习的意义就在于能够帮助教师改进课堂实践，让教师感受到理论学习的价值。

课堂改进策略不可以照搬照抄，每一堂好课都是不可重复的。课堂改进是一种艺术，一种慢的艺术，教师需要付出勇气、智慧和心血。

教师有反思自我的意识和能力。教师成长 = 经验 + 反思。教师成长的个人化知识必须经由自我反思、自我感悟，才能由内隐状态变成外显的可传播的经验成果。智慧型教师的成长关键是在实践。智慧和知识不是同一个概念，智慧的核心是在实践中创造性运用知识去解决问题。

每一位教师的发展和成长过程、路径都是独一无二的，教师发展没有固定规律，教师的发展是独特的。教师的发展是一种慢的艺术，它是一个生命体持续不断追求进步的过程，更需要来自教师自身的“发展自觉”。

二、教师专业发展的道路

（一）教师个体职业幸福感提升策略

本世纪初开始的新课程改革，一方面使我们看到了改变当前学校教育应试倾向的希望；另一方面，在具体的实施中也使教师们感到困惑，原来长期习惯的分科教学和局限于知识的传授方式被要求改变，却又没有现成的模式可供学习和参考。在面对变化时，教师经常采用的策略有：第一，遵从（compliance）：接受变化，对个人的教师职业理念进行调整。第二，结合（incorporation）：看起来是接受了变化，但是只是把变化结合到了现在的工作模式中，结果工作模式仅仅作了适应性的调整，而不是政策所要求的改变。第三，退却（back）：面对变化不做任何职业思想的改变，因而经常导致退缩感、孤立等心理状态。第四，反抗（resistance）：对变化做出反抗。第五，创造性地调节（creative mediation）：对变化做出创造性的主动的回应。无疑，创造性地调节是应对变化应该选择的方式。

朱小蔓（2001）教授指出："教师的工作是富有创造性的事业，其创造性不止于从教学思维和传递知识方面去理解，还可从三个方面进一步拓展：要有以教育人文精神为基础的个人化的哲学观，要有开放性的知识结构及转识成智的能力，要有认识与情感相互协调发展的人格。"

1. "读人"：寻找自己的精神同伴

教师把自己置身于教育事业中。热爱教师工作，从工作中获得快乐，是教师职业幸福感的主要来源。如何看待教师职业，把它作为一个饭碗还是作为一种事业？这在我们心里引起的反应是截然不同的，对我们的职业幸福感的影响也是截然不同的。

蔡元培先生是这样描述职业境界的：自然境界：把职业当做一个谋生的手段，养家糊口的饭碗，凭本能工作；功利境界：为某种功利的目的努力工作，一旦功利目的达到了或达不到，就放弃努力；道德境界：赋予职业以道德意义，为服务对象一生的幸福努力工作；天地境界：自觉把自己的工作与全人类的进步文化事业联系起来并努力工作。处于后两种境界的教师，有强烈的使命感、事业心、上进心、成就欲、成功感，他们以自己的职业为荣，能排除干扰和杂念，保持平和愉悦的工作心情。他们知道教师的工作时间之长、心思之重、体能消耗之大、情感付出之多是其他职业所无法比拟的，但是既然选择了这种职业，就无怨无悔，永不满足，永创佳绩。他们有很高的理想抱负，甘冒风险，喜欢挑战性的工作，重成就、轻金钱，善于从工作的成功中得到快乐。他们的求知欲比别人强得多，而物质的需求比别人淡薄得多；即使在贫困环境中，他们也能安贫乐道，耐得住寂寞，敬业爱岗。对于他们来说，工作着是美丽的，忙碌着是快乐的。

鄢月钿《优秀教师十大标准》一书写道："做你所爱的，爱你所爱的，点燃你工作的激情。要么不做，要做就全身心投入，千万不要带着情绪进教室。因为，只要你爱你的工作，爱教育，你就会得到许多人无法体验到的幸福和快乐。什么是幸福？当学生感到幸福的时候，你将感到幸福；当学生感到幸福的时候，你的幸福将是几十个学生的幸福的总和。教一辈子书，有那么多的学生的幸福叠加，那种教育的幸福，将随着人生走向生命的尽头而愈显灿烂辉煌。爱你的教育吧，不管它是不是你最初的梦想和追求。因为，教育，值得你做。当你心无旁骛地工作时，工作的乐趣也就离你不远了，人生的精彩也离你不远了。"

李镇西老师在《爱心与教育》中提到，教师的最高境界，是把教育看成是幸福的事，追求做最好的老师。没有最好，只有更好。做最好的自己，成为最好的我。其次还要做到三心、三家。三心即童心、爱心、责任心。童心，即和学生有共同的兴趣和爱好；爱心即在日常生活中有依恋、思念，想你的感情；责任心即与学生一道成长，为中华人民共和国培养现代公民。三家，即专家、思想家、心理学家。

2. "自我体验"：教师职业带来的幸福感

幸福是一种心灵的体验，要用心去感受，要用情去触摸。体验幸福也是一种能力。幸福的最高层次是社会幸福感，这种幸福感来自对社会的贡献；人们在社会奉献中体验到幸福感。工作是生命中最珍贵的礼物，感恩是对工作最有力的回报。弗罗姆曾说："幸福本身不是结果，而是伴随着力量增长的体验。"在学生的成长与进步中，教师体验到了"给予"所带来的幸福。"给予"不是奉献，"给予"是潜能的最高表达。在给予的行为中表示了生命的存在。给予本身便是极大的快乐。

与其抱怨工作，不如享受工作，从工作中得到快乐。投入工作，沉浸在工作中，会体验到一种流畅感，这种流畅感正是幸福生活中产生的美好体验。幸福不是施舍而来的，幸福掌握在我们每个人手中。

戴尔·卡耐基在《超越自我》这本书中写道："工作是上天赋予的使命。保持一种积极的心态，即使是辛苦枯燥的工作，也能从中感受到价值。在你完成使命的同时，会发现成功之芽正在萌发。"一位英国作家曾写道："我不喜欢工作——没有人会喜欢工作——但是我喜欢在所从事的工作中找到发现自己的机会。"

老师的工作日复一日，年复一年，每天都在从事着同样的工作——教书育人。有的老师感到枯燥乏味，但有职业幸福感的教师却从这平凡的工作中感受到快乐。看到自己所教的孩子一天天成长、一天天变化着，看到他们从不知到知，从不懂到懂，知识一天天积累，思想一天天成熟，心灵一天天丰富，老师能从中体会到职业幸福感。课堂是教师教育教学工作的主阵地，上好每一堂课，是一位合格教师的职责；课堂是教师绽放激情、激扬生命的舞台，同时也是教师收获幸福的田园。让每堂课都精彩、使每位学生都在课堂上感受到知识的魅力，获得进步，是教师职业幸福感的源泉。

学生的成长和成才，就是对教师工作的最好肯定，也是对教师工作的最大回报。与学生一起分享成功的喜悦，有什么比这个更幸福的呢？

3. "积极情绪"：教师的工作主导心境

"心理健康的教师"是影响学生心理健康发展的一种教育资源。教师的心理健康，关系到学生的心理健康、学业成就、人格发展。教师的"心理咨询（保健）者"角色——对学生心理问题进行咨询；教师对学生发展的隐性作用——影响人格；教师是学生发展的直接指导者——训练认知、发现自我，帮助学生认识自己的潜力和发展的可能性。这种"帮助因素"是维持教师工作和促进自身可持续发展的基本动力。

"教师是什么样的人要比他教授什么更为重要。"（Karl Menniger）教师的人格和心理健康水平，甚至比他的专业知识更重要！教师心理健康是实现专业发展、个人价值和提高生活质量的需要。积极的情感是幸福的镜子。教师的情绪情感常常是学生情绪情感的晴雨表。美国著名教育心理学家吉诺特博士关于教师的作用和力量有这样一段论述："在经历了若干年的教师工作之后，我得到一个令人惶恐的结论——教学的成功和失败，'我'是决定性的因素。我个人采用的方法和每天的情绪，是造成学习气氛和情境的主因。身为老师，我具有极大的力量，能够让孩子们活得愉快或悲惨。我可以是制造痛苦的工具，也可能是启发灵感的媒介；我能让人丢脸，也能叫人开心；能伤人，也可以救人。无论在什么情况下，一场危机之恶化或解除，儿童之是否受到感化，全部决定于我。"

一个健康型教师（民主型教师）其典型的教学行为是：提供一个安全且宽松的环境；随时让学生感到被接纳、被关注；倾听他们的意见，重视他们；坦诚；相信他们完全有能力解决自己的问题；提供选择的机会，让他们学会面对自己的选择……学生的评价：他信任我；他把重大的责任交给我；他很重视我；他注意听我的讲话；他乐意改变我的想法；他对我感兴趣；他感谢我；他对我做的事表示欣赏……

学生最不能接纳的教师品质（卡耶《教师们是否过于神经质》）是：以独裁的作风管理课堂；忽视学生的个别需要；漠视学生的困扰与问题；傲慢与偏见；似乎对什么都不感兴趣；以先入之见处理学生问题；毫无表情；言行不一致；不关心学生的进步和退步（不给予应有的鼓励甚至讽刺学生）；固执，坚持自己的看法；以消极的方式管教、处理学生；教学不认真，工作不努力。

培养积极乐观的品质。乐观既是一种生活的态度，也是一种优秀的品质。一个人可以选择乐观，也可以选择悲观。乐观导致健康、幸福、成就；而悲观预示着抑郁、失败、社会疏远、病态和高死亡率。①

① Maier S F. Seligman MEP. , Learned helplessness: Theory and evidence Journal of Experimental Psychology. General, 1976, 105 (1), pp. 3 – 46.

情绪具有弥散性，具有很强的感染力，教师的情绪往往主宰着学生的情绪。试想一位整日阴沉着脸面对学生的教师，怎么可能让学生快乐、幸福。积极的情感包括了幸福、欣喜、高兴、欢呼、热情、愉快、喜悦、自豪、热爱、兴高采烈、激动、陶醉、活泼、精力充沛、惊讶、渴望、鼓舞、惊奇等。学会调节和管理好自己的情绪，是一种情感智慧。

乐观的人，总是积极地面对生活，他们走在寻找幸福的路上。乐观是一种心态，常与人们对未来的憧憬、美好愿望、积极期待联系在一起。在中国文化中，乐观也是一种备受推崇的美好品质。它常与许多积极的品质联系在一起，如开朗、豁达、幽默、坚强、进取、不怕困难等。

作为教师，由于长期教育学生，以长者和教育者的身份出现在学生面前，久而久之，会形成一种刻板的表情。所以教师要常常问问自己：我快乐吗？我的情绪好吗？常照照镜子，问自己："我的面部表情自然吗？丰富吗？"防止情感疲劳、情感枯竭。自我觉知能力高的教师，会对自己的情绪具有清晰的认知，能有效地管理自己的情绪。要注意控制情绪，特别是控制自己的愤怒冲动，化解消极情绪的不良影响，别把消极的情绪传递给学生，防止"踢猫效应"。

教师需要善待自己：教师担负着重要的社会角色（文化、道德、精神），其健康发展对社会和国家的发展有着重要影响。教师需要追求个人价值和个性发展；心理健康有助于促进教师的专业发展，心理健康反映着教师的个人幸福感。

4. 和谐的人际关系，是教师职业幸福的润滑油

要在学校中营造良好的人际关系，要求教师善于与人沟通，要能开放自己，表露自己的价值观、兴趣、爱好和待人处事的原则。对他人开放也意味着信任他人，他人才有可能相应地开放自我。只有这样，才能发现志同道合者，才有交流、沟通的可能。若是一味地封闭自我，沟通和交流便不可能。要掌握沟通的技巧，在沟通过程中，不要以自我为中心，而应设身处地地为他人着想，了解他人的思想观点，善于倾听他人的意见。不盲从，不丧失自我，也是与领导、同事建立良好关系的重要条件之一。

家庭的幸福，是教师职业幸福感的并蒂莲。家庭的幸福能给教师提供更好的心理和生理的亲密感。特别是教师如果能体验到家庭的温馨与和谐、儿女的成长与成才、家人的支持和亲人的关爱，则可以增进教师的主观幸福感，而这种主观幸福感又促进了教师的职业幸福感。

教师心理健康的表现：积极乐观的生活态度，有广泛的生活兴趣；自我开放，融洽的人际关系；自我发展，较高的自我效能；有积极的情绪体验；对自己的行为负责，不因为自己应负责的事而责备学生；敢于进行自我批评，对自己或他人诚实地承认错误；有较强的自我调节能力——善于自我关注，关注自己的感情、渴望和冲动，这样才能有一个宽松的心态，这是理解他人的思想和情感的前提；合理接受（而不是责备）他人的感情，认识到别人的反应是可以理解的，如学生生气、有意见、同事不满等；知道何时寻求帮助——向有经验的教师请教；必要的心理咨询。

5. 身体健康是幸福的基座

“运动能带来自信，是掌握生活的必要组成部分。”教师要树立运动理念和体育意识，坚持有规律的、适度的体育运动。人在运动之后体内会产生脑吗啡、多巴胺等，激发个体的积极情绪。经常运动的人，大脑活跃、反应敏捷、身体矫健。有规律的、适度的体育运动，能使教师减少病痛或避免病痛，身体健康，充满活力，心情开朗。身体健康是职业幸福的保证，是实现理想目标的基础，是提升教师幸福能力的关键。不仅如此，精神的幸福，也建立在健康身体的基础上。健康不仅包括身体健康，还包括心理健康。教师的体育运动，也是对教师意志力的考量。长期坚持运动是完善人格的途径之一，当然也起着对受教育者的良好影响与引导作用。心理健康会促进个体的人格健全。健康的体魄、健全的人格，是教师幸福能力提升的基础性动力源。

健康是生命的基座，失去了健康，生命也就会变得黑暗和悲惨；失去健康会使你对一切都失去兴趣与热忱。能够有个健康的身体，附之以健康的精神，并且能在两者之间保持良好的平衡，这就是人生最大的幸福。我们在接纳事物的过程中，会不断感到自己的价值与生命的尊严，于是，自我接纳便会产生。

教师作为人类文明的传承者，在推动社会文明发展中发挥着巨大的作用。教师幸福能力的提升、幸福度的提高，能促使教师积极投入工作，享受工作带来的乐趣，从而使教育生态系统平衡稳定，促进社会和谐健康发展，进一步促进民族的文明进步。

（二）关注自己的生涯规划

目标是人生的指南针，不仅能够指明人生的方向，而且具有激励作用。有了目标，才会有生命的意义，才能在实现目标的过程中感受到成功的快乐。当然，目标既要高于实际，又不能过于脱离自己的实际。过高的不切合实际的目标，会让人望而却步，产生挫败感。设定一个长远的目标，然后把长远的目标划分为可以一步步实现的小目标，就像一个个站牌，每到达一站，就会从中体验到快乐、幸福，也可以及时调整，激励自己不断朝目标努力。

1. 教师专业发展的一般阶段

教师的职业是一种专业，教师的专业成熟是一个长期的持续的发展过程。中小学教师的专业发展过程，怎样从量变到质变，分为哪几个基本阶段，何时出现，持续多少时间，主要特征是什么，这些问题国内外学者进行了大量的研究。国外的研究凸显了教师在不同发展阶段具有不同的专业发展水平、需求、心态、信念等，基本能够让我们了解教师专业发展的历程与面貌，并能为教师个人规划自己的教学生涯、政府制订教师继续教育政策提供一些有益的依据。不足之处在于，国外这方面现有的研究成果，多偏向于对教师实际上所经历的发展情形或实际上所表现出来的发展情形的描述，而对教师最理想的发展历程与发展情形缺少应有的探讨。国内对教师专业发展过程的研究与国外这方面的研究相比，比较注重从优秀教师、骨干教师成长的轨迹来进行探讨，并且在这一基础上对理想的教师在各个成长阶段的发展目标和培训提出了要求。

一般认为，教师专业发展可分为以下四个阶段。

（1）适应时期（1～3年）：由教学新手向教学能手的转变；教师关注生存；以模仿借鉴为主要的学习手段。

（2）分化、定型阶段（3～6年或9年）：迅速发展阶段。教师多关注教学所需的知识、能力与技巧；分化的出现：经验型、知识型、合格型教师。

（3）突破阶段（人到中年）：高原期。由教学能手向专家型教师转变；更多关注学生，考虑学生的个别差异；有的教师开始出现厌烦的征兆。知识型教师与经验型教师的突破点：应在理论与实践上以自己的悟性为基础，以自己的教学个性为条件，通过反思来整合。

（4）成熟阶段（10～15年）：教师工作最佳状态。以学科特点为基础，研究自己的教学个性；形成自己教学的风格与特色——自己独特的实践操作体系与自己独特的教学思想或教育理念。

2.“教师生涯规划”的关键要素及其方法

现代心理学的研究表明，源自内在需求目标的满足，是提升个体幸福能力的关键。作为一个教师，内在需求目标是教好书，当个好老师。乐其道，则善其事。教师的专业成长是教师个体的需要。内在的专业性的提高，使教师在教学活动中表现得越来越成熟。教师不仅是专业发展的对象，更是自身专业发展的主人。教师成长是沿着“专业—职业—事业”的路径发展的，社会和时代对教师个体素质的要求也是发展的。

（1）教师职业生涯规划的四个要素。

我的“目标”是什么（我为何而活着）：在教育工作中，我现在最需要克服的困难是什么？我的教学是有效的吗？我所教的学生是否有较好的“学业成就”？我的管理是有效的吗？我在我的学生中有足够的威信吗？在日常生活中，我现在最需要克服的困难是什么？（或我现在最需要摆脱的困境是什么？）如何与我的家人保持良好的关系？需要为我的亲人提供哪些帮助和支持？如何与我的同事保持良好的关系？

我如何“改善”我的生活（我的“计划”是什么）：在追求这些目标时，我的优势是什么，我的劣势是什么？环境给我提供了哪些机遇，设置了哪些障碍或威胁？如果我感觉我的计划不能实现，我该如何调整我的计划，是否应该争取更多人的帮助和支持？如果我无法获得更多的帮助和支持，我是否应该降低我的期望？寻求哪些“帮助”：是通过亲人、朋友、同事或导师，还是通过学习（主要是“读书”）来帮助？读哪些书能够激发我的激情、梦想、使命感？哪些书能够提供具体的课堂教学或班主任工作的操作要领？我的计划能够实现吗？可以寻求哪些“帮助”？

我个人的经历与故事：我是否喜欢我现在的工作？我在读他人的传记故事时，是否有一种强烈的冲动，我也可以过那样的生活？除了像过去那样做事、生活之外，是不是可以换一种方式做事，我是否可以换一种新的生活方式？我还有哪些潜力没有发挥出来，可以把我的“本职工作”做得更好吗？有比较丰富的“业余爱好”吗？

个人的未来与幸福：是否可以换一种方式做事？能否将“本职工作”做得更好？有业余爱好吗？我能否回忆我的人生经历？我的性格是什么？我的性格适合做教师吗？如果我不喜欢我现在的工作，我可以换一个工作吗？如果我不喜欢我现在的工作，我显然没有条件再更换一个新的工作，我应该怎样适应现在的工作呢？

（2）教师职业生涯规划的三个重点。

教师职业生涯规划是教师从自身优势和特点出发，根据时代、社会的要求和所在学校的共同愿景做出的，能够促进自身有计划的、可持续发展的预期性、系统性的自我设计和安排。它包括以下三个重点。

第一，教师职业生涯规划的主体是教师自己，而不是其他任何个人或组织，它是教师的“自我设计和安排”。

第二，教师职业生涯规划必须基于现实，从教师个人和时代、社会、学校发展的实际出发，能够有效地促进教师的专业发展。

第三，设计职业生涯对教师自身发展具有非常重要的指导作用，促使教师关注和思考在工作中如何做正确的事、怎么正确地做事、怎样有效地做事等核心问题。

（3）教师职业生涯规划的方法。

第一，了解自己：自我认识是成功人生的根据地，是智慧人生的发动机。这些认识包括：自身现有的各种发展水平（课堂教学生活、同事交往生活及家庭生活），自身能力、素质、师德量化或质性结论（分析现有水平背后的原因，即为什么我在这些方面会比较优秀，而在另外一些方面又会显得比较薄弱；对自己的潜力进行估计）；个人的兴趣爱好特长、性格与价值观，所选定的目标与需求、情商、工作经验、优缺点、学历与能力、身体状况。

第二，了解学校：学校能为教师提供多大的发展空间？学校领导注重教师的持续发展吗？学校为教师的发展提供了多少可供利用的资源？学校的发展环境对教师的成长是重要的；学校的发展资源主要包括学校运行制度、办学思路、可开发的课程资源和本校教师的总体素质。学校的发展环境从两个层面加以把握：学校的发展潜力，即学校里有哪些东西是基本不会改变的，有哪些东西是近期内可以改变的，有哪些东西是今后必然会改变的；自己可获得的发展资源（在如重视科研的学校，教师就可以获得更多的进行教育教学实验的机会）。

第三，明确目标：确立长远目标。目标着眼点应当是教育水准的不断提升、教育思想的渐趋深刻、教育影响的持续拓宽。规划的三个层次的目标详略是不同的。长远目标注重长远，只要目标明确，有个大体构想即可；中期目标要求阶段性目标清晰，工作重点明确；近期目标则要目标具体、行动明朗、弹性适度。应根据自身的知识结构、职业素养及思维方式选择发展路径。

第四，撰写教师成长书：教师成长经历的书，就是教师成长书。主要包括三个内容：行动指南将教师成长目标细化成一个个具体的行动计划，指导教师有目的地付诸行动；行为表现真实地记录教师行动的整个过程、行动中所遇到的种种困难以及所取得的成果；实践反思既是对成长目标实现与否的一次检验，又是对教师教育教学水平的一次总结，并根据实际情况进一步调整行动计划的开始。

（4）教师需要弄清楚的几个问题。①

问题一：你是为学校、为校长而工作，还是为自我、为兴趣而工作？（喜欢自己做的事，就快乐；做自己喜欢的事，就幸福。让工作成为自己喜欢的事情，为兴趣而工作，是人生幸福之源！）

问题二：你是着眼于当下谋划自我，还是着眼于未来规划人生？（让对未来的期待，引领我们今天的生活！）成长，其实就是一种状态，有什么样的精神状态就会有什么样的生活。

问题三：在人生旅途上，你是一个纯粹的生命消费者，还是一个不断为自己生命增值的人？（教师理应学会为生命理财，学会为生命投资，让自己的生命不断增值！）

问题四：你是事事等待领导安排，还是像机敏的猎豹一样，总是主动出击寻找机会？（机会总垂青于那些有所准备的人。所有创造者，都是主动者！）

问题五：你是否善于抓住影响你专业发展的关键人物、关键事件和关键书籍？（人生紧要处，往往就那么几步，须抓住那些可能对你一生产生重大影响的人、事以及给你启迪和动力的思想。）

问题六：遇到困难，你是以抱怨和牢骚来应对，还是以积极的心

① 郑立平．规划出幸福的教育人生［J］．教育时报，2010，8（10）．

态去化解？（牢骚满腹的人做事成功率最低！怨天尤人的人幸福感指数最低！）

问题七：你是把工作当做课题来研究，还是把课题当做工作来对待？（“君子务本，本立而道生。”教育教学就是教师的根本。最易诞生成果的领域，就是我们每天都在从事的工作！）

问题八：对于心中的目标，是只有三分钟的热度，还是保持永久的激情？对于教育这个本身就平凡甚至清贫的职业，如果没有真正的虔诚和痴情，往往很难取得什么成就。

如果你不知道自己要到哪儿去，那么你通常哪儿也去不了！

（三）打造教师个人的核心竞争力

个人的核心竞争力，是指具有竞争优势的，独特的知识和技能，由人生定位、资源与能力、行动三大要素构成，其能力结构是：天赋力、学习力、创新力、自制力。对于教师来说，打造教师个人的核心竞争力的关键，是提高专业化水平。因为教育事业是一个“成全”人的事业——教师“成就”自己，“成全”学生。教师个人注重专业成长可以增强职业认同。

打造教师个人的核心竞争力的三条基本路径是：第一，向他人学：教师学习（教师阅读和教学信念）。第二，教师做中学：教师行动（实验研究和行动研究）。第三，向自己学：教师叙事（教师论坛和品牌传播）。

1. 校本教师“研修”：读书、读人、读图

进入学习化社会，从“校本培训”转为“校本研修”的过程，是教师自我教育、自我提升的过程，也是学校文化建设的过程。提倡“校本研修”，是立足于教师专业发展，强调的是教师自发的学习与研究，而不是在外界要求下的被动学习。“校本研修”以现代学习理论为指导，主要的考虑有以下三方面。

（1）教师是学习者，教师要学会享受学习。教师是一个“以专业

的眼光赋予学习者和学习以价值的人”，教师始终是一个持续的学习者。教师的专业发展，是一种“自我引导”的结果；我国的教师培训多采用专家教化式、集会式、报告式的培训的形式。在校本培训中，学校组织者常常依赖于外聘专家学者，开展的是“输入性”培训。教师作为受训者，已经习惯于“接受式”的学习方式，这使教师们或多或少地养成了思维的惰性，导致教师培训的被动、盲目、低效。“校本研修”就是要以促进教师树立“学者未必成良师，良师必为学者”的发展目标为出发点，以引导教师把学习当成专业发展的内在需要、当成教师职业生活的重要组成部分为基本取向。因此，学校组织教师参加“校本研修”，应该体现愉快、互动及和谐的特色，倡导教师要学会“享受学习”，“教师对学习本身的感染力，能够把学习的精神和对学习的热情传递给他人”。

（2）教师是学习文化的建设者。当今的“校本培训”模式，基本上是以提高教师课堂教学能力为目的的“技术训练模式”，这导致了学校及教师在培训过程中更多关注的是个人知识的更新和技能的提高。事实上，正如苏霍姆林斯基所说的，教师参加学习“不仅仅是为了外在的有用，也决不仅仅是为了工作，它还可以充实个人的精神生活”；教师进修是教师获得与教育有关的技巧、态度、信念、价值、理念、知识构思和行为习性的连续过程。中小学教师入门之后，其专业知识与技能会相对稳定在一定的层面上，此后，教师所要追求的就是教师职业的内在尊严、教师在劳动过程中生命价值的体现和教育生命的发展与延伸。无疑，立足于终生学习理念的“校本研修”形式，能满足现代教师的这一需求；也可以预见让教师通过长期的连续的立足于以校为本的学习，会“内化”生成专业教师所必需的知识、能力、价值、态度等多元素构成的专业素质，也会同步构建起新型的教师文化。我们认为，新型的教师文化的特征是沟通、对话、合作、互助、共同发展。具体而言，就是在一定的学习情境中，学习成员在相互理解、开放互信和相互支持的基础上，将自己的思想和别人的思想交换，拿自己的经验与别人的经验共享，使自己的情感与别人的情感联结，最终形成积极参与、全情参与、主动参与和协调、高效、均衡发展的动态生成的学习文化场。因此，教师作为学习者的同时，也成为学习文化的建设者，“校本学习”就具有了鲜活的生命力。

（3）教师发展与学校发展同步。教师专业化运动，使教育工作者以及中小学教师越来越清楚地认识到“学校不仅是培养学生的场所，更是教师专业成长的基地”，而且教师的专业发展，不仅是教师提高教育教学质量的重要条件，同样是学校发展的重要目标。因此，教师的校本学习将带动学校成为学习型组织，促进学校成为具有开放性、创新性、生成性的“教师发展学校”。“校本研修”的建设，应该朝着“学习化”“民主化”“信息化”“文化化”的目标发展。

教师读书之后重要的是形成自己的“想法”，并转化为“做法”。可以将教师个人化的教育想法称为“教师的信念”。有了教师的信念之后，教师的行动将随之发生改变。于是，教师读书将构成教师行动研究或者校本教学研究的一个部分。在日常教育行动研究过程中，读书将融入教师行动研究或校本教学研究的每一个环节和步骤。教师的读书将不断地为教师发现问题和解决问题提供教育的眼光和教育的心情。教师阅读的书目可分为三个“类型”：“生活智慧类”（或者称之为“实践智慧类”）、“教育新理念类”（包括“课程改革”）和“教育散文类”（主要是反映教育生活实践的“教育随笔”、“教育手记”、“教育日记”、“教学录像”、“教育电影”）。

一旦学校能够引导教师展开“教师学习”（“以问题为中心的学习”）的活动，教师将由读书而获得“自我超越”的热情。在教师有了“自我超越”的热情之后，学校管理者接下来的责任，就是在适当的时机“与教师一起”提升出学校的“办学理念”，也就是形成学校的“共同愿景”和相关的“教育信念”。学校整体的“办学理念”和相关的“教育信念”必须以各个教师的“自我超越”的热情为前提，使之成为各个教师的“自我超越”的一种需要。于是，所谓的“教师学习”，实际上是为了让教师针对自己的“教育问题”和“教育困惑”而获得“自我超越”的热情，是为了让学校针对教师的“教育问题”和“教育困惑”提升出“办学理念”以及相关的“教育信念”。前期以“听报告”“看录像”“教师读书活动”等方法为主，后期以“参与式研讨”为主。我们统称之为“教师学习”。

2. 教师行动“做中学”：参与、改进、思考、发表

教师一旦获得“自我超越”的激情与“办学理念”和相关的“教育信念”的支持，学校教育改革将由原来的“自上而下”的、“先开发理论然后推广实验”的“教育实验”模式（英语国家称之为“RDD 模式”），转向“自下而上”的、针对“教育问题”的“教师学习”并引起“行动反思”的“行动研究”（或称之为“校本教研”模式）。可以将这种“行动研究”（或“校本教研”）模式的基本“环路”表述为“问题—设计—行动—反思”。

（1）问题。暴露教师的“问题与困惑”。这需要通过“深度会谈”的方式让教师把“工作压力”“专业疑难”或者“人生困惑”等“摊”出来。这一步的重要意义在于：如果教师不将自己的工作压力、专业疑难、人生困惑“暴露”出来，教师将感到没有改变的必要，或者感到没有改变的可能。性格温和的教师将因为“没有改变的必要”而沉湎于自己狭窄的“个人经验”；性格激进的教师将因为“没有改变的可能”而陷入牢骚、抱怨、批评、玩世不恭的“犬儒主义”生活状态。

（2）设计。教师针对“问题与困惑”，寻找、设计相关的方案。“设计”表面上看是拿出一个技术性的方案，但很多教育问题的解决，与其说是一个技术问题，不如说是“人生信念”以及相关的“教育观念”问题。这正是为什么教师需要不断“学习”、不断“读书”的原因。“教师读书”旨在实现“观念转变”，包括“自我超越”以及相关的“人生信念”“教育信念”和“办学理念”。这一步的重要性在于：如果教师不调整自己的“生活心态”“生活信念”，如果教师只是简单地选择某种教学策略或教学技术，很多教育问题将不可能获得解决。

（3）行动。教师在“自我超越”“办学理念”“教育信念”的支持下采取教育“行动”，尝试着解决教育问题或教育困惑。

（4）反思。教师在行动中不断“反思”发现新的教育问题和教育困惑。反思就是“回头看”。不是所有的人回头就能看到存在的问题，发现问题需要“一双慧眼”，教师的慧眼就是“教育眼界”。反思对教师来说，是拓展自己的教育眼界，用新的视角审视自己的行动，反思自己的过去。“给我一双慧眼吧，让我把那世界看得清清楚楚、明明白白、真真切切……”“慧眼”要靠教师自己去擦亮。

总体上看，“教师学习”直接指向教师的“问题解决”，但为了解决问题，教师需要通过“读书”来调整自己的“人生信念”“教育观念”，进而“设计”解决问题的方案。

建议中小学教师注意收集和整理自己的行动研究过程中的“资料”，然后撰写成相应的“教育论文”。但一段时间后，我们发现不少教师撰写的“教育论文”，要么显得泛泛而谈，要么显得无话可说。后来，我们根据英国学者怀特海（Whitehead）所设计的行动研究的“步子”，建议教师关注和“叙述”研究的“过程”，而不只是“议论”。我们称之为“叙事研究”。“叙事”的基本过程与怀特海的“步子”相似，重点在于提出“我是如何遇到教学问题以及如何解决教学问题的”。我们提出的具体策略是“讲述自己的教育故事”和“换一种说话的方式”。

教师“讲教育故事”实质是以“公开发表”作为研究的突破口。而“公开发表”又不同于一般所谓的“发表文章”。它要求教师以合理有效的方式解决自己的教室里发生的教学问题，然后将自己怎样遇到这个问题、怎样解决这个问题的整个教学过程“叙述”出来。这里的“发表”实质上是一种“叙述”，“叙述”之后形成的文章是一种“教育记叙文”（而不是“教育论文”）。这种教育“记叙文”比传统的教育“论文”更能引起读者的“共鸣”并由此而体现它的研究价值。教师写教育“记叙文”或者说教师做“叙事研究”并不排斥教师写“教育论文”，但教师最好在积累了大量的教育故事之后，再去讲教育道理。

教师如何形成自己的“人生信念”？无论身处何种职业领域，每一个人的“人生信念”都在两种活动中诞生：一是个人的“生活实践”及其“体验”；二是对他人的生活实践的“观察”和“领会”。而积极的“人生信念”就在这两种活动的“关系”中形成。也就是说，积极的“人生信念”缘自个人的生活实践的“体验”，又来自对他人生活实践的“关照”；二者相互推动而形成自己的“阶段性”的“人生信念”（所谓“阶段性”，是指“人生信念”在不同的时期会因自己的生活实践和他人的生活实践的改变而发生“动态调整”）。对于已经形成自己的“生活习惯”和“生活态度”（相当于彼得·圣吉说的“心智模式”）的人来说，重要的是观察和领会他人的生活实践和生活态度并从中获得“自我超越”的激情。

如何观察和领会他人的生活实践、生活态度？对于教师来说，最紧要也是最困难的，是走出自己个人狭小的生活世界，出去看看“他人”在做些什么。看看在同样的条件限制下，“他人”正在做什么努力，“他人”选择了怎样的生活方式和生活态度。

教师如何走出去？不是说教师一定要离开学校，也不是说教师一定要争取更多“观摩课”的机会。重要的是看书。不只是看时下出版的专著或文章，而且包括已经成为历史的经典性教育文本。“每天不断地读书，跟书籍结下终生的友谊。潺潺小溪，每日不断，注入思想的大河。读书不是为了应付明天的课，而是出自内心的需要和对知识的渴求。如果你想有更多的空闲时间，不至于把备课变成单调乏味的死抠教科书，那你就要读学术著作。应当在你所教的那门学科领域里，使学校教科书里包含的那点科学基础知识，对你来说只不过是入门的常识。”

3. 向自己学——反思/报告

教师学习除了“听报告”和“读书”之外，还需要通过“参与式讨论”或“参与式对话”来体验观念与行为的变化。为了鼓励教师“反思”并公开地“讲述”自己的教育经验和教育理想，我们倡导以下三个方面的“反思”。

（1）从学生方面：①我是否已经让我的学生喜欢我这个老师？②我是否已经让我的学生喜欢我所教的这个领域？③我是否让我的学生在我所教的这个领域有成就感？

（2）从自我职业方面：让教师说出自己不满意的地方，具体包括：①我感觉我的学生总是……②我感觉现在做教师很难做，我们感到……③我认为我们学校的管理制度有些地方需要改变，我认为……

（3）从课堂教学方面：①我在教学设计上是否已经提供了足够的教学资源？（或者，我是否有“教学资源意识”或“课程资源意识”？）我在教学设计上是否我有自己的教学意图（我为什么这样设计我的教学：比如我要让我的学生成为建构主义者；我接受“多元智能”的建议）；②在教学过程中我是否落实了“双基”？我是否有效提问并倾听学生？我是否有效地激励了学生而使学生对所学的知识充满热情；③在教学效果上我是否已经让学生掌握了我所教的新知识与技能？我是否让我的学生养成了良好的生活习惯和学习习惯（学生的习惯决定学生一生的命运）？我是否让我的学生有积极的情感体验（情感体验包括学生喜欢执教的内容）等。

教师专业发展的核心，是教师在教育教学中的自主，即教师能为自己的行为作“合理的辩护”，因为教师的专业发展，依靠的是实践性知识的不断丰富、实践智慧的不断提升。实践智慧，是隐含于教学实践过程中，与个体的思想、行为保持着一种“共生”的关系，但同时具有“情境性的”“个体化的”，只能在具体的教育教学实践中发展与完善，而不能以形式化或通过别人的“讲授”而直接获得。因而，学校应转变对教师“成果”的理解。即对以校为本所产生的“教研成果”进行多元化理解。校本教师培训中的教学研究，不只是关注研究的结果，而且重视整个研究的过程。改变人们对教师角色和教师形象的传统理解，将反思与研究作为教师专业化水平评价的重要标准之一。同时，学校要建立起鼓励反思的制度，如视反思为职业行为，奖励反思，在评价教师工作时把反思作为一项内容，把教师反思成果作为晋升和聘任的根据之一，等。中小学老师最好做实验研究和行动研究。所有的行动研究都是实验研究，行动研究是不太规范、不太严格的实验研究。行动研究的主题最好显示为“……对……的影响的行动研究”。为了让更多的中小学教师尽快掌握行动研究或实验研究报告的写作，教师们可以先采用“简单模式”，然后逐渐自由发挥。教育叙事研究，就是尽量避免价值判断而“用事实说话”“用有情节的事实说话”。

教师如何做叙事研究。教师做教育实验研究，可选择的研究课题至少包括三类：一是教材变革的实验研究；二是教学方法的实验研究；三是教育管理问题（人的问题）的实验研究。第一，教师可以做有关教材变革的实验研究，比如“调查研究报告”对学生写作水平的影响、“数学试验”对学生数学学习兴趣的影响、“听领先”对学生英语成绩的影响。第二，教师可以做有关教学方法的实验研究，比如“自学辅导”对学生数学学业成绩的影响、“诵读”对学生语文学业成绩的影响、“模仿·表演”对学生英语学业成绩的影响。第三，教师可以做有关教育管理问题的实验研究，比如学生自治对学生学习成绩的影响、家庭生活习惯对学生成绩的影响、学生社团对学生学习成绩的影响。

经典的实验研究报告，主要包括“问题与假设”“过程与方法”“结果与讨论”三个部分。每个部分具体包括三个要点。第一个部分“研究的问题与假设”具体包括“问题的提出”“简要的文献综述”和“研究的假设”三个要素。第二个部分“研究的过程与方法”具体包含：报告该研究的时间、地点、人物（被试）等研究“过程”；解释具体的改革的“方法”，详细报告研究者采用了哪些具体的改革措施或方法；说明收集资料或解释资料的工具。第三个部分“研究的结果与讨论”具体包含“学习成绩的变化”“学习兴趣的变化”和“对结果的反思”这三个要素。

（四）课堂观察研究

前面讨论教师校本研修内容时，已经谈到教师应当关注课堂教学，并将课堂里遇到的实际问题作为研修的内容，以促进专业发展。自从有了课堂教学以来，观察课堂的行为就一直存在。但是，作为一种科学研究方法的课堂观察，至今仍然是“一项被遗漏的教师专业能力”。研究课堂教学也是重要的研修方法。教师的专业成长离不开同伴的互助；教师开展教学反思，必须对自我或同伴的课堂作认真研究，而课堂研究又离不开课堂观察。同时，随着进一步实施学校的开放性办学，以及教师专业自主性和研究意识的增强、对课堂教学方法的深入了解和运用，越来越多的教师将通过课堂观察来改进教学，促进学生的自主发展。

近年来，我国教育科学界的学者们对课堂观察的研究十分重视，不仅在有些著作中将其列为专题作了系统的论述，而且出版专门论著进行了深入、系统、全面的分析、研究。这些著作都具有指导现实课堂观察的意义。依据已经出版的论著，特对课堂观察作以下扼要介绍。

1. 什么是课堂观察

课堂观察作为教师专业成长的一种方法，它不同于日常普通意义上的观察行为。课堂观察是在一般观察基础上发展起来的一种特殊技术，它是基于课堂而进行的。即通过观察，对课堂的运行状况进行记录、分析和研究，并在此基础上谋求学生课堂学习的改善、促进教师发展的专业活动。作为专业活动的观察与一般的观察活动相比，它要求观察者带着明确的目的，凭借自身感官及有关辅助工具（观察表、录音录像设备），直接（或间接）从课堂上收集资料，并依据资料作相应的分析、研究。它是教师日常专业生活必不可少的组成部分，是教师专业学习的重要内容①。具体指研究者按照一定的目的和计划，在课堂教学活动的自然状态下，用自己的感官和辅助工具（如观察表、录音录像设备等），对研究对象进行观察研究的一种方法。观察课堂教学的主要目标，涉及课堂教学要素的各个方面，即课堂沟通、课堂行为互动、师生话语、课堂过程、课堂管理、课堂教学语言、教学资源、教学媒体和教学现场机智等。

课堂观察，可以是教师的自我观察，也可以是教师对他人课堂教学情况的观察：自我观察，即一边讲课一边观察，对象主要是学生的行为，包括学生在课堂活动中的片段、某一个或一群学生的课堂学习状态、人际间互动情况、对教师授课的反映等，以及有关学生穿着、仪容、携带的物品、课桌上下摆放东西等非学习性行为表现等。

对他人课堂情况的观察：包括教材运用、讲解能力、提问技巧、教学沟通、多媒体运用、学生行为管理、教学准备、教学组织、教学评价；也包括教师的课堂观察能力、学生非学习性行为、教室内外的情境等。

在校本研修活动中，作为“自观”“他观”两种观察的侧重点、目的自然也存在着一定的差异。自我观察形式，常常适用于教师对自我教学行为的反思。通过课堂观察，教师可以了解到学生是否达到预期的进步；可以及时发现学生的某些问题并制订恰当的计划帮助他们；可以了解学生是否觉得教学有趣、有价值；可以了解教材是否适用，一些教学的技巧或活动是否适宜，等。对他人课堂的观察，则是同伴互助时开展教学研讨活动必须用到的一种形式，它有利于在共同研修的背景下，教师间共同学习提高，促进专业发展。认真、科学的课堂观察，也是教师间评课交流的依据；课堂观察的能力和技巧，也是教师所必备的一种专业素养。

① 沈毅，崔允漷．课堂观察：走向专业的听评课［M］．上海：华东师范大学出版社，2008：74

2. 课堂观察的程序

课堂观察是一个行为系统工程，类型多样，观察点多元。另外，开展课堂观察需要一定时间的投入、教师的广泛参与，因此，一套基本的程序对保证课堂观察的日常化和规范化、减少观察成本、提高观察效率来说尤为重要。总体而言，课堂观察的程序主要包括课前会议、课中观察、课后会议等主要步骤。①

课前会议，指在课堂观察之前，观察者和被观察者集中一段时间进行有效的商讨，确定课堂观察的目的、重点、量表制作等相关事项。其目的在于给参与人员提供沟通交流的平台，便于观察者确认自己的观察点，为后续的行为奠定基础。课前会议最好是在开课的前一天举行，持续时间视具体情况而定。需要注意的是，课堂观察追求的是在自然状态下的教学研究，“磨课”不属于课前会议的范畴。课前会议作为课堂观察的起点，整体规划的作用十分重要，准备越是充分，观察者就越能从课堂情境中收集到更多有用且详尽的资料。

课中观察，指进入研究情境，在课堂中依照事先的计划及所选择的记录方式，对所需的信息进行记录。观察者进入现场之后，要按照一定的观察技术要求，根据课前会议制订的观察量表，选择恰当的观察位置、观察角度，迅速进入观察状态；通过不同的记录方式（如采用录音、摄像、笔录等技术手段），将定量方法和定性方法结合起来，记录观察到的典型行为，做好课堂实录，记下自己的思考。课中观察是整个观察系统的主体部分，所采集到的信息资料，是课后会议分析的信息基础。课中观察的科学性、可靠性，关系到研究的信度和效度问题，以及针对行动改进的课后分析报告的质量。

课后会议，指在观察结束之后，观察者和被观察者针对上课的情

① 沈毅，崔允漷．课堂观察：走向专业的听评课［M］．上海：华东师范大学出版社，2008：78

况进行探讨、分析、总结，在平等对话的基础上达成共识，制订后续行动跟进方案的过程。课后会议一般有自我反思、分析观察结果、思考和对话、提出改进建议等内容。被观察者结合课堂教学的具体情况，对课前会议所制订的目标的达成度进行自我反思；每位观察者围绕课前会议确立的观察点，根据自己所采集的课堂观察的信息，提出基于有效教学的改进建议和对策。在课后会议的基础上，被观察者提供一份自我反思报告，观察者对观察资料进行分析、整理，形成观察报告。课后会议旨在使观察者与被观察者进行有效的专业探讨，多视角、多方位寻找有效教学的策略，实现课堂观察的目的。

第四章

校本教师专业发展研修中领导者的作为

校本教师研修中学校领导者的具体作为包括：发挥组织协调功能，创造良好的研修氛围；组建研修团队，提出明确的研修目标，制订切实可行的研修规划；组织研修活动，以保证研修持续有效地进行，促进教师的专业成长，提高学生的素质。

第一节　创造良好的研修氛围与组建研修团队

对于办学，教师是第一资源，教师队伍建设是第一要务。如果说，对教师而言，工作要以生为本；对校长而言，则工作要以师为本。教师队伍建设有两项重要内容：一是提升教师的师德修养，一是提高教师的专业能力。要提升教师的师德修养，首先是要提升教师做人的修养，其次才是提升教师做教师的修养。即倡导“先做人，后做事；先做人，后做教师”，而提升校本教师的能力关键在于“研修”。在校本教师研修中，学校领导者担负着重要的组织协调职责，只有领导者发挥了他应当起的作用，才能使研修顺利地推进，取得预期的效果。其中，创造良好的研修氛围与组建研修团队十分重要。

一、创造良好的研修氛围

（一）充分明确校本教师研修的时代意义

创造良好的研修氛围的关键，是使所有的参与研修的成员了解研修的重大作用和意义，激发起研修的积极性，促进其自觉、主动进行研修。校本研修是伴随着教师队伍的专业化发展和新一轮课程改革推进产生的研究方式，它与校本课程、校本管理研究有联系，又有一些区别：校本课程重点是通过富有学校特色的课程开发、设置新课程，实现对学生的个性化教育，构建学校的办学特色；校本管理是侧重于学校的个性化发展，激发学校自主管理，建立一种新型的现代学校制度；校本研修则将研修和实践的重点聚集在教师的专业化发展。在“校本”理论的指导下，校本研修活动的推进，教师专业的良好成长，必然会更好地推动校本课程的开发与建设，推动学校的内涵建设与特色构建。基于教师专业发展的“校本研修”及其实践研究是推动学校发展、加强教师队伍建设的必要措施。而加强教师队伍建设、促进教师专业发展，正是在全国范围内推进和落实新一轮基础教育课程改革的一项重大措施。实践证明，推进以校为本的研修活动，是促进教师专业发展的有效途径，通过研修一定能使教师的专业化水平达到一个新的境界。

（二）明确校本研修与校本教研、校本培训的联系和区别

“校本研修”无论是从它的内涵还是外延来说，它实际上包括了传统意义上的教师教研与教师培训两方面的内容。以“校本研修”这一专业名词将“校本教研”和“校本培训”浓缩统一于一体，这似乎更与开展校本研修的实际出发点及其实际运行状态相吻合。在校本研修的文化背景下，校本研修中的“研”是有目的的“研’，校本研修的“修”也不是盲目被动的“修”。校本研修将传统意义上的教研与教师培训有机地联系、整合到一起，而且注重教师专业发展内驱力的焕发，这就使教师研修的指向性更加明确，效率更高，质量更有保

证。从联系的角度讲，一方面，传统教研和教师培训是校本研修的基础，传统教研和教师培训中的许多内容、方式包含着校本研修的因素，如集体备课、听课评课、公开课展示、业务学习、教改课题研究等；另一方面，校本研修是对传统教研和教师培训的继承与创新、补充与完善，两者相辅相成。比如集体备课，过去不讲跨学科、跨学校备课，备课结果各自使用，而校本研修背景下，提倡跨学校、跨学科备课，备课结果由参与人员共享；再如教师培训，过去重视教师教学基本功的累积、重视理论素养的积淀，这些都是好的，它们都能给教师专业成长提供发展的空间。校本研修与校本培训有什么不同？传统培训基本上与教研活动互不搭界，而校本研修则不然，强调“研”和“修”的有机统一（或者说是“研修一体”）。通常，在校本研修环境下，教师教育“研”与“修”的内容具有很强的联系性，彼此互相促进、互相影响。从区别讲主要表现在下列方面。

1. 目标的变化

校本培训关注教师的学习任务，忽视针对性、实效性。传统教研是自上而下的，上级教研部门组织活动，学校和教师服从于上级安排，被动参与；关注短期的教学效益，忽视长期的专业发展。校本教研是自下而上的，研究解决教学实际问题，促进教师专业发展。校本研修取校本培训和校本教研二者之长，并提出关注教师生活质量。特别是在更多的情况下，要求教师主动发现教育教学中的各种问题，带着问题主动研修，把日常教学工作和教学研究融为一体，突出教学研究的针对性、实效性和延续性。校本研修与教师的专业发展紧密相连，教师从校本研修中更多地感受到了教育生活的愉悦、与学生共同发展的乐趣、人生境界不断得到提升的巨大快感。校本研修的主旨，是让教师成为教学、研究和学习的真正主人，使教师的教学质量与生命质量得到共同提高。对学校而言，开展校本研修就是要回归学校对教师队伍建设的本体功能。教书育人不仅包括教育学生，还应该包括培育教师。

2. 主体的变化

在传统教研中处于教研和培训活动中心，并具有话语权的只能是教研员、培训教师和专家等，教师是研究或实验的辅助者、配合者、执行者；培训的主体是培训者，决定培训的内容和形式，掌握着话语权，教师则处于“失语”状态。在“校本研修”中，教师是真正地以专业发展主人的身份出现，多年一贯的教师教育中的被动心态、从属地位被彻底消除。教师是校本研修中真正的研究主体，是专业工作者和研究员，而校本研修活动中的教研员、培训教师、专家等与学科教师是平等的对话者，校本研修的过程充满了对话和互动。校本研修的主体是教师，他们是积极主动的参与者；培训者转变为组织者、引导者、服务者。

3. 内容的变化

传统培训是计划经济条件下的教师的继续教育模式，基本上不问基层教师的需求，教师只是被动参加培训，没有主动的要求；即使有某一方面的培训需求，负责培训的单位也没有相应的课程。培训重视知识体系、观念转变、理论提升。传统教研强调统一，围绕教材统一教学进度、统一要求、统一作业及教案设计等。教师校本研修的内容则是开放的，它强调解决教师教学实践的问题（是学校里、教室里发生的真实问题而非假想的问题），强调的是解决问题的教学研究活动，而不是随意性的解决一般问题。关注实践问题，倡导问题生成，以解决教育教学中的问题和提高师解决实际问题的能力为目标，强调针对教学中存在的问题和教师的专业发展需要，开展针对性、目的性都非常强的校本研修活动。

4. 方式的变化

传统培训是单向的知识传输和灌输，而且培训是教师专业提升的唯一途径，培训主要是讲座式的单向信息传递，以他组织为主；传统教研往往脱离教学实际，研究解决一些日常问题，存在一定的盲目性与随意性等不足之处。校本研修则更加强调共同参与、对话交流、分享经验，以自组织形态为主（教师社团）。“研修”整合了培训和教研两个方面的因素，同时包含了学习、研究、进修等含义。研修一方面强调以研究教育教学问题为主要载体，以实现教师专业发展为主要目标；另一方面，强调解决教育教学问题必须以教师专业发展为前提，通过专业发展去实现教育教学问题的最终解决。因此，校本研修在新课程改革理念的指导下，拓宽了教师专业发展的途径，可以采用培训习修，也可以通过自学研修。

优秀教师与普通教师的最大区别之一是：普通教师把教学看做一项任务去完成，从目标、计划、实施到检查，按主观意志行事；而优秀教师会把教学作为境界去追求，在过程中不断反思这一步做得怎么样，有没有问题是不是可以做得更好。推进校本研修就是要把更多的教师引入境界追求的工作状态，使得更多的教师成为优秀教师。这也是师训模式变革所要达到的目的。在教师们充分理解“研修”的意义、价值与作用，并明白了研修和教研、培训的关系之后，一定会主动积极地参加研修实践活动，浓厚的研修氛围就自然形成。为了有利于校本研修活动的开展和健康发展，作为学校领导者应当抓住时机，组织研修团队。建设研修团队有利于发挥教师们的集体智慧，有利于培养教师的合作意识，凝聚团队精神，形成合作态度，提高协作能力，实现研修目标。那么，校本研修怎样才能做到既有学校自由实践的空间，又便于教育行政部门的统一管理与监控？目前有四种模式。

模式1：基于学校教师专业发展网络平台的校本研修。在网络上提供教师理论学习、资源学习、情境学习、交互学习、实践模拟的机会，并将各种活动的资料积累下来，对教师进行研修工作时间管理和知识管理以及专业发展水平评价。

模式2：基于学校专题研究的校本研修。结合学校的主题发展、特色发展，在一个总课题的引领下，通过每位教师参与子课题子项目、做研究等方式促进专业发展。课题实施资料可以作为管理测评的材料。

模式3：基于个人教育教学改进计划的校本研修。为每位教师设计一本学年教育教学改进手册，通过教师学年初制订改进计划、期中实施、适时展示、伙伴评议、个人反思等环节，记录教师的专业发展。

模式4：基于校际/区域联动的校本研修。配合均衡发展中提倡的好学校与困难学校结对互帮联动计划，将学校之间的结对互帮联动作为促进两校教师专业发展的平台。根据联动计划实施方案管理和测评每位教师的专业发展。

二、组建研修团队

组织竞争力的提升，在现代组织管理活动中占有重要地位。竞争力是组织生存发展的动力；激烈的竞争，组织的成败决定于细微的差异。发现组织的优势，并营造与维持这种优势，决定了组织的管理能力。管理，是在共同目标指导下，群体成员共同努力的过程——一致的目标，共同的行为，共同的情感。由此可见组织团队的作用。团队是由个体组成的，共同目标是团队成员协作的基础。团队的工作目标，不在于个体的行为有效性，而在于相互协作的行为产生效率。即有：明确规定的方向、正确的行为、明确相互的关系、促进积极的情感。1997年在《哈佛商业评论》创刊75周年庆典上，当德鲁克、汉迪、圣吉这些管理大师相遇，探讨21世纪管理前景时，他们感到未来的管理需要人更多的学习。“传统的‘命令—控制模式’很难带领我们进入21世纪。人们的独立性越来越强，外界的变化越来越迅速，这使得高层主管很难简单控制下属。再也不能企望用命令的方式去激励下属变革。成功的组织是将竞争优势建立在少控制、多学习的基础上。”谁是团队的带动者？按照传统管理观点，领导者是组织与团队的带动者，但领导者的作用与角色，也应该随着管理的变化产生改变。现代的组织管理，领导者怎样带领团队？

学校文化建设的核心是组织文化，学校文化建设离不开教师文化，建立教师研修团队是学校文化建设的重要组成部分。组织文化是学校的社会资本，这种资本具有不可转移性，它是学校的核心竞争力。重视学校组织文化，发挥教师团队作用，才能促使学校不断发展而走向成熟。教师文化就是教师群体在教育教学活动中形成的价值观念和行为方式，即教师成长的小环境、小气候，或者说就是影响教师行为的潜规则。哈格里夫斯（Hargreaves）把教师文化的形式划分为三种主要类型①：个人主义文化、派别主义文化、自然合作文化。教师的个人主义，表现在对自己的要求上是独立成功观，对其他教师的态度上是不干涉主义，行为上表现为往往只坚守自己在业务和学术上的独立王国，而不愿与他人合作互动。教师派别主义者，分别忠诚、归属于某一派别。在各派别内部，教师之间往往联系密切，共享一定的观点和追求共同利益；而在各派别的成员之间，则互不交流、漠不关心，或者相互处于竞争状态。自然合作文化追求者，则超越纯粹个人的反思或者依赖外来的专家，转向教师之间的相互学习，一起分享和交流各自的专长，从而促进教师的发展。

就文化交往而言，由于教师在课堂教学中可以独立自主地处理教学事务，因而，大多数教师一直奉行“专业个人主义”作风，表现在对自己的要求上是“关起门来，三尺讲台就是自己的统治领地”，不欢迎他人介入自己的课堂教学，也很少就有助于教育变革的问题与同事对话；如果求助于其他教师，便表明自己的无能。同样，对待其他教师，也不愿意作出实质性的指导和评论，因为把帮助他人视为自以为是或者侵犯他人隐私。由此，同事之间往往达成默契，恪守“互不干涉”原则。显然，这种封闭性的教师文化潜在地排斥开放与合作，使教师的教学行为陷于彼此孤立的境地。而我国的基础教育课程改革是对原有课程体系和课程观念的彻底变革，是对传统教育价值观的重

① 汤立宏．校本研修专论［M］．北京：海洋出版社，2006：60

大调整。课程提出的一些新的理念并不是教师在传统的学校教育中所熟悉和运用的。因此，合作、交流和对话已经成为教师专业生活中必不可少的方面，成功的教学和教师个人的专业发展，越来越依赖于教师团队的集体力量。任何学生的成长和发展不是教师一个人的功劳，而是整个学校和社会文化滋育的结果。换言之，承担起学生的学习与发展的，从根本上来说，不是每一位教师，而是整个教师团队；不是每一间教室，而是整个学校；不是每一所学校，而是整个社会文化。学校在决定从校本研修中收获什么、用哪种教学方法的时候，不仅要考虑学科、内容、目标和自身能力等变量，而且还要受到教师团体默认的教法的影响——即“潜规则”。一旦教师行为过多地超出了这些“潜规则”，那么这个教师很有可能受到教师团体的排斥，会感受到来自同事的各种非议，会产生很大的心理压力。因此，教师对待教育工作的态度、对待教学的态度、对待学生的态度、对待同事的态度以及教师的种种教育教学决策，都间接或直接地受到教师文化的影响。教师文化是教师成长的土壤，它在深层次上对教师产生影响，并制约着教师的发展。

有效学校需要有效教师的学习与合作，教师应放弃传统独自开展教学活动的方式，设法转型为小组合作教学。教职员工的相互学习包括不同学校教师的相互合作、同校教师间的密切沟通、积极的学校气氛等，否则学校很难有成功的教学。国际上新专业主义（new-professionalism）和同侪互助主张，进一步从以往关注教师的自治和个人发展，转而强调教师专业发展的同侪互助和合作文化。它们要求教师需要进一步开放自己，加强教师之间以及在课程实施等教学活动上的专业对话、沟通、协调和合作，共同分享经验；通过互动，互相学习、彼此支持，以减少教师由于孤立而导致的自发行为。

教师的团队工作是同侪互助推进课程教学的重要方式之一。当今已经具备了教师团队合作的良好基础，但也必须看到，这种合作的宗旨是相当行政化的，而且强调统一的规格，并非是以教师专业发展为宗旨。因此教师团队面临的改革任务主要是，重新思考在中小学设立的教研组和年级组的定位和功能，研究如何把那种过于行政式的、强调教学规范化（或为教学而教学）的组织，转变为以促进课程改革为核心的，能激发教师创新潜能和动力的学习共同体。同时，跨学科教师之间的团队合作，随着综合性课程在全国范围内的不断推进，必将受到关注。教师间的互相观课和指导，已经被证明是一种教师加强团队合作的有效途径，由此成为改善课程实施质量的重要因素。当同事之间开放自己的教室，教师就有了互相切磋教学问题的伙伴。可以说，同事之间在教学上的开放和互相支持正是发展优质教育的重要资源。如何加强教师之间日常工作时的互相合作和经验分享、交流，是教师合作文化发展的一个新趋向。

当代人力资源管理研究表明①，心理因素对职业生涯成功会产生极为深刻的影响。心智模式形成了个体对自身的职业期望，这是职业生涯成功的内在心理机制；皮格马利翁效应形成了社会或组织对个体的职业期望，是职业生涯成功的外在心理机制。职业生涯成功的心理因素，主要由内在心理机制与外在心理机制互相影响、互相作用所形成的复合心理机制进而影响职业生涯成功的。复合心理机制存在很多心理机制类型组合，一般可分为良性循环区、矛盾区和恶性循环区三种类型。良性循环区是复合心理机制的理想区域。矛盾区和恶性循环区如何向理想区域转化（即复合心理机制的优化问题）成为关键点。可供选择的有五种优化方式：第一，内在心理机制优化即心智模式的优化；第二，外在心理机制的优化，即皮格马利翁效应的优化；第三，由内而外的心理机制优化，即以心智模式的优化为突破点而实现皮格马利翁效应的优化；第四，由外而内的心理机制优化，即以皮格马利翁效应为突破点而实现心智模式的优化；第五，内外在心理机制

① 李东光．人力资源管理要重视职业生涯成功的心理因素［J］．经济管理，2011（8）：74－79

协同优化，即以心智模式与皮格马利翁效应为突破点同时优化。学校在教师团队建设中需要对个体与组织心理机制认真审查与反思，进而促进其不断优化。

充分理解了学校组织文化的意义、作用，就能认识到组织教师研修活动、建设研修团队合乎基础教育课程改革发展的需要。它使团队成员共享学习资源，共渡学习难关，共创学习成就，彼此成为不可分割的学习共同体，以促进专业成长。在构建团队方面要重视关注以下问题。

首先，改造已有的组织。对学校中正式的、经常的管理组织进行改造，变教研组、年级组等行政事务组织为学术组织、专业组织、学习型组织，使它们成为研修活动的充满活力的重要组织细胞。

其次，组建项目团队。围绕研修任务组建项目团队，这类团队以任务为导向，以项目为纽带，随着任务产生而产生，随着项目结束而解散，如项目课题组、任务协作组等。

其三，引导非正式群体。除了正式组织，学校一般还存在各种非正式群体，研修团队建设需要关注非正式群体，引导非正式群体。要尽可能把非正式群体的兴趣引到学术方向上来，引导到研修活动中来；通过有意识的引导，提高非正式群体的目标追求和群体成员互动质量。

第二节　制订符合本校实际的校本研修目标与规划

研修目标是研修实践的行动指南，是开展研修实践的纲领和活动的依据。关于制订研修目标应当突出体现以下问题：促进教师专业发展；解决教师在教育教学中的问题，促进有效教学，实现教学改革和学校发展；促进学习型学校建设。

一、制订符合本校实际的校本研修目标

（一）促进教师专业发展

研修的根本目标是促进教师的专业发展。学校教育的根本意义，主要是培育人，促进人的全面发展。而人必须有自身的理想和愿望，才能产生发展的动力，获得理想的成果。在选择与制订校本教师研修规划、确定研修目标与策略等方面，深圳龙华中学①与上海北郊学校②的思考、做法值得参考、借鉴。

【案例】

教师学习：校本培训的范式革新——从龙华中学的视角

1. 基于现状的我们的问题：从校本培训到校本研修

学校的基本情况介绍：1956 年创办，办学五十多年，从小到大，从初中到职高，从职高到普高，艰难办学。校本实情：从学生来源看——高中部生源素质在全市公办中学中处于劣势，教师没有成就感。从教师构成看——青年教师多，骨干教师少；人员数量超编严重；学科教学缺乏在区内有影响的领军人物。区教研室主任说：每次来龙华中学，听完课后感到很焦急。从学校经费看——没有钱。从教师状态看——困境重重。外部因素——共性，评价滞后，资源不足（硬件和专家）。内部因素：观念守旧（他责、忽视学习），职业倦怠群体性呈现，合作意识不足，主体身份缺失，有理念少落实、有学科少底蕴、有专业少文化、有责任少魅力。

2. 基于问题的我们的认识？

全面启动校本研修工作，促进校本教师专业发展，把“教师发展”作为改进学校工作的第一要务和培育学校未来核心竞争力的抓手

---

① 谌叶春．教师学习：校本培训的范式革新——从龙华中学的视角［J］．广东省校本培训创新，2010 年。

② http：//www. zheng-jie. net/nwnews/detail. asp422

全力推进。

基本态度：每一个教师都有着将本职工作做好的愿望。今天不做，明天要后悔。

基本理念：一个不关注教师专业发展的校长不是一个好校长，一个不能给教师提供发展平台的学校不是一所好学校，一个不主动谋求个人专业发展的教师不是一个优秀的教师。

行动策略：一个核心两句话：以质量求生存。不屈不挠，知难而进；同心同德，有为而治。

工作原则："三有三无"：我的专业有发展，我的岗位无投诉；我的学生有进步，我的岗位无事端；我的工作有质量，我的岗位无差错——我的岗位请放心。

3. 基于认识的我们的实践?

为了有计划地推进校本研修，我们设计和经历了下面的一些关键性事件。

充分调研，摸清家底；全面规划，建立制度；确立标准，梯度推进；成立机构，落实责任；建立平台，创新范式。根据我校教师专业发展的实际和中长期规划，我们着力开发、建设三大资源系统，为促进校本教师专业发展研修搭建三个平台。

(1) 自主发展平台。重视个人专业规划，注重自主反思；开展专业阅读，推进专业发表（教师博客、网上互动、《龙中教师发展》，各类研讨、质量分析、论文写作)，参与课题研究。

(2) 资源共享平台。①建立专家顾问团。②开发教师发展平台。"建网就是建学校"，利用校园网络开发网络课程资源。我们利用校园网络开发了"龙中教师发展平台"。一年多来，我们收录了两千多个优质培训视频资源，建立了较完善的教师自主学习平台，初步实现了网上学习、作业、互动、评分、公告、学分申报、考评，多元化的课程体系、网络化的学习环境、个性化的自主选择，为教师专业发展提供了强大的资源保障。这是一个以教师专业发展需求为基本出发点，以教育教学实践为主要阵地，以师德师风、教育教学理论与实践技能等培训为内容，以视频资源为主体，依托开放、互动的校园网络环境，创造性地开发教师研修资源，实施校本培训和管理的网络平台。③丰富文本资源。④营造良性互动的伙伴协作关系。

（3）评价激励平台。通过教师专业发展手册和教师发展平台进行质性和量性评价；体现多元评价（评价主体多元，有自评、科组评、考评组评、学生评、家长评）；突出过程评价（学分认定、常规检查、行政听课、期末总结）。

4. 基于实践的我们的思考：从校本培训走向校本研修

（1）如何真正回到教学的现场？实践中的问题：①活动计划性、针对性差；②听课缺乏明确的研究目标；③理论学习离课堂实际太远；④以应付考试为中心；⑤任务布置多，深入研讨少；⑥问题意识差，交流对话少；⑦教师对专业引领的要求强烈，但实际得到的支持明显不足。

（2）如何更有效地激发教师自主反思？

（3）如何更有效地关注教师的生命质量？

【案例】

上海北郊学校 2004 ~2007 学年发展规划

1. 教师并不是学校用于达到任何目的的工具，不管这种目的有多么崇高。因而北郊学校不以任何借口人为地给教师制造职业痛苦。

2. 教师有权利从个人所选择的职业或岗位中获得愉悦和其他积极的情感。

3. 一所将人的生命质量作为关注焦点的学校，应在现有的制度环境与物质条件下，尽力为教师消除不幸福的职业因素，这些因素包括：沉重的职业负担却缺乏良好的理由；职业竞争和专制型管理导致的不良人际关系；不公平的资源分配和评价方案所导致的不公正感；个人价值实现的机会受到职业特点的抑制。尤其应当消除来自权力的强制力而导致的不自由。

4. 学校坚信，不能从教师职业中获得满足感，将会助长教育的功利主义与实用主义倾向，从而牺牲学生的幸福和童年应有的欢乐。

5. 一所努力使家长和学生满意的学校，必先使教师满意。

6. 上述理念基于一个基本假设：只要条件具备，每一名教师都会努力工作，并不断挑战自我，发展自我，追求卓越。学校应为此创造更充分的条件。教师对管理者有着比过去更多的要求，他们想知道正在发生的事，他们希望别人征询他们的意见：他们希望参与，乐于感觉到自己所从事的无论什么事情都具有某种实际的价值；愿意自己的工作具有某种乐趣，当然更愿意得到满足。当人们在这些方面得到满足的时候，他们就会把事情做得更好。

（二）促进有效教学

以学校教师为参与主体的研修活动，目的不是为了获得教育理论研究的某些突破，而是为了获得教育教学实践问题的解决。研究实践中的问题，就是为了改进教学；学校教学前进一步，就更加有效地促进了学生的发展。

立足于改进教学，促进学生发展，研修活动就要坚持从问题出发。这些问题既有学校和教师在实践中已经遇到的各种具体问题，又有在教育教学发展过程中可能面临的问题；还有学校、教师适应教育改革发展要求的现实问题；更有学校、教师追求理想的教育教学效果、理想的教师生活所涉及的发展性问题。无论哪一类问题，教师参与的研修都必须紧紧围绕教师的教育生活进行，紧紧扣住课堂教学、班级管理、学科课程建设等问题展开。首先，从研修改进课堂教学来说，课堂是学生学校生活的主要场所，教学是实现学生发展的主要手段。通过对课堂教学问题的研修，解决“重构课堂”和“让课堂充满生命活力”等一系列问题，这是校本研修的核心任务。其次，从研修改善班级管理来讲，班级是学校的基本构成单位，学校的多数活动（特别是学习活动）都在班级中进行，对班级管理进行研修的目的，在于提高班级管理水平，为学生创造良好的学习和成长环境。再次，从研修加强学科课程建设来说，新课程改革将在课程目标、基本理念、教学设计、教学实施与教学评价等方面展开，这些改革需要具体落实在学科课程建设中；加强学科课程研修，有利于学校和教师把握推进新课程改革的关键，将改革落实到实处，把改革引向深入。深圳市宝安区的“五段互动式”研修就是一个很好的例子。

【案例】

“五段互动式”研修：让更多的教师动起来①

参与式培训（校本研修）是一种以问题为中心的参与式学习和探索性学习，在内容上，它倡导将培训和教学有效结合起来，搭建教育思想与教育行为融合、互通的平台；在形式上，注重教师的参与和表现，避免教师在培训完后陷入“隔岸观火”“隔靴搔痒”的困境，是一种开放式的培训。

基于对上述培训方式的思考，深圳市宝安区教科培中心在培训实践中逐渐探索、总结出了一种新型的区域教师培训模式——“五段互动式”培训模式。该模式分为“主题讲座—课例实践—辩课互动—点评提升—研修反思”五个环节与阶段。其主导思想是要由过去的以接受式培训为主转到以参与式培训为主上来，实现理论与实践的整合，推进教师培训的优质化、高效化。这种模式强调培训者与参训教师、参训教师与参训教师之间的多向交流与互动，运用多种手段调动参训教师参与各项培训活动，发挥参训教师的主体性，使参训教师在参与中感受思想的冲击力，形成自身的教育信念；同时又能学会处理各种

① 潘世祥.“五段互动式”研训：让更多的教师动起来［J］.//深圳市宝安区教育科学研究培训中心五段互动式培训资料汇集.中国教育报，第62期，2010年6月18日基础教育版。

教育教学问题的技能和策略，实现学用结合。“五段互动式”培训模式的基本思路大致可以表述为：思想引领—实践研修—形成教师个人教育信念和行为。根据这个思路，我们在具体设计培训模式时，在内容上，既有理论的冲击，也有实践的观照，还有教师个人的研究反思；在形式上，让全部参与者都“动起来”，在多个环节都增加了专家与教师、授课者与教师、教师与教师之间的互动辩论，真正实现了从教育理念到教育行为的转换和内化。

主题讲座。由教育专家或学科专家结合新课程改革以及教育教学实际，选择一个教育教学主题，讲授有关的理论观点以及课堂教学中的应用方法，帮助教师用理论去指导教学实践活动。选择的讲座内容应该是贴近实际、较为具体的问题。如果选题过于抽象宽泛，讲座者很容易漫无边际，使参训者云里雾里，甚至感觉讲座者有故意卖弄之嫌，其效果将大打折扣。

课例实践。根据专家专题讲座的主要思想和核心理论，组织课程培训团队，进行课堂教学设计，并选拔一位全区优秀的青年教师现场授课，通过授课把专家的专题讲座内化为实际操作层面的课堂教学(原生态的、本真的教学)。这一阶段的基本思路是，利用青年教师所在学校学科组和课程培训团队的力量，围绕培训专题的理念，帮助青年教师进行课堂教学设计。这样既体现个人风格，又体现学校的教研水平与课程团队的实力，更体现培训专题的理念，实现四者融合，为参训者提供可借鉴、可操作的、行之有效的教学行为。

辩课互动。参训教师围绕专家的主题讲座，结合青年教师的课例，正反双方各选四位辩手，展开针锋相对的辩论。正反双方从不同角度探讨有效的教学策略，寻找课堂教学的真谛，使教师对专家讲座的理念、怎样围绕主题构建高效的课堂教学模式有清晰的理解和深刻的把握。辩课在说课、评课的基础上发展起来，但又与说课、评课有本质的不同。说课、评课是上课老师与听课老师各说各话，互相没有交流与碰撞，很难产生共鸣。而辩课的核心是“辩”，是一种以课堂实践为“靶子”的辩论式评课，它强调民主、对话、参与，注重独立思考，鼓励思想碰撞。辩课就其价值和意义而言，一是完善提高，二是深度挖掘。即明晰不同教学策略的不同效果，厘清认识上的差异，改善教育行为，从而更有效地指导自身的教育教学实践。因此，辩课首先要避免“你输我赢”的意识，不能为辩而辩，而是利用辩论这一束阳光，照亮思维的盲区，照亮我们思维的死角，让自己的思想更加敞亮。其次，辩论的结果不能留下一锅“糊粥”。辩论双方据理力争，但不一定就非“对立”着辩不可，而更应该是“趋同”地辩，真正实现越辩越明，越辩越富科学性、艺术性。辩完之后，应该是大家都获得了某种程度的提高。这种提高，或许是努力改良这一节课的教学流程，以提高教学效率；或许是不断改良一种理念在教学中的实践操作，使之更有效地得以实施与推广；或者是改良一位老师的课堂教学技艺，促其更快更好地成长、成熟，等等。

点评提升。由名师现场对课堂教学行为与辩课情况进行归纳、评价、提升，进行适时的专业引领，提出方向性的意见和看法，形成正确的评价导向，使教师更好地领会理论的精髓，掌握课堂教学的艺术。

由于在辩课前安排了正反两方，容易形成哪一方辩手水平高，哪一方就占上风，而不是谁的观点正确谁占上风的误区。此时，应由一位既有理论权威又有实践经验、能让教师信服的名师（或几位能力较强的人达成共识并形成正确的评价导向后推举的代表）发言，及时地根据专家讲座的理念、听课与辩课的感受，现场对课堂教学行为与辩课情况进行归纳、评价、提升，进行适时的专业引领，提出方向性的意见和看法。这样就会使受训教师更进一步地领会专家讲座的精髓，更有效地吸取课堂教学所提供的可供借鉴的好经验、好方法，更有利于把培训中发现的问题作为一种可供开发的资源，进行更有意义的反思与建构。如此，受训教师方向明、目标清，培训效益更大。

研修反思。由参训学员结合现场学习，归纳收获和得到的启发，反思自己日常教学中需要改进的地方，并将培训中获得的知识和技能在课堂教学中加以实践，提高自己的教学能力，提高课堂教学的效果。

研修反思包括撰写研修日志和受训后的微格演课两个内容。研修日志的内容可以针对主题讲座、新秀授课、同行互辩、专家点评等任何一个环节，可以是感悟，也可以是反思。撰写的原则如下。

(1) 一事一得。要主题集中、有针对性地描述某一个故事。

(2) 夹叙夹议。在写作手法上，通常边叙述故事情节，边渗透一些对细节的感悟。

(3) 注重细节。尽量选取能引起同行共鸣、难以操控、意蕴深刻、值得反思的细节。

撰写研修日志是让教师思考“为什么”、如何才能做得更好，而微格演课则让教师检验“我是否可以”，努力实现预期。

微格演课的要求如下。

(1) 演课和说课要有机结合。

(2) 教学过程要求教师做忠实记录，除摄像机全程录像外，每位听课者都要认真记录，以便在评课时能有的放矢。

(3) 学科组和教研组成员共同参与、共同研究，实现同伴互助。

【案例】

以人为本推进校本研修①

三年前，当我和班子在思考和设计校本研修（当时称校本培训）活动的时候，我们思考的主要问题包括：作为校长该干什么？校本研修为什么？校本研修怎么办……在三年多的思考和实践中，我们主要回答了这些问题。

① 转引见陈大伟．有效研修［M］．沈阳：辽宁师范大学出版社，2010：158－163

校本研修为教师

校本研修是学校策划、组织、实施的促进教师专业发展和教育教学问题解决，进而促进学校发展的有机统一的专业活动。校本研修有两个方面的任务，一是促进教师发展，二是促进学校发展。该怎样看待两者之间的关系呢？我们认为，从以人为本的角度，必须把教师专业发展放在第一位，也就是通过校本研修促进人的生命质量的提升，实现人的发展。只有当教师意识到学校领导真正关心他们的发展，校本研修是为了他们的发展，学校搞校本研修不是把他们当成发展学校的工具，教师才可能拥护校本研修，才可能真心实意投入校本研修。对于办学，我知道自己有很多局限，但我坚持我的两个信念和两个期望：第一个信念是，我相信每一个红光小学的教师都想成为出色的教师；第二个信念是，我相信每一个红光小学的教师都能成为出色的教师。作为校长，我知道我无法让教师发财，但我期望用自己的努力尽可能让每一个红光教师工作愉快、生活幸福；我期望通过校本研修不断促进教师发展，使他们的人生价值得到尽可能的提升，并得到最大限度的实现。我把这些朴素的想法与班子成员交流，希望统一思想，为教师着想，为教师服务。我们相信，当教师的专业素质得到提高以后，他们会以更饱满的工作热情、更积极的工作态度、更有效率的工作方式投身教育教学活动，学校也将得到更好更快的发展。

当我们的真挚想法被教师理解以后，教师开始审视学习对他们工作的意义、对他们生活的意义，老师们开始由抵触到理解，从理解到接受，从接受到主动参与。校本研修有了较好的群众心理基础。

校本研修靠教师

通过回顾，我们发现我校最初的校本培训，以聆听专家讲座、集体学习课改理论书籍为主。这种富有前瞻性的课改理论支持，在课改初期显得尤为重要和必需。通过理论学习，确实提升了教师们的课改理论水平，为教师实施新课改指明了方向。但是这种培训难免理论与实践脱节，学的东西往往和教师的教学实践有一段距离，学了东西没有用。在这种接受式培训模式中，教师们只是在被动学习课改理论的条条框框，学习积极性、主动性不高，谈不上以校为本，更谈不上以教师为本。新鲜劲儿一过，这种培训慢慢地也就成了形式。

有一天，我无意间知道了这么一个小故事：

“我桌上的这张表是什么？”望着桌上的“课堂行为叙事反思表”，小刘老师不禁纳闷起来。

“哦，这张表是学校让写的教育随笔，周一培训时，各年级组的老师要进行交流。”办公室的王老师回答道。

“有这必要吗？”

“谁知道？”

下周星期一，学校的书屋里。一些老师在交流：

“小刘的这篇随笔不错，这个环节的处理很有教学机智嘛。”

“让我看看她的随笔……我觉得在课堂上还应该留出时间让孩子再读读这段，进一步体会会更好。”

“对，新课标里不是提到应该珍视学生个体阅读的体验吗？”

“对，对，你提得太好了，如果当时我能像你说的这样处理相信会更好！”

小刘老师一边回答一边想：嘿，这随笔还真有用。

后来我看到她在叙事反思表上又加上了这么一段话：“是啊，萧伯纳曾经说过这样的话：‘你我是朋友，各拿一个苹果，彼此交换，交换后仍然是各有一个苹果。倘若你有一种思想，而朋友间互相交流，那么我们每个人就有两种思想了。”

没想到一次偶然的研修形式的变革，会给老师带来这么大收获，透过这张小小的“课堂行为叙事反思表”，我们发现并意识到，不是教师不喜欢参与校本研修，而是不喜欢没有效果的校本研修。教师喜欢的校本研修，应该是教师作为主人参与其中活动的研修，是教师能够体验到自我成长的快乐的研修。也就是说，有效的校本研修必须依靠教师，应该尊重他们的经验，依靠他们的努力，依靠他们的自我积极评价。校本研修应该努力寻找一种让教师主动学习、积极要求研修的途径，并且这种研修能与教师的教学实践紧密结合，既省时又高效。这种边实践、边学习的动态学习过程，本身就是一种获得的过程，体现了学习的真正价值，更具针对性和时效性。经过请教专家，我们开始寻找校本研修的突破口。我们决定从老师们最熟悉的、最容易做的事情入手，紧紧抓住老师们天天参与和实践的课堂教学，以观课议课、行动研究、叙事研究作为主要方法实施校本研修。

搭建平台帮教师

当学校理清校本研修的思路后，我们决定为研修搭建平台，促使教师成为校本研修的主动参与者。我们的做法主要包括以下一些。

（一）通过细节管理搭建校本研修的人文关怀平台

在大的方向确定以后，我们十分注意细节管理。细节的作用在于保护和激发教师向上的专业情意，让教师们热爱这份职业，感受到这份职业带给他们的快乐；细节的作用还在于营造教师彼此合作、彼此尊重、彼此欣赏和接纳的氛围，让教师和管理者的教学有效性和教学效能感不断增强，让教师和管理者在和谐氛围中找到自信和价值，拥有幸福的人生。

细节1：关注老师的健康，首先把老师当做一个“普通人”。作为普通人，教师都有七情六欲，他的躯体就需要休息。因此管理者应采取各种办法、各种措施，用一颗善良的心关心、关爱每一位教师。比如，每月允许半天的看病假、情绪抑郁时也可以请假等。

细节2：培训内容不仅仅为改进教学，也为提升教师的生活情趣，如摄影、插花、登山、书画音乐欣赏、礼仪、观看电影大片等。

细节3：鼓励教师外出学习。多给教师时间，使他们在外出学习中不仅接受教育理论和实践信息，同时也能够对当地的风土人情有一定的了解和学习，进行一种人文熏陶，每位外出学习和考察的教师，回来后都要及时向同行们交流相关见闻。

细节4：量体裁衣，追求个性。学校的每位教师根据自己的个性与特长，制订自我专业发展的分层规划，学校让老师们制订了“做魅力教师，创灵动课堂”的发展规划。学校为了满足教师们个性化发展的需求，请来了各类有个性的“教育名家”与教师们面对面交流。与名家对话不仅仅交流教学，而且分析和分享这些名家的成长历程，在名家的启示下找到自我发展的个性化目标。老师们在这种包容个性的和谐校园氛围中，开始了自己追求个性的专业发展之路。

细节5：提供可口的早餐、午餐。针对学校教师年轻，缺乏在家做早餐的家庭条件，学校为教师提供可口、有营养的早餐。中午还为值班的教师买了保温饭盒，送上热气腾腾的饭菜。

细节6：提供网络培训机会。为了让教师开阔眼界，我们请来相关的网络专家利用三个星期的晚上对教师进行培训。培训期间，为了给老师分忧解难，学校请专人照顾他们的小孩，辅导小孩的学习；对离校比较远的教师，还提供一定的交通补贴。

细节7：管理者始终在教学第一线，同教师同甘共苦。一方面为了熟悉和了解课程，另一方面为了充分体会教师的苦与乐，校长坚持执教每周六节的一个班的数学课，并且多次承担各级公开课、示范课，给老师们带头示范。

细节8：排除干扰，提供专用研修时间。每周二、周四上午分别为各个学科校本研修活动时间。

细节决定成败，正是这一系列细节管理，浮躁被扎实代替，冲动为理智让路，我校的校本研修人文氛围越来越好。

（二）搭建教师多样的学习方式选择平台——我的学习我做主

教师是培训的主体，更是学校发展的主人。校本研修的内容最终是要立足于学科、立足于课堂实践，这样才会具有针对性与实效性。

2005年，我校开始由各个教研组、各位教师从自己教学实践中查找问题，提交问题清单，学校根据问题为教师制作了解决问题的菜单讲座，同时提出了结合学科的行动研究、叙事研究的解决策略。例如，从教师专业个体需求出发，实施内需式培训；为教师个性化成长搭建舞台，进行创新风格式培训；以提升教师人文修养为目标，开展品文式培训，以及让老师想说就说的网上论坛式培训等。这些培训方式都以激励机制做保障，使各项研修活动收到实效。

（三）搭建有效研修操作平台

1. 启动“读书在线20分”工程，促进教师品位的提升

人不可不读书，人类因书籍的滋养而变得更加聪慧。作为一名教师，更应该让书籍成为自己的朋友，让知识来为自己不断充电。为打造学习型组织，营造“以书为伴，终生学习”的氛围，2005年，学校全面启动“读书在线20分”读书工程，积极开展全校性读书活动。它的目的在于通过一系列活动与措施，引导教师通过读书，获得三种习惯，即主动交流的习惯、善于思考的习惯、形成积淀的习惯。学校每周向教师推荐两篇美文，引导教师每天阅读20分钟，记录下佳句妙语和阅读感言，每周汇总一份“我读我思——读书札记”；在校园网和教师个人博客中均设立“读书专栏”，引导教师利用网络交流碰撞读书心得；专门建立教师书屋“啜香小筑”。大家不仅读教育名著，读新课程理论，如《多元智能》《陶行知教育学》，也读《三字经》《大学》《菜根谭》《创造幸福的教师生活》《千年一叹》等文化典籍和文学书籍。丰富的公共阅读引导老师们在自我的超越中获得视野的拓展、品位的提升。“书香教师、书香学生、书香家庭”的评选，对教师的专业发展起到积极的促进作用。

2. 观课议课促教师教育行为的改善

学校聘请了六位校外的学科专家指导观课议课，进行专业引领。例如，成都大学师范学院的几位老师每周星期四都到我校指导观课议课活动。在观课活动中，先确定主研教师，然后上课议课，最后在网站上“反思我的教育行为，写出我的教育点滴”。日积月累，观课议课活动促进了参与教师和参培教师从教育观念到教学设计，再到教学的教、学生的学，最后到教学效果的整体改善。

3. 叙事研究促教师在反思互助中成长

我校的叙事研究是让老师们每周在教研活动中“同伴互助，分享教育故事”。让教师在“实践+反思”中互相帮助，共同提高。例如，2005年我们在洛带古镇江西会馆里举行的“我们的教育故事”交流和研讨活动，是我校进行叙事研究活动中比较成功的范例。在这次活动中有两个教育教学故事成为了教师们关注的热点。

案例一：刚踏上三尺讲台的她，怎样与家长沟通成了自己亟待解决的问题，面对台下坐着的专家、学长们，她发出了求助，言语中不乏委屈与尴尬。看着台上的小妹妹，台下的专家和同事纷纷支招，最后汇成这样一句暖人心窝的话：与家长沟通从“心”开始，精诚所至，金石为开。听到这些意见，台上的她眉头舒展，笑意挂在脸上。

案例二：当五年级组的老师高举“面对学生的质疑，我该怎么办”的标语上台时，众人的眼球已被吸引住了。原来刚学完《养花》一课的学生，嚷着“劳逸结合、有益身心”的口号，拒绝完成老师额外布置的作业！此话题一出，可谓一石激起千层浪。

台下的老师你一言我一语地讨论开了，有老师说：“素质教育不是一句激动人心的命题，当急功近利的思想充斥着教育，我们该怎么办?”还有老师无不自嘲地感慨：“讲台上的我们目睹这群童心无忌的‘叛徒’，真是又爱又恨啊!”这时一位老师郑重地说出了这样一句话：“学生的学业知识每天在增加，可他们的心也在每天长大啊，我们的教育到底应该关注什么？教者的责任就是应该让我们的学生拥有一颗健康快乐的心啊!”此刻，坐在台下的专家也默默地点头，露出赞许的神态。

与此同时，我们还充分利用校园网相应板块，作为教师分散自主进行叙事研究的载体，教师在网上写作自己的教学故事，拓宽了校本研修的空间。

通过对教育故事的评析与反思，老师们意识到，人人都可参与教育研究，教育研究在自己手里。教师开始成为研究主体，研究意识的强化，有效地推动了教育教学改革，提高了教育教学质量。

我们的收获

我们深知，所谓成功，就是在平凡中的坚持，正是有了三年的不断坚持，学校发生了变化。三年后的今天，我们的老师由内而外地美了起来，往日工作中的倦怠少了，思考、微笑与幸福感时刻写在脸上，讨论教学的声音多起来了，校本研修使学校成为一个凝聚力强、充满活力的团队。现在，80%以上的教师喜欢校本研修了，他们说："校本研修使学生获得了发展，我们的课堂效率提高了。"学校有两位教师进入省级骨干教师培训班，多名教师的论文获奖，学校的多项科研课题也获各级奖励。学校成了成都市校本研修示范基地。在这样和谐的氛围中，学生的成长也是幸福的，他们更加喜欢红光家园，因为他们在家园能得到真正的成长。

（三）促进学习型学校建设

将学校建设成学习型组织，不仅是建设学习化社会对学校提出的要求，也是学校自身发展的需要。开展研修活动既要促进教师专业发展，又要促进教育教学质量的提高。同时，还要致力于学习型学校的建设，以推动学校的发展。关于建设学习型学校的问题，教育学界的研究者们，提出了各不相同的认识和主张，并在学术著作中进行了阐述。如《教师怎样进行校本研修》的作者严先元强调，要努力体现以下特点：其一，以"工作即学习"为教师学习的观念；其二，以"自我超越"为教师学习的内在动力；其三，以"改善心智模式"和"系统思考"为教师学习的基础；其四，以"共同愿景"为教师学习的目标；其五，以"团体学习"为教师学习的途径。① 构建学习型学校应当抓住以下几点。

① 严先元．教师怎样进行校本研修［M］．长春：东北师范大学出版社，2004：9

1. 以“共同愿景”为教师的学习目标

学校“共同愿景”包含学校组织和组织成员的目的和具体目标，以及达到目标的管理理念。它需要给全体成员说明学校组织存在的使命或组织目标、学校组织未来发展的规划、学校组织达到目标的手段等问题。“共同愿景”应当是组织成员衷心拥护的内心愿望，以及为此表现出的支持态度和行为努力。把学校的愿景变为教师衷心拥护的愿景，需要做好以下工作：第一，个人愿景是“共同愿景”的基础。学校领导者在组织全校成员建立“共同愿景”时，必须持续不断地激发个人产生愿景。如果人们没有自己的愿景，他们所做的就只能是附和别人的愿景，而不是发自内心的意愿，就不可能形成“共同愿景”。第二，坚持从教师个人愿景中发展“共同愿景”，凝聚个人愿景为“共同愿景”。第三，当“共同愿景”超越个人愿景，与个人愿景在某些方面出现差异时，就需要把教师个人愿景引导到“共同愿景”上来。第四，为了达成“共同愿景”，要采取措施激发教师的专业归属感、教育使命感、职业责任感，以及教师的团队归属感和成就感。在“共同愿景”真正形成后，就会产生巨大的力量，为实现愿景而积极行动。

2. 建设开放的、探究的、合作的学习文化

“学校文化”是一个囊括学校集体成员的行为方式的广泛概念，它对校内每个成员都有重要的涵育、激励和调控功能，深刻地影响着每个成员的价值选择和行为取向。学校的变革与发展，实质是一种文化的变革和重建。实施校本研修，要致力于建设开放的、探究的、合作的学习文化。在构建的过程中，应当使组织成员认识并做到如下几点。

（1）明确学习是为了教师和学校的共同发展。作为学习型学校的学习目标，是要促进学校和教师共同发展、共同成长。必须认识到教师的发展，不仅是学校发展的条件，而且是学校发展的目标。学校要

成为教师成长的地方，要成为教师感受幸福的乐园。

（2）工作学习生活一体化。组织成员要把学习作为一种生活方式，不断追求工作学习生活一体化。第一，工作学习化。就是通过工作的经历获得成长与进步，在工作中学会工作。“工作学习化”时，工作不仅仅是谋生的手段，而且是一次获得成长进步的机会；工作的过程就是学习的过程，工作不再是一种累赘，而是一种体会成长和进步快乐的方式；通过工作的经历，从工作中学习新技能、新方法，获得工作新经验，积累经验和成功的智慧。怎样才能“工作学习化”，并在工作中获得成长与进步？只有在工作中不断创造和更新，不断尝试，不断超越，才可能不断有进步。第二，学习工作化。即把学习视作一项必要的工作，如同认真工作一样认真学习，培养出热爱学习、终生学习的习惯。同时，学习要有利于改进工作，带着问题学习，在学习中发现问题、研究问题、解决问题，理论联系实际，通过学习提高工作质量。第三，生活学习化。首先，树立生活就是成长，生活就是进步，生活需要学习，生活的方式就是学习，生活质量通过学习得到提升的理念；其次，学会在生活中学习、向生活学习；再次，充分认识学习的范围和对象是整个生活世界，同时又要努力在生活世界中获得学习的动力和源泉。最后，学习生活化。充分认识终身学习是21世纪的生存概念，学习是新世纪生存的基本方式，学习将改变人的生存状态和生存方式。通过学习不断改进生活，形成新的生活方式，提高生活质量。

（3）实施共同学习。从学习的对象看，共同学习是指组织的所有成员都要为组织和自身的发展目标学习：领导要学习，教师要学习，学生要学习，其他员工和管理人员也都要学习，并且把这种学习向家长、向社会扩展；不仅创造良好的学校生存和发展氛围，而且为学习型社会建设奠定基础。从学习的方式看，学习型组织不反对个人学习，但更倡导团队学习、合作学习；共同学习是学习型组织的主要特征。促进共同学习，必须将组织发展成为一个能够反思和分享学习文化的学习系统，需要组建学习共同体，需要建立真诚的同事关系，需要有互相信任和尊重的氛围，需要拥有分享反思的组织学习文化。

（4）追求创新和变革。从学习目的看，学习型学校追求创新和变革的学习。实现创新和变革，一方面需要组织成员突破根深蒂固的心智模式。另一方面，在组织研修者交往与协作时，不能仅仅停留在学习信息的交流和研讨上，更重要的是要通过思想的沟通、心灵的“碰撞”、性格的“磨合”，使参与者在与他人的交往中发现自身的弱点和缺陷，从他人身上学到好的思想、品格、行为习惯和技能、方法，开阔视野，多角度理解知识、看待问题，在不同思想的交流和争论中激发智慧和灵感，诱导创新思维，增强变革动力。

3. 改造上、中、下脱节的管理组织为上、下直接互动的组织

传统的组织从决策层到操作层，由上到下，中间还有许多管理层，沟通比较困难，甚至导致信息传输失灵，这样的组织不只效率低，而且容易产生官僚主义。学习型组织力求减少中间层次，建设上下直接沟通的组织机构。在这种组织中，校长的决策很容易传输给教师，教师有好的想法和意见也可以很快传递给校长，使组织上下互动，产生巨大的能量。同时，校本研修强调校内同伴互助、校外专业引领。通过同伴互助，促进教师间的互相交流；通过专业引领，促进学校与外部环境沟通，增强组织活力和能量，使组织更加具有适应能力和自组织的发展能力。

二、制订符合学校和研修者实际的研修规划

制订合乎学校与教师实际状况的研修规划，是落实研修目标的重要环节。规划是否合乎实际关系着研修效果，因此，不能忽视规划的制订工作。规划的基本内容包括规划的原则、制订规划的办法、如何制订个人规划等。兹根据相关论著做简略叙述。

（一）制订研修规划的基本原则

1. 学校发展与教师专业发展相统一

教师校本研修是学校发展的需要，更是教师专业发展的需要，是对教师学习需要的满足。在学校需要与教师个人需要之间出现不一致的时候，要从多角度分析审视，既不能要求教师牺牲个人的正当需要以满足集体需要，也不能任凭教师完全脱离学校的需要追求个人的需要。

2. 学校导向与教师自主导向相统一

学校导向的实质，是按照社会要求和学校发展目标来规划教师发展；教师自主导向，则是按照教师个人的主观需求、兴趣、爱好来选择自己的研修内容与方式。在两者发生分歧与差异时，既要明确学校目标导向的必要性和界限，又要做到既要有统一目标规划，又要有教师的个性选择自由。

3. 自我驱动与人际驱动相统一

校本研修强调激发教师个人的内部学习动机，唤起教师终身学习的积极情感，形成不断学习的强烈愿望。因此要展示教学的成就价值，使教师体验到教学的幸福，让教师自主、自动的进行研修。同时，形成教师个体与群体、群体与群体的互动机制，促进教师之间的学习交流，把自我驱动与人际互动统一起来，构成教师校本研修的动力系统，内外结合，持续运作，以避免出现“研修懒惰”现象。

4. 规范性要求与分类分层实施相统一

校本研修在指导思想、组织领导、研修基本内容、学习计划、考核检验等方面要有统一规范的要求。同时，不同学校和实际情况决定了校本研修必须因校制宜，因人而异；要根据教师专业生涯和教师成长基础，对新教师、一般教师、骨干教师或名师等不同层次的教师展开不同的研修。校本研修，必须兼顾各个层次的差异性，要与不同层级的教师分别协商，制订各自不同的专业发展规划。以避免产生“形式主义”和不切实际的浮夸现象。

5. 总体规划与分段达标相统一

校本研修应该是循环递进的，每所学校在制订研修规划时，都要有长远的教师专业发展规划；但在一定时期，比如一学年里，又要有具体的研修规划，并且根据具体情况制订校本研修规划，避免低水平循环和简单重复。

6. 校内资源开发与校外资源吸纳相统一

校本不只是“本校”，校本教师研修不能把学校与外界隔离起来，只要有利于学校的发展、能解决学校和教师实际困难的需要，社区教育资源、友邻学校的培训资源以及专门机构、大专院校的教育资源等，都应充分纳入校本研修的资源范畴，将这些都列入研修规划之中。

（二）校本研修规划制订办法

1. 现状和需求调查

制订校本教师研修规划，事先必须明确学校的发展现状怎样？教师的专业发展现状如何？教师对校本研修有哪些具体要求？学生的发展水平如何、有些什么需求愿望？这是制订校本研修规划的基础。每个学校都有自身发展的现状和需要，每个学校中的学生也有不同的发展状况和要求，同样，教师也有不同的状况与要求。校本研修的根本目的，是改变学校现状和满足学校、教师自身和学生发展的需求。而学校面貌的改变和实现学校、教师自身与学生的发展需求，都要依靠教师。因此，从教师的角度来讲，有两个方面的发展需求，即教师自身的专业发展需求、学校和学生发展提出的需求。

教师的需求与学校的需求并不完全合拍。为使学校整个规划和教师个人的专业发展规划之间保持平衡，应当协调好学校的研修规划、学校的年度与学期研修规划、教师的具体研修活动三者之间的关系。在设计活动时要综合考虑三个层次的需要并谋求三方面需要的有机统一，兼顾各自的需要。还要充分考虑和利用校内外的一切研修资源，在设计、实施以及评价研修活动的过程中，要自始至终地重视学校内外的各种设施和力量。在校内，充分调动教师、教研组、年级组、专业指导教师等人的主动性，使他们共同参与学校整体规划与教师具体成长计划的设计；在校外，要积极谋求与地方教育当局的中小学顾问、教师中心、大学教育学院的专家教授，以及其他教师进修服务机构之间的联系与合作，在与校外的广泛接触中完善研修活动规划。①

至于调查了解现状和研修需求的方法，常用的有问卷法、能力分析法、任务分析法和工作表现分析法等。

2. 校本研修规划的讨论与修订

校本研修的整体规划应该在现状与需求评估的基础上制订。在正式实施规划之前，必须对规划进行讨论、论证和修改。具体做法是：第一，将规划向学校全体教师公布，并向有代表性的个别教师征求意见，力求使校本研修规划成为学校发展和全体教师认可的一种“共同愿景”，以便将来组织成员能积极地为实现规划而竭尽全力。第二，提交规划给专家或者同行论证，吸取专家先进的研修理念，同时协商专家的专业引领等相关事宜。第三，将规划提交有关教育行政部门、相关培训机构、教研机构征求意见，力求在校本研修中更好地渗透相关部门的相关要求，寻求政府部门、培训机构、教研机构对校本研修工作的关心、支持和指导。第四，将规划提交学生家长，使家长明确学校在提高教育教学质量方面的努力，并听取家长要求，加强家长、学校之间的联系，增加家庭对学校的理解和支持，开发利用家长和社区的研修资源。第五，向学生公布规划。一方面可以体现师生平等，

① 教育部师范司．教师专业化的理论和实践［M］．北京：人民教育出版社，2001：165

另一方面是向学生提示教师也在不断学习的信息，为学生树立终身学习的典范，有利于建立学习型学校。

【案例】

深圳市龙华中学“教师发展中心”建设方案[①]

为了强化我校教师队伍建设，促进教师专业发展，学校行政会议研究决定，成立“教师发展中心”。根据2009年第4次行政会议精神，特草拟本方案。

1. 指导思想。以科学发展观为指针，以服务于教师、服务于教学为宗旨，以“促进教师专业发展”为目标，以创建省级示范性校本培训学校为契机，坚持“研训教三结合”的工作思路，积极整合学校有关力量，提高校本研训质量，构建特色校本研训文化，不断提升全校教师专业化水平。

2. 机构性质。将中心建设成为策划、指导、管理我校教师专业发展的中层职能部门。

3. 工作职责。制订和实施学校教师专业发展的中长期规划、年度计划和相应工作制度；拟订并实施教师专业发展标准；开发校本培训课程，建立健全校本培训机制，有计划、有组织地实施校本培训；组织教师外出学习和考察；指导教师进行专业阅读，并定期进行检查监督；组织并实施骨干教师和青年教师的培养；组织开展学术沙龙活动；负责对引进教师进行专业考评；对教师专业发展年度情况进行考核和评价；建设和管理教师专业发展平台；协同教学处加强教研组管理，强化教研组教师培养以及教育科研的职能；开展有关教师专业发展的课题研究；负责《龙中教师发展》的编辑与发行工作。

4. 工作重点。依托课改，转变教师观念，提升教师教育教学技能；加强骨干教师和青年教师的培养，优化师资队伍结构；促进“研

① 《深圳市龙华中学资料》汇编2010年

训教三结合”，为实现高质量的教学目标服务；完善教师发展平台，提高培训效率、凸显培训特色；健全与落实中心管理制度，不断提高管理成效。

深圳市龙华中学为有效促进教师专业发展特制订了《教师专业发展手册》，其主要内容如下：

宝安区教师从教“十坚持十不准”；教师个人基本情况；个人专业发展计划书；读书情况记录表；“师徒结对”情况记录表；典型学生个案辅导记录表；继续教育成绩记录表；其他培训成绩记录表；校本研修学分统计表；班主任工作记录表；科任教师德育专项工作记录表；教研活动及执行教学常规情况记录表；学科教学成绩登记表；行动研究情况记录表；课题研究情况记录表；论文撰写情况记录表；师德师风自查自纠表；校本教师专业发展标准；个人专业发展总结与自评；成长感悟、收获园地……

在如何填写“手册”中的建议：本册子为专门记录该校教师个人专业发展足迹的手册，是教师个人专业发展的重要见证。主要由教师本人填写，教师在填写时务必客观、真实。手册末尾的“领导期望”由学校领导填写；每学期一册，部分内容要按学期填写。“个人专业发展计划书”和“个人专业发展总结与自评”按学期填写；“‘师徒结对’情况记录表”由本年度参与“师徒结对”活动的教师填写；课题研究情况记录表由本学年度课题申报获准立项的教师填写；各类获奖证书按照与原件1:1的比例进行复印，只提供本学年度的材料；发表论文只复印杂志的目录页，只提供本学年度的材料；收获园地的“其他材料复印件”系指能证明教师个人专业发展的其他资料复印件，只提供本学年度的材料；“龙华中学教师专业发展标准”为教师个人总结与自评提供参考；手册不作为教师评优评先的依据；手册将作为教师个人的重要业务档案存档。

深圳市龙华中学为有效促进教师专业发展，还每学期自办出版两期《龙中教师发展》（杂志），由校长担任主编。

为了进一步提升教师自主研修意识，营造浓厚的自主研修氛围，促进教师获得更好的专业发展，学校与教师签订《深圳市龙华中学教师专业发展自主研修协议书》等。

深圳龙华中学教师专业发展自主研修协议书

1. 学校为教师自主研修提供下列条件：提供方便快捷的互联网环境；建设好图书馆和教师阅览室，提供较丰富的图书资料；为教师适当地购买优秀图书；建设好校本研修视频课堂，不断丰富校本研修课程资源；在条件许可的前提下派教师外出学习和进修；组织开展丰富多彩的校本研修活动。

2. 教师还享有如下权利：外出培训学习的权利；对学校培训工作提出批评和建议的权利（参与评优评先的权利，被取消了评优评先资格的除外）。

3. 教师务必自觉履行如下义务：每学期提交1份专业发展计划书；每学期精读教育类著作至少1部，并有可供学校查阅的文字记录；每学年（期）上公开课至少1次，每学期听课不少于15节；参加1个合作共营小组，并积极开展相应活动；在《龙中教师发展》杂志上投稿每学期不少于2篇；每学期开展1次完整的行动研究（有实施方案，有过程记录，有总结材料）；每周参加1次教研活动；通过撰写教育日志、教学反思、开展教育案例和教育叙事研究等多种形式进行个人反思，并有可供学校检查的文字记录；积极参加学校“青蓝互动工程”，对学校安排的活动应积极配合和参与；积极参加学校校本培训视频课堂的学习，达到学校规定的校本培训学时数量。

4. 协议落实：学校应定期（或不定期）对协议落实情况进行检查，并对检查情况及时进行通报，学期末对自主研修的先进教师进行表彰。

5. 违约处理：如学校相应工作不到位，教师可提出批评和建议，学校应及时责成有关部门改进工作；如教师相应工作不到位，学校可及时进行全校通报批评，并责成相关教师进行书面检查。

（三）制订个人研修计划

教师研修的内部驱动力，首先是要解决现实教育生活问题。因为有问题，所以就要解决问题，使自己具有解决相应问题的能力，这是适应教育现实要求的研修动力。其次，是对现实的教育教学生活状态不满意，想过一种更理想的教育生活，为了追求和实现更理想的教育生活，教师要改变自己、超越自己。而改变和超越自己，就需要发展自己，才能解决自己不满意的教育现状，这就必须研修，这是超越现实状况的研修动力。无论是适应现实的要求，还是超越观实追求理想的生活，关键都在于研修者本人要有对自己的教育现状“不满意”的意识，有追求理想教育生活的动机和愿望。

教师制订个人研修计划的过程，是认清自己教育的现状，建构教育的理想，规划从现实的令人不满意的教育达到理想的教育需要经历的道路，以及怎样走这条道路的过程。个人的研修规划可以包括以下内容。

（1）客观分析个人的实际状况，充分理解自己。包括文化专业基础知识、教育观念、教育教学能力、实际技能、科研水平、交往能力、交谈能力、反省能力、人格特质等。

（2）个人成长目标。其中有总目标、年度分目标、学期分目标等，目标要具体明确，以便于检查总结。

（3）完成目标采取的措施、方式。有专题研讨、案例研究、课堂研究、读书反思等。

（4）需要学校提供的帮助和相关事项。

第三节　校本教师研修活动的组织

一、组织教师研修活动是现实的需要

组织研修活动是学校领导者不可忽略的重要工作。尽管教师制订了校本研修的规划，但实际实施中仍然需要领导者从全局的角度考虑，有计划地组织研修活动。当然教师的自主组织才有利于促进专业成长，才是专业发展的根本。但是，还要看到教师自发的研修活动难免限于琐碎、零散，容易忽视整体与全局，甚至在低水平上重复和循环，又受到信息闭塞、孤军奋战的局限，导致效益低下等问题。特别是在教师缺乏研修自觉性、或者根本不能自主选择研修活动的情况下，学校更应该加强活动组织以保证研修的质量。因此，有效研修既强调充分调动教师自主研修，又强调学校要积极主动地组织和实施相应的研修活动。通过学校组织，集中力量研究和解决学校改革和发展所要解决的全局问题、共性问题，通过学校组织，促进信息交流，促进合作共享，才能提高研修效益。

二、实践证明组织研修活动能取得良好效益

学校既要组织研修学习活动，又要组织研修成果展示活动。研修成果展示活动一定会吸引教师积极参与。因为，人的主体性发展研究表明，人所具有的主体的"势"或"潜能"具有内化和外化双向互动的功能。外化即人有做事、创造或活动的需求，他不断地将自己的主体性外化为一定形式的文化，以确证自己的主体地位，提高自己的主体地位。此外，为提高人的主体地位和发展人的主体性，人又将所创造的文化内化为人的身心结构，它发展了人的主体性。人的主体性，是在文化的内化和外化的统一过程中发展的结果，

也就是说，缺乏主体的活动，就没有主体的发展。展示研修成果，是教师主体性外化的一种方式，它有利于激发教师的成就感和荣誉精神。所以，学校领导者组织研修成果展示活动是非常必要的。以下案例就足以证明：

【案例】①

1999年，为加强教师队伍的思想建设，东格致中学决定在校内设立教育教学论坛，就教育教学改革问题开展研究讨论。教师们反响热烈，积极主动报名参加。几年一直坚持办下来，形成了制度，成为学校校本培训的一种固定形式。

教育教学论坛由学校党支部领导，校长主持，每两三周一次，每次约两个半小时。上台教师需提前报名，发言题目、观点内容经党支部确认。论坛开始，先由校长宣布主题、要求，介绍上台发言教师。每次上台教师，一般控制在四五位，其中一人为主要串角（协助主持），台下教师可以自由插话、提问或简短发表自己的意见。论坛主题都来自学校教育教学的实践和实例，紧贴素质教育，紧贴课改，紧贴学校中心工作。“怎样当好班主任?”“电脑能代替老师吗?”“学生迷恋上网怎么办?”“上课允许学生‘插嘴’后下一步如何做?”“老师是否可以让学生代批作业?”……这些问题都是由学校各组室老师们提出，经党支部集中到论坛上去的。有些问题，教师们如有明显对立的不同观点和看法，党支部将委托校师训小组将正方、反方老师结合起来，精心准备，派出两位代表上台开展当面辩论。由于话题鲜活，辩论深刻主动，每次都极具吸引力，往往台上争论激烈，台下议论纷纷。两个多小时过去，主持人欲罢不能，只得宣布下次继续再论。事后相当长时间里辩论内容还成为教师们课间、课后的话题，很多老师或为了讲好自己的观点，或为了有力地说服对方，在课后、双

① 陈大伟．有效研修［M］．沈阳：辽宁师范大学出版社，2010：45－47

休日常常带着问题去图书馆、资料室翻书报、找数据，甚至上门去请教市、区有关方面的专家。

每学期结束时，学校召开大会总结收获和经验。表扬其中的好人好事，对表现突出的教师，由学校发给奖状和奖品。举办教育论坛是教师交流研修成果的一种常用方式。

从东格致中学的经验中，可以看出组织研修活动十分必要。但组织好教师论坛，必须注意以下几个方面：①论坛不是漫谈，论坛要有主题，而且主题应该紧贴实际，紧贴教师的教育生活。②论坛不是经验交流，论坛要论，要激发和鼓励不同观点碰撞交流。③论坛必须精心准备和组织，要建立制度促进教师参与，以保证发言质量。④要尊重教师的表现欲望，培养教师的参与热情和积极性。

三、组织区域间校际合作研修活动

在不同地区，可以采用领导者组织的以区域为单位的教师研修活动。[①] 例如区域内的学科教师集中备课，分年级组成备课组，每周以备课组为单位集中一次，每次明确一名负责人主讲，其他教师补充、修改。在每次集中的时候，研究第三周的教学内容，理清教学思路、找准训练重点、明确教学策略、确定教学行为。然后，由主讲人执笔撰写公用学案，由主办学校将公用学案打印分发到区域内各学校相关任课教师手中。公用学案设计成半面打印另半面留白的格式，由各校执教老师根据自身情况、学生实际，在公用学案留白处进行二次备课，撰写自己实际运用的学案。然后，教师根据自己设计的学案实施课堂教学。运用这种研修方法，既弥补了农村学校分散、教师之间交流困难、没有合作研修的机会的缺憾，又提高了备课的质量，同时还给各个任课教师再备课的余地，便于结合实际实施教学。

① 崔小春．农村小学不妨开展区域性集体备课［N］．中国教育报，2005－09－06

通过这样的研修活动，不仅使教师的专业素质得到成长，而且保证了教学质量。

【案例】①

为推进教育的均衡发展和优质发展，广州市越秀区开展了“学区研修共同体建设”。学区②研修共同体是学区内不同学校之间为着自身发展的需要，根据同质促进、异质互补的原则而构建起来的一种行政与民间相容的研修团队。

学区研修共同体建设的目标：以教学研究为主线，探索学区教学资源共享的有效途径；以学校发展为主导，构建教学质量共同提高的学区研修机制。学区研修的基本理念是：学区研修要以新课程为导向，以促进每个教师的专业成长和学校的均衡发展为基础，以促进每个学生的发展为宗旨，以课程实施中学校面对的各种具体教学问题为对象，以教师为主体。

在目标和基本理念的指引下，学区研修共同体建设以“一条主线、两个重点、三个互动、五个策略”为基本思路：一条主线——以课程改革实施中教学问题的研究为主线；两个重点——以教学问题研究为重点、以教师的专业发展为重点；三个互动——教师之间的研修互动、学校之间的资源互动、学生之间的合作互动；五个策略——研教共进策略、伙伴合作策略、关注过程策略、改进学习策略、机制保障策略。

学区研修的基本框架如下。

（1）教学资源整合——学区各校的设施设备、图书资料、网络资源共享，经典教案、网络课件、备课资源、远程课程、优秀题库等资

① 越秀区教师进修学校刘其祥．学区研修共同体建设的实践和探索．广东省中小学校本培训创新发展研讨会交流材料，2010：12

② 学区是区域教育机构根据教育教学的实际需要，将不同层次且地理位置相对集中的若干所学校组成资源共享、交流合作及共同发展的协作体。

源交流。

(2) 教师教学研究——教师培养（骨干教师、青年教师）、联合备课、跨校上课、“师徒结对”、课题研究合作与交流。

(3) 学生发展——学区课程管理、跨校选课、交流学习方法和成果、学分管理、综合实践活动、研究性学习等。

学区研修共同体活动的主要内容：基础教育课程的建设与教学内容的研究、学区内的教学资源共享与教师合作交流、教学过程的方式方法以及教学细节的研究、学生学习方式方法的改进与指导、研修机制的完善与管理保障。

开展学区研修具体路径如下。

(1) “研与教同步共进”。它要求根据教学的实际需要，组织学区内的学校同步开展教研，通常有学科集体备课、学区教研活动、学区课题研究、教学案例分析、观评课、教学质量分析与评价等。通过集体备课，对教材的内容进行分析，看哪些是有价值和适合学生生活实际的；教材在编写上哪些是需要改进、完善和整合的，以适合于学生的学习和教师的教学；本区域和本学区有哪些可以利用和开发的课程资源；可以开发哪些校本课程；教师和学生在开发校本课程中如何发挥作用；等。因此，学区研修要重视集体备课，把它作为提高教学质量的经常性、常规性工作抓紧抓好，定期组织学区的各学校开展集体备课。

(2) “资源共享与伙伴合作”。学区研修搭建了学区内学校之间优势互补、资源共享和教师伙伴合作的平台。一方面各校取长补短，将教学资源用合作—交流的方式（如教学网络向学区其他学校开放，实验设施设备、电脑室、图书馆、教学专用场室、体育场馆定期向有需要的其他学校开放等），达到资源共享。另一方面，开展异校教学交流，把学区内各学校的骨干教师与特色教师，尤其是名教师组织起来，依据需要交流。但交流须加强针对相对薄弱学校的“同伴互助”：备课指导、观课与评课、上示范课、传授先进教学理念和教学方式方法指导、教学质量分析等；进课堂，在一定的时期内，由骨干教师直接任教某个班级；建立“师徒结对”、跨校上课、跨校选课、研究性学习等开放性课堂教学机制等，以引导教师提高教学能力。

(3)“强调过程与细节”。学区的教学研究应强化对教学过程与方式方法以及教学细节的研究：①抓好对教学过程与环节、教学方法与策略技巧、学科教学的问题等内容的研究，如研究如何备课的问题、教学设计问题、课堂教学的有效性问题、怎样的课才是优质的以及课堂教学评价问题、学生训练与作业的批改问题、学生的辅导方法、考试问题、质量分析与学业水平问题等。②研究教学方法与策略技巧方面的问题，例如，研究如何运用语言、如何运用现代教学媒体手段、如何设计问题和提问、如何启发学生进行思考、如何对学生的回答进行分析引导与评价、如何指导学生练习、如何引入、如何组织课堂教学、如何进行分层教学、如何了解学生对知识的掌握等。同时还要加强对学科课型、教学方法的研究，努力形成有自己学科特点、特色的教学方法，如研究新授课、练习课、复习课、讲评课、讲授法、谈话法、讨论法、实验法、练习法等。③就学科教学来说，问题非常多，往往与具体的知识相联系，在具体知识的教学中，学生有一些特殊的规律或者特殊的问题，也是需要认真研究的。比如英语教学中词汇的记忆、语感的培养、听力的训练，又如数学教学中学生对概念、性质的理解、逻辑与运算能力的训练、空间想象能力与抽象思维能力的培养等，都是学生感到困难的问题，对学生知识的学习、能力的养成带来很大的困惑，都是教学研究的课题。

(4)“改进学习方式方法”。在学区教研中，研究学情是重要的内容，如从传统的学习方式与新的学习方式有什么不同、学生现在的学习方式状况如何、在改变学生的学习方式上存在哪些障碍、在各门学科中如何开展探究式学习、如何进行有效的合作、合作学习应遵循什么样的规则、何谓自主学习、自主学习具体表现在哪些方面、学生进行自主学习的条件是什么等方面进行研究。同时，还要结合目前对学生学习方法的研究不深入、不够重视，学生不会学，只靠增加学习时间和补课提高学习成绩，造成恶性循环、事倍功半等问题，加强对学生学习方法的研究。一方面在日常的教学中，结合学科教学的实际，在教授学习内容、开展学习训练的同时，开展学习方法的指导，引导学生在学习教材内容、进行训练的过程中思考为什么这样做、应该怎样做；在长期的教学中、在教学的潜移默化中培养学生良好的学习方式方法。另一方面通过跨校选课、跨校学习、校际交流、综合实践活动、研究性学习等形式，让学生在活动中了解、掌握合作学习、自主学习的基本方式，培养良好的学习方法，促进学生自主发展、主动发展。

（5）“完善机制与管理保障”。学区研修共同体的建设需要有机制与管理的保障，这需要做好两个方面的工作。第一，建立比较完善的管理机制，它包括共同体的管理机构、共同体的章程或协约、共同体的管理制度（包括学科教研制度）、教研工作指引等。第二，探索和建立评价机制，如对教研工作的评价、对教学资源共享效果的评价、对教师教学交流的评价、对教学质量的评价、对学生学业水平状况的评价，以及学分管理、教师专业发展的评价、开展教学方式和学习方式的研究评价、课题实验与教学科研的评价等。

学区研修管理模式的构建，要实现“三个共享、两个建立”即：教育资源共享、教师人力资源共享、合作发展平台共享，建立学区管理体系、建立学区评价机制。

【案例】

明师工作坊：“明德明智明术明达”明白之师的进化之路①

传统的校本教师培训模式为师徒结对制，重在行为模仿和风格

① 深圳市宝安区教育科学研究培训中心《明师工作坊资料汇集》2011 年 11 月

传承，在中学，师傅教你怎么教就怎么教，是一种手把手教的传帮带模式。我们认为，教师不仅要知道教什么、怎么教，还要知道为什么这样教。因此，我们在工作中发展了一种基于认知的新型教师研修模式——明师工作坊，试图将教师的反思和如何做中学教师结合起来，使得教师素质提升由过去的经验型、技术型向内化型、反思型转变。“明师工作坊”，基本设计意图是以课题研究为主线，以学校实施为主导，以工作坊为平台，培养一批具有明德、明智、明术、明达素养的“明白之师”，进而提升优秀骨干教师的专业化水平、教育教学能力和对青年教师的指导能力，同时开发和形成一系列骨干教师研修的优质课程和案例资源。

1. 明师工作坊运作机制

“明师工作坊”是在推进义务教育均衡优质的背景下提出的。在影响教育均衡发展的诸多因素中，教师是最为核心的，区域、学校间教育发展的最大差距是师资水平。如何缩小师资水平差距，同时避免大规模的教师流动所引发的负面效应，成为当前推进教育公平和教育均衡发展的最大挑战。组建明师工作坊，通过优质学校教师指导薄弱学校的教师，提高其教育教学业务能力水平，从而有效推进教育均衡发展，这成为一项新举措。明师工作坊绝不仅仅是评选出明师，挂一个明师的牌子了事，更重要的是建立充分发挥明师带头引领作用的工作机制，选择有效的工作方式。一方面，我们加强政策导向，支持工作坊团队开展自主研究活动，引导他们形成制度化的组织方式和学习方式，实施团队攻关；另一方面，积极引导明师工作坊主持人有效地组织团队开展工作，建立平等、合作的团队工作关系，共同成长进步。

明师工作坊的基本运作思路是：围绕实施素质教育和基础教育课程改革的要求，以课题研究为主线，以课堂教学为中心，以课例研究为载体，开展研修。聚焦课堂，剖析教师课堂教学行为，研究教师课堂教学技能，通过明师引领，提升青年教师教育智慧。具体而言，下设三个互补的工作坊：课题研究工作坊、教学技能研究工作坊、课例研究工作坊。其中，以“课题研究”为引领，以“教学技能研究”和“课例研究”为双翼，三个课程相辅相成，形成科学的研修活动体系。

2. 明师工作坊的研修设计

明师工作坊研修内容主要包括学科教学最新动态与发展趋势、有效课堂教学方式方法、学科教学问题与对策、学科教学设计与教育技术应用、教育科研方法、师德教育与教师专业发展等。

（1）课题研究工作坊。以课题研究引领课堂教学。围绕教育科研方法、教育科研基本程序、研究报告与论文撰写、教育经典阅读等主题展开，采取专家报告、交流与分享等形式。其研修流程为：①开展课题研究。确定课题方向，制订课题方案——收集相关文献，开展研究活动——实时记录研究过程，进行课题总结与反思。②课题研究讲座。教育研究方法（文献法、调查法、实验法、行动研究法、案例研究法）、研究报告与研究论文的撰写。③教育经典阅读。三个层次：基本阅读（本学科的经典著作）——拓展阅读（教育领域内的经典著作）——博览群书（人文学科和社会学科的经典著作）。

（2）教学技能研究工作坊。根据实践问题确定研究专题，对教学的微观领域进行操作性研究。围绕课堂教学基本技能、实施技能、调控技能等方面展开，采取主持人与学员共同研讨的“沉浸式”体验研究形式。如剖析教师课堂教学技能，其具体流程包括：①基本技能（语言、演示、提问、讲解、板书、应变、组织）、准备技能（备课、说课、预习）、实施技能（导入、过渡、情境创设、情绪调控、反馈、评价）、强化技能（复习、反思、评课）。②收集、整理、分析国内名师教学技能实录。通过文献检索的方式，收集国内名师课堂教学各项技能的文本实录，予以分门别类后，分析名师课堂教学的基本框架，总结名师课堂教学的基本规律。③收集、整理、分析国内名师课堂教学视频。通过多种形式收集国内名师课堂教学各项技能视频，予以分门别类后，分析、观摩名师教学的基本框架，总结名师课堂教学的基本规律。④开展课堂教学技能实践。在收集、整理、分析国内名师课堂教学基础上，开展个人课堂技能实践。

（3）课例研究工作坊。以课例带动教学反思。围绕“学的有效性”和“教的有效性”等主题展开，采取观摩、研讨等形式。具体研修流程为：①制订活动计划（时间安排、课例名称和研修目标、活动任务、成员参与要求、相关资源准备、活动反馈等内容）；②多次备课（一次活动包括上课者三次教案设计，即基于上课者个人经验的初始备课，基于同伴互助的协同备课，基于上课实践的反思性备课）；③多次上课（一次活动提交的课堂视频或实录不少于2次），问题讨论（紧扣主题，开展多种方式的讨论）；④活动总结（梳理归纳观点，总结活动成果，反思活动效果）。

3. 研修考核

在考核定位，主要是以是否推进教育均衡发展，是否有利于提高参与明师工作坊团队成员的教育教学效果，来评价明师工作坊的绩效，而不是陷入将课堂作为秀场、拔苗助长式的教师培训泥潭中去。考核主要分为团队考核和个人考核两部分：针对整个团队，要求在两年工作周期内至少完成1项区级以上课题研究；每学期举办2次以上面向全校（或全街道、全区）的公开讲座、报告会或研讨会，推广优秀研究成果；建立工作坊专题网页，每学期至少组织和发起2次以上全校性的网络专题研讨。针对工作坊的研修教师，要求在两年工作周期内主持或参与1项区级以上课题研究；每学期完成一篇与研修内容相关的研修论文或者反思性总结，每学期至少递交3份教学设计或教学案例。

工作坊是源于西方的一种工作组织形式和工作机制，其优势在于专家引领、同伴互助、资源共享、权责清晰，可以将名师资源最大化，较好地发挥优秀教师的引领作用。“明师工作坊”具有较高的实践价值，它既为已经成长起来的一批优秀教师提供了一个展示自身专业能力的平台，又提供了一个引领青年教师成长的平台。

以广东省珠海市金湾区三灶中学为龙头，市内5所初中学校共同参与的“教学案”校本研修活动，从2006年以来在提升课堂效率、促进教师专业发展等方面进行了可资借鉴的探索，取得了较好的成效①。

【案例】

1. 我们的想法

新课程改革最深刻也是难度最大的改变，就是教师教学方式和学生学习方式的转变（并要建立师生交流和合作学习的机制）。但在实践过程中，我们遇到了一系列的问题与矛盾，现实与理想存在太大的差距。珠海市金湾区三灶中学地处城乡结合部，暂住人口比例偏大的学生生源结构、家长素质普遍不高的状况等特殊的教育内外部环境促使学校教育教学工作“变革”。在行动研究之前，我们参阅了一些关于“学案教学”、“讲学稿”方面的研究成果。“学案教学”更注重“学案”的作用，有所侧重，甚至有的研究者认为“学案”是“教案”的一种简约，是教师将“教案”所作的转化……。

我们基本认同学案和教案有密切而不可分割的联系，但其严格的区别也是显而易见的，学案是知识内容的准备，而教案是知识传授方法的准备。仅有教案而无学案是不可能的；而仅有学案而无教案，这是教师的失职，也是对学生严重的不负责任……唯有“教案学案一体化”的教学模式才能对“教案”和“学案”进行有机的统一和整合。通过对大量文献的阅读和思考后，我们坚持教学合一、以学定教等教学理念，开展行动研究，主动变革课堂教学。期待“教学案”的使用过程中形成一个不断改进课堂教学的环状结构，教师与学生在这个结

① 广东珠海市金湾区三灶中学唐立《“教学案”的探索与实践》行动研究报告

构中不再是简单的知识授受关系，而成为学校学习共同体中的成员；在学习共同体中，教师与学生一起共同成长。

具体研究目标如下。

(1) 教师层面：构建科学合理的“教学案”设计理念；形成行之有效的集体备课模式；根据学科特点，高效地使用“教学案”；形成具有实效性的课后辅导方式。

(2) 学生层面：改变学生被动的学习状态，引导学生形成有效的自主学习方式，养成课前预习的良好习惯；引领学生在日常学习中树立主体意识，改变学生的学习态度，让学生积极参与到教学活动中来；通过作业量的控制，把学生从繁重的课业负担中解放出来，有时间、有精力去关注和发展其他方面的兴趣爱好，培养课堂以外的特长，促进学生的全面发展。

(3) 学校层面：通过研究活动的开展，在全校营造良好的教科研氛围，带动广大教师积极参与到课题研究中来，激活教师的科研热情；通过研究，培养科研力量，培养教师反思、总结的习惯，提升教师的专业素养，最终实现教师的专业发展；通过本课题研究得以实现学校教学质量的飞跃；建立和完善推行教学案的检查和激励机制。

2. 我们的做法

(1)“教学案”的编写流程。

“教学案”的编写是一种新的备课形式，它的特点是“提前备课、轮流主备、集体研讨，优化学案，师生共用”。“教学案”的编写流程(五个环节)如下。

一编：集体备课组分任务，主备人备课，完成“教学案”(第一稿)个人设计；

二讨：备课组长初审后至少提前两天将“教学案”(第一稿)发给全体组员；由备课组长召集组员集体审稿，提出修改意见，优化设计。

三改：主备人根据集体备课组提出的意见对“教学案”进行修改，完成“教学案”（第二稿）。

四审：集体备课组长审阅，审阅合格签名后交学科审查小组审查，审查合格签名后交教导处领导审核，审核通过签名后方可印制发给学生。

五用：上课教师在上课前需进行第二次备课，在统一使用“教学案”下实现个性化教学。

(2)“教学案”的编写流程说明。

“教学案”的编写流程就是备课的具体过程，优秀的“教学案”来自认真的备课。“教学案”的编写流程的五个环节缺一不可，这样的备课周期比较长，过程完备，环环相扣，虽然看起来过细甚至繁琐，但它是务实而有效的。这种流程是能操作、可达成、有实效的，它将“集体备课”落到实处，个人备课与集体备课达到了有机的统一。“四审”环节中若有某一关未通过，则“教学案”要打回头，主备人继续修改，直到合格为止。“五用”环节也非常重要，科任教师在使用“教学案”上课前，一定要对“教学案”进行第二次备课，才能高效用好和发挥好“教学案”的作用；否则，把“教学案”当成学生的练习卷，学新课变成讲评课，效果一定不好。第二次备课时首先要了解教材知识点（包括思想方法）在整体教材中的地位和新旧知识之间的联系，而且还要了解本课时的习题之间的联系和其他课时习题之间的联系，其次要根据学生学习情况和学习规律进行教学设计。

(3)“教学案”格式与内容要求。

学校对各科的“教学案”设计的编写提出一般性的要求：“第一，教学案应该具备明确的学习目标；第二，应注意帮助学生梳理知识结构体系；第三，提供适当的学习方法和学习策略的指导；第四，提供检测学习效果的适当材料；第五，注意‘教学合一’，注重学生的学习。”

各学科组拿出本学科“教学案”编写的格式与内容要求，使之规范化。一般地，“教学案”的内容由“学习目标、预习导学、课堂学习（课堂教学四环节：检查预习情况、学生小组交流、学生小组提问、教师点拨总结）、课后练习”组成。具体操作上，各学科“教学案”编写格式也有各自的特色，具有个性化的设计，如数学学科在课堂学习环节中设置了“课堂五分钟快速练习”环节等。

3. 成效与反思

（1）形成“教学案”的模式。

第一阶段：教学案编写流程——初案写作、集体备课、主备试讲、形成教学案（四个环节）。第二阶段：教学案使用流程——教师二次备课、课堂教学、教学反思、教学案修订。

修订以后的教学案进入第二个循环。

三年多来，我校学生考试成绩、优生率达均达到40%～60%，大面积提高了学习质量，学生成绩比较稳定，没有产生明显分化现象。在2008年珠海市高中升学考试中初三学生的综合总分由以往区倒数前三名升至第三名，荣获区中考质量一等奖。获广东省第七届基础教育成果二等奖。

（2）促进教师专业成长。

首先，学校大部分教师认为该课题的实施带来的最大收获是教育理念的自我转变。教师们对探究性教学的性质、目标、任务、模式有了更深的理解。近两年来，教师参加各类省级教师现场赛课荣获一等奖2人次、二等奖2人次，参加各类市级教师赛课荣获市一等奖3人次、二等奖6人次。其次，教师工作方式发生变化。教师工作的特点使其成为名副其实的个体工作者，不同年级、不同学科的教师很少有机会相互交往和了解，“鸡犬之声相闻，老死不相往来”。但在实施“教学案”课堂教学模式后，教师们从个体走向合作，从单一学科走向多种学科联合对学生课题进行指导；对教师来说，这是工作方式的一种根本改变。教师不仅要与同事建立联系，而且要学会与其他教师一起工作、一起研究。再次，教师学习共同体形成。教师资源由“先富”逐渐趋于“共富”，正是这种资源的合理化，使教师间合作性增强了，促使教学成绩稳步提升，同级同科趋于平衡。

(3) 改变学生的学习方式。

“教学案”的使用激发学生积极向上的进取心，学生成为了学习的主动者、问题的发现者、课题的研究者、研究的体验者；将学生置于一种探究的学习状态之下，引导学生从被动学习转向主动学习。“教学案”让学生成为课堂主体，教师讲得精，学生参与面广，学生学得比较扎实，课堂学习效率高。作业基本当堂完成，一般当堂的作业只需10分钟左右，比过去减少了一半时间。这样就减轻了学生课后作业的负担；同时由于知识掌握得好了，解题速度及准确性比以往有了很大的提高。

(4) 反思：如何实现“教学案”共性与教师个人风格和谐统一？

“教学案”实施过程中如何把握好管理的“度”，既发挥管理与评价标准的统一性、全面性，又能体现管理对象的层次性差异？这就涉及到教学管理制度建立的伦理基础。

发展人还是规范人？实施教案、学案一体化的目的是实现优秀资源的共享，让更多的教师有更多合理的可支配的时间用于教育教学研究，在借鉴吸收优秀成分的同时实现教师群体共同的发展。任何一个“教学案”都倾注教学设计者很多的心血，教师为呈现自我的设计成果，从恪守职业道德层面，每一位“教学案”的设计者都不遗余力，以期通过自己的付出赢得同伴的尊重，因此，这个教与学的设计会带给设计者更多的反思，这本身就能促进教师有效审视自我专业发展的水准，为专业发展定位寻找合适的参照。教师之间因其发展基础、研究特长存在差异，视角也不同，“教学案”的“着墨点”存在一定的区别；再加之不同班级的基础差异和准备性知识的差别，“教学案”

在细节设计和处理上肯定带着教师自我的痕迹，不周密甚至存在疏漏在所难免。如何看待并让教师个性化使用统一的教学案，成为学校管理的关键。

在全球化时代，在学习文化与智慧的新时空里，学校需要更新学校观，创造学校改革发展的智慧，学校要有学习的智慧；同时，信息时代最突出的特点和最严峻的挑战是：面对全新的数字化生存发展新时空，所有学校几乎站在同一个“起跑线”上，出现重新“洗牌”、跳跃式发展的挑战和机遇；一些老牌、名牌学校在急剧变化的挑战面前很容易固步自封，结果不仅错失良机，而且压抑了教师和学生的创造性。学校必须具有整体的学习智慧，使学校真正成为学习型组织。学习不仅是个体的行为，而且是学校整个组织的行为；学习的主体不仅是个体，而且是团队，其核心是学校决策者、领导者群体的学习意识与反思性、创造性学习能力。学校与教师要有认识自我、超越自我的适应能力、生存发展能力。在对话中理解与沟通、在交流中分享与合作，在共同创造中获得超越与快乐，超越眼前功利，创造宽松、和谐的教育发展环境和“健康教育生态”。①

领导者的四项基本职责是了解任务、了解情境、了解你的追随者、了解自己（克里斯托弗·霍金森）。教育领导力是校长领导力的核心。校长对教师专业发展的领导力主要表现在对教师专业发展状态的判断以及校本研修的策划和组织能力等方面。提升校长教师专业发展的有效领导力的路径选择包括：校长要成为学习者，专业阅读、岗位培训等使其成为业务权威，能做教师的“教师”，使自己成为能熟练掌握教育规律、科学运用教育理论的教育家或教育专家；在研究状态下工作，发挥专长、对校本相关规章制度反思、关注校本问题研

① 桑新民．学习主体与学习环境双向建构与整体生成［J］．教育发展研究：上海：2009（23）

究；深入课堂，多听课、评课，开展教学质量监控，加强教学视导评鉴工作，诊断教育问题，给教师作专题报告或提出专业化发展建议，当好课程领导和教学领导。

校长要坚信每个人都有发展的需求，并激发这种需求；提供发展的机会与平台，促进教师专业发展与兴趣发展。学校要坚定改善教学的信念，对师生抱有高期望，寻找资源帮助教师改进教学，尽力帮助教师解决后顾之忧；制定校本人力资源开发规划与落实措施，细化过程管理流程；指导教师制订个体专业发展计划，建立校本教师专业发展资源支持平台；建立诊断式反馈机制，评价教师发展的共性与个性需求，进行自我诊断与学校评价；促进现代学校校本教师“主动发展”研修制度与绩效考评制度的建设与完善。

第五章

建立健全校本教师研修的管理和评价制度

校本教师研修活动常常出现各种各样的问题和具体事务，解决这些问题和处理好各项事务，才能保证研修顺利进行。而解决与处理实际问题和具体工作都需要遵循一定的原则与办法，这就需要建立一些管理制度和评价制度。管理制度是为教师研修服务的，是为了研修取得良好成效制定的，是顺利开展研修活动的保证，而不是对研修的约束；评价制度则是对研修成果的肯定、对研修活动的激励，而不是对研修的亵渎与惩戒。或者说，要使教师研修达到预期的目标，学校的领导者需要认识学校内部和外部的情境，明确学校和教师的需要和潜能，采取相应措施，因势制宜、因地制宜、因人制宜地抓住关键，做好管理工作，建立起适宜的管理制度与评价制度。对于研修管理问题，在前面的叙述中已经谈过一些，但似乎意犹未尽，特再予叙说。

第一节　校本教师研修管理的重点

一、校本教师研修不同发展阶段的管理[①]

校本教师研修有一个从初始到比较完善的发展过程，各个阶段状态不同、要求有别，管理则要因势制宜；教师专业发展水平有差异，则需要因人制宜；管理工作应该从现实出发，抓住重点实施管理。

（一）校本教师研修初期的管理

在校本研修开始启动之初，不少中小学的领导者和教师还没有认识到校本教师研修的价值与意义，对校本研修有不满情绪，采取应付的态度，学校领导者勉强搞几次讲座，组织教师写几篇论文，并研究几门课程的大纲，以完成上级布置的差事。可是询问教师为什么写论文和专门研究课程大纲，这些活动是否与校本培训有关？教师却摸不着头脑。而且，有的学校领导还对区教育行政部门负责人埋怨说，师资培训是教师进修学院的事，要学校承担培训任务及其管理是不务正业，浪费时间、浪费精力、浪费资源；校本培训本来就是份外的事，校本管理就更是额外负担了。有的分管教学的校长甚至认为，教师培训都不要搞得那么认真，还要什么管理，能做一下就够意思了。以上状况说明，学校组织开展校本培训主要是为了向上级交差；校本培训管理只是徒有形式，低质量、低效益；学校的校本培训，还处在外力驱动状态。这一阶段的管理主体应该是当地教育行政部门、培训院校和教研机构；管理重点是帮助学校认识校本研修的意义、价值和方法，明确校长在校本研修中的责任和作用，帮助学校建立相应组织管理机构和制度，加大对学校组织的研修活动的监管力度，加强督导。

① 陈大伟．有效研修［M］．沈阳：辽宁师范大学出版社，2010：30－36

在存在上述问题的学校和地区，有效的研修方式是实施集中培训。此时对学校组织的教师研修活动，不能过于放权给学校管理，否则容易放任自流，不仅延误教师专业成长，而且还会造成教师对校本研修产生不良看法，带来恶劣影响。在这个阶段的管理应当由区域管理为主，尽量调动学校领导者的积极性，实施联合管理的方式。在学校组织管理质量和研修质量不断提高的基础上，才逐步放权给学校和教师自我管理。

（二）学校主动参与研修阶段的管理

在学校领导者充分认识到学校高质量的教育是与高素质教师密切相关的，而高素质教师的形成必须依靠学校自主培训，校本研修就是建设高素质教师队伍、促进学校发展的根本途径时，学校开始根据实际需要和可能，积极主动地开展研修活动，提高研修质量和效益。当学校积极主动参与，并根据学校实际，因校制宜开展有效研修活动时，教师校本研修活动便处于自主发展的状态。到这一阶段，研修活动的管理主体开始从上级教育行政部门、教研培训机构向学校转移。学校管理的重点是开发研修资源，组织研修活动，建立相应管理制度，进行研修评估和奖惩。当学校自身有了自觉的参与热情，并因校制宜地组织研修活动时，教育行政部门和培训机构、教研机构就应该及时从直接监管转向提供信息、资源与服务，鼓励和支持学校自主选择，形成特色，提高研修效益。

（三）教师主动参与研修阶段的管理

这一阶段，教师开始体验到专业发展对提升工作质量、生命质量的重大意义和价值。而且，积极主动地寻求成长的时机，采取多种方式、利用各种有效途径发展自己。研修活动发展到这个时候，已经从学校推动走向教师自觉行动，教师迫切要求改变现有教育生活状态，追求更加美好的生活已经成为学习发展的主要动力，学习方式也从学校的组织走向教师的我自组织。当研修活动发展到教师主动参与阶段，研修活动的管理主体自然转移到教师身上。教师的管理主要表现为自我规划、自我设计、自主研修、自我评价和自我激励。教师的学习成为自动组织活动后，学校的管理必须坚持以人为本，在明确研修目标并确保研修目标实现的前提下，充分解放教师，由教师自选学习途径和学习方式。同时学校要努力创造和提供给教师自动组织的环境和条件，以建立“终身学习、全员学习的学习型社会”为方向，以学习型组织的理念建设和发展学校，促进教师自主、自觉发展。

从校本研修的组织发展阶段看，自动组织和外力组织都是发展的重要方式和重要力量，在组织发展的不同阶段，各自发挥不同的作用，体现不同的意义和价值。在组织初创时期，在缺乏自动组织的力量和机制时，外力组织必不可少。大多数情况下，没有外力组织作为推动，自动组织很难形成。但外力组织终究不是理想的方式，外力组织的根本目的在于促进自动组织的形成和发展。因为教师的知识和智慧，具有建构性、个体性、情境性、实践性等特征，教师对于其专业活动的认识、理解和信念，不是从外部“获得”的，而是从内部“建构”的。事实上，各种研修最终目的都是指向教师提高，并且必须通过教师的自觉学习活动才能实现。所以，从一定程度上说，教师研修行为的自动组织，才是校本研修方向和根本，而促进教师自我组织研修活动也是发展的方向和根本。

二、校本教师研修的分层管理

（一）关注教师职业生涯

职业生涯管理（career management）是 20 世纪 90 年代中期从欧美国家引入中国的一种全新管理理念与管理模式，它是现代人力资源管理的重要组成部分之一。职业生涯管理，是指组织开展和提供的用于帮助和促进组织内正从事某类职业活动的员工，实现其职业发展目标的行为过程，包括职业生涯设计、规划、开发、评估和修正等一系列综合性的活动和过程。[①] 这种管理模式更多地考虑员工个人的因素，着眼于员工的职业发展，持久地、内在地提高员工的积极性，在实现员工发展的同时也实现组织的可持续发展。教师职业生涯管理，即将教师个人发展与学校发展相结合，对决定教师个人职业生涯的主客观因素进行测定、分析和总结，并通过设计、规划、执行、评估和反馈的过程，使每个教师的职业生涯目标与学校发展的战略目标相一致，使员工的发展与学校的发展相吻合。[②] 教师职业生涯发展管理的目的和指向，在于全体教师的未来发展，是指在学校和教师个人的双重作用下，对教师的职业生涯进行设计、规划、执行、评估、反馈和修正的综合性动态过程，它是实现学校目标和教师个人目标的必要环节。

由于教师的价值观、工作动机和处世态度会不断地发生变化，学校可以帮助教师进行职业生涯规划，让教师在各个阶段得到组织的激励和帮助，以取得成功；教师会保持旺盛的工作热情，对学校的忠诚度也会越来越高。同时，学校帮助教师实现个人目标的过程，也是实现学校发展目标、提高教学质量的过程；亦可以为学校储备充足的人力资源，增强学校的凝聚力和向心力，从而减少教师的流失。在学校中引入职业生涯规划，更可以使教师看到只要自己付出努力，学校就可以为教师提供一个不断上升和发展的空间，这种精神和事业的激励是高层次的激励，对稳定教师所起到的作用也更加持久。事实上，开展教师的职业生涯管理，是一种对个人进行开发、实现和监控职业生涯目标及实施策略的过程。它能把组织与个体的长远利益及彼此发展结合起来，因此，它不应仅仅是个体行为，组织作为个体发展的载体，更应将其作为人力资源管理工作的重点。

---

① 袁蔚，杨加陆，方青石等．人力资源管理教程［M］．上海：复旦大学出版社，2006：154

② 申继亮．教师人力资源开发与管理［M］．北京：北京师范大学出版，2006：102

（二）建立具有教师职业生涯导向的管理模式①

职业生涯规划和管理是学校实现从传统人事管理向现代人力资源管理转变的必经之路。当然，建立学校职业生涯管理模式需要组织的各种相关制度的配合，尤其是人力资源管理制度的配合。具体而言，主要包括以下几个方面。

1. 建立具有职业生涯导向的招聘方式

坚持职能匹配的原则，所招聘的教师的知识、素质、能力与岗位的要求需相匹配。在招聘教师时，应设计合理而科学的招聘问卷，通过一系列的提问、交流、沟通，对应聘者的心理素质、职业取向、性格特征、兴趣爱好等方面有一定程度的了解，从而选择最合适的人才；同时，招聘过程中还应该为应聘者提供有关工作的各种信息（包括积极和消极的信息），使应聘者对未来从事的工作有一个较为准确的了解。

2. 建立具有职业生涯导向的阶段管理方式

根据职业生涯发展阶段论，每个阶段教师生涯的特征不同，其所面临的职业生涯发展问题也各不相同，因此，不同阶段的职业生涯管理工作也会存在明显的差别。学校在开展职业生涯管理时，要根据不同的发展阶段，采取不同的职业生涯管理方法。

通常适应期教师流失现象是比较明显的，可以采取以下措施：对于在适应期的教师，学校根据每位教师的发展特点，制订不同的发展策略，开发多元化的职业发展模式，使每一位教师都能获得职业生涯的高效发展。教师在全面分析自我后，编写个人职业生涯发展规划设计方案，其内容包括：教师对职业目标与预期成就的设想，对工作部门和岗位的选择，对各种专业素养的具体目标的设计，对成长阶段的

① 范莉莉．解决教师流失的新途径——建立具有教师职业生涯管理导向的管理模式［J］．教育学术月刊，2010（5）

设计，以及所采取的措施等。学校可以通过对教师进行系统、全面的职业生涯辅导，使每一个教师都能对自己有一个理性的自我认识、清晰的自我定位，从而合理规划人生，帮助教师选择发展的方向，吸引和留住教师。又如，学校在教师进入职业生涯试验期阶段时，要本着重点管理、动态管理的原则，以最终实现学校和教师双赢为目的对教师进行职业生涯规划。此时的教师，由于自身条件和职位设置的限制，其个人职位提升陷入了“瓶颈”，许多教师对自己早期的职业理想产生了动摇，因此引导这部分教师重新定位自己的职业生涯目标是十分必要的。一方面，学校可以通过工作反馈、生涯发展教育等形式，促使教师对个体状况和生涯发展机会进行综合诊断和评估，进一步认识自我、了解自我，确立适合自己发展的职业生涯路线，提高职业发展的目标性和针对性；另一方面，要促进教师进行系统学习，增强发展的后续力，如鼓励教师参加高学历进修班、开展校本教研活动、开展教育教学的反思性实践和行动研究，提高教师个体专业发展水平，这也是教师度过试验期的有效方式。

3. 建立具有职业生涯导向的发展方式

在进行职业生涯发展道路选择时，根据教师的实际情况，给教师提供多种方式发展途径。一般而言，学校组织习惯于将教师工作分为管理和专业技术两种发展途径。管理途径按照具体的工作内容可分为行政管理、教学管理、后勤管理、学生管理和教研管理等；或按照层次的不同，分为教研或年级组长等基层管理、教务或总务主任等中层管理、校长或副校长等高层管理。专业技术途径是教师的专业技术职称。学校应根据教师的实际情况，设立不同的职业发展方向。比如，骨干教师职业生涯的进一步发展大致可以分为三个方向：一个方向是在教学中发挥带头作用的，如教学能手、科学带头人、学科教学专家等；一个方向是在教育工作中成绩突出的，如优秀班主任、优秀团（队）辅导员、德育专家等；还有一个方向是在教研和科研中发挥带头作用的，如优秀的教研员、科研员、科研室负责人等；或者我们可以将骨干教师的职业方向分为资深教师（如学科带头人）、专家教师（全面发展型）、行政人员、科研人员、专业人员（如优秀班主任）。

4. 建立具有职业生涯导向的激励方式

学校对教师的激励不能千篇一律，应充分使用各种激励策略，如薪酬激励、目标激励、情感激励、信息激励等，并根据不同职业生涯发展阶段教师的差异性，采取不同的激励策略。比如说处于适应期的教师的激励重点，应在于提供培训学习机会，促进教师职业生涯的进一步发展。而处于试验期的教师，他们可能需要提高薪酬福利、拥有带薪假期和一些涉及老人与孩子的福利政策。这时学校要想以物质待遇留住这样的人才，需要在市场调查的基础上审视兄弟学校的福利待遇水平，建立以市场为导向的既具有外部竞争力又兼顾内部公平性的薪酬制度。相关的研究表明，只要教师收入指数能达到在当地收入的1.3倍以上时，这支队伍就是稳定而积极的。这样的薪酬福利制度，既不会使学校负担过重，又达到吸引和留住合格教师的目的。完善以生涯为导向的激励制度，使之与学校职业生涯管理形成一种合力，能够促进教师职业生涯发展目标的实现，提升其工作绩效，进而降低教师的流失率，实现学校的可持续发展。

5. 建立具有职业生涯导向的信息方式

一是建立信息系统，该系统内包括学校的相关信息，如学校的发展战略、职位空缺、各岗位任职资格标准、晋升标准等。这个信息系统是对教师进行职业生涯管理的出发点。当然，对于学校来说，应该及时地公布这些信息，使教师对有关自身职业发展的状况有一个清晰的了解，明确自身的努力方向，促使自身职业生涯发展的提高。可以说，学校的职业生涯信息系统，是学校进行职业生涯管理的基础，更是组织职业生涯管理效能提升的保证。二是建立教师的电子信息档案，包括：教师的基本情况，如出生年月、性别、受教育经历、学历、学位、婚姻状况、健康状况、工作经历、家庭情况及愿望等；在学校内的工作状况，主要是工作业绩、工作态度，特别是近期的工作表现，以及发展方向等。这些档案的建立能够使学校及时了解教师的情况，提升教师职业生涯管理的效能，从而降低教师的流失率。

（三）校本教师研修的分层管理

教师的发展，是学校发展和学生发展的基础和前提，也是提高教育教学质量的保障性条件。而教师自我认知意识的唤醒和能力的提高，又是教师自主发展的逻辑前提。在一定意义上讲，学校怎样评价教师，教师就怎样发展。用统一的标准去要求完全不同的教师，不但不现实而且不道德，也许更没有必要。教师的工作十分复杂，因此，任何评价体系和量表都无法涵盖和体现教师整体工作的风貌，可信度也就受到一定影响。另外，长期受制于外在评价的教师，不但会迷失自主发展的方向，而且也会影响其健全个性和独立人格的发展。作为教师个体来说，教师的发展应该是幸福的、主动的生命成长，要有自己的价值取向和追求，要付出自己的努力；而作为学校领导者来说，学校要努力满足人的合理需求，对教师的成长要有价值引领，同时给予教师个性化的帮助。不同的教师群体，有不同的专业发展水平，也有不同的学习需求，适应不同的需求，研修重点和方式自然也有所不同，广东高中教师专业发展状况的调查报告①说明了这一点（不同教龄的高中教师在所有五个维度上都存在显著的差异）。进一步比较发现：教龄3年以下组的教师在计划与准备、课堂组织与管理、师生沟通、评估学生的进步这四个维度的得分都显著低于其他各教龄组教师。3~5年教龄的高中教师在教学反思维度的得分最高，然后是3年以下和16~20年教龄教师次之，而20年以上教龄教师的教学反思得

① 施铁如，袁立新．广东省高中教师专业发展状况的调查报告，第10页

分最低。年轻教师，最注意对自己的教学进行反思，虚心请教别的老师，研究教学问题；而教龄在20年以上的老教师，则相对较少去反思自己的教学。学校领导者应针对不同的对象变换管理重点与方式。

1. 新教师的研修着重点在于达到合格教师的标准

新参加工作的教师，到了一个崭新的环境，对学校教育教学工作不熟悉，刚上讲台时，遇到偶发事件会惊慌，乃至手足无措，会对当教师失去信心，因此对新教师的培养十分重要，它关系着新教师的未来一生的事业。领导者的主要任务，是积极帮助新教师尽快完成角色转换，缩短适应期。培养的重点，是抓好课堂教学常规，在备课、上课、听课、评课等方面给予具体指导，给他们打好基础，使他们愉快地过好教育教学关，尽快成为合格的教师。

同时，学校管理者要善待青年教师的热情，要善待青年人身上喷发出来的那股锐气，因为锐气是创新的基础。教育和教学都需要创新，但创新必须有勇气和胆量，创新需要锐气。没有激情，没有锐气，暮气沉沉，温温吞吞，不敢越雷池半步，这也怕、那也慌，只会人云亦云的人，怎么可能创新呢？具有锐气的人，可能会给人锋芒毕露的感觉，可能会以另类的形态出现，可能会与多年的常规相悖，还可能会让管理者觉得尴尬；具有锐气的青年，有时会考虑不周，会顾此失彼，甚至出现一定的失误。对此，我们不要总是盯在那个暂时的结果上，而要把眼光放得远一些，要看到锐气后面的巨大潜力。善待锐气，不仅仅需要理解和宽容，而且需要给具有锐气的人以必要的指点和引导。这就要求管理者，不仅要有海纳百川的宽大胸怀，还要有循循善诱的方法和技巧。锐气是生机和活力所在。一所学校，如果没有几个具有锐气的教师，就不会有生机，不会有活力，更不会有什么创新。从这个角度来看，善待锐气，就是善待我们的事业，就是善待我们的教育对象。

2. 合格教师主要是“升格”研修

对于有一定教学经历和经验的“合格”教师，研修的主要任务是追求教育教学的“升格”，使他们成为有一定特色的骨干教师。研修方式有：送出去进修、参观或请专家来学校讲课，以提高学识水平，扩大视野；给予重要任务、压担子，磨砺才能；搭舞台，展示技艺；通过同事间的合作互助，促进其踏上新的台阶。

3. 骨干教师是“自我超越”的研修

已经有一定教学特色的骨干教师，研修的主要任务是，不断超越自己，追求教育教学的继续创新，成为在某个方面有突出特色的专家型教师。研修方式包括：充实、提高理论素养与学术水平，以进一步完善自身；搞专题研究，不断提出新的见解，将工作经验提升为理论体系；写著作，带徒弟，培育他人。

4. 老教师通过总结经验进行研修

对于年龄55岁以上的男教师和50岁以上的女教师的研修仍然应当给予充分重视。首先，前面已阐述过教师继续教育的意义及其思想来源于终身教育思想，终身教育意味着终其一生的学习和接受教育。只要没有退休，就应该参与有组织的学习；退休以后，还需要进行自我学习和社区学习等。其次，我国基础教育改革正在深入发展，处于变化和转型中，不学习就难以适应变革的需要、要求的变化，老教师也不能例外；同时，参与学习是所有教师的权利，不能因年龄将临退休就剥夺老教师研修的权利和机会。但老教师参与研修的方式和途径又应该有所不同。

【案例】

克难攻坚　创新模式

——浙江省宁波市鄞州区启动中老年教师轮训工作①

中老年教师是教师队伍的一个重要群体，但是中老年教师继续教

① blog. sina. com. cn/s/blog_ 51383aa70100i40t. html

育培训却得不到足够的重视，往往成为师训工作的盲点和难点。在充分调研的基础上，结合中老年教师队伍的实际，制订《鄞州区“中老年教师轮训工作”行动计划》，对男未满55周岁、女未满52周岁的全区中小学中老年在职教师（已被评为区级以上教坛新秀、学科骨干、名教师等称号以及近三年内参加过区级以上骨干教师培训的教师除外），须分期接受带薪、脱产、免费培训一学期。

来自集仕港镇中学的学员代表毛植荫动情地说，以前学校领导大多重视青年教师培训，我们中老年教师成了“被遗忘的角落”，现在有了“充电”“加油”的机会，我们会倍加珍惜培训机会，活到老学到老，跟上新课程改革的节拍，在今后的职业生涯中发挥余热。

培训形式采用“请进来、走出去、沉下去、写出来”的方式；通识培训与学科培训相结合、理论学习与教学实践相结合、集中学习与小组研讨相结合、骨干示范与个人尝试相结合；运用“理论学习—骨干示范—教学诊断—实践提升”的培训模式，力求使参训学员学有所获，帮助学员进一步提升课堂教学能力与教学管理能力。其中：集中培训两个半月，共300学时；易校跟班1个月，共120学时；外出学习半个月，共60学时，区外市内、市外省内各一周。培训内容突出了实用性和趣味性，内容涉及新时期学校教育的政策法律法规、新课程标准解读、学科课堂教学艺术、学科教材分析及教学设计、听示范课、上诊断课和汇报展示课、说课、评课及撰写教学反思等。为保障这项轮训工作顺利开展，区教育局专门成立了教师继续教育领导小组，做到职责明确、任务到人。区教育局组织/人事科为该项工作的责任科室，区教师进修学校为具体工作的落实单位；各教辅室把该项工作视为一个阶段内教师继续教育工作的重点，统筹安排，为中老年教师轮训工作创造条件。区教育局还将定期组织人员对学员参训情况（培训态度、出勤、听课、作业等）进行考评。凡考核评估“不达标”的教师，当年度不能评为各级各类先进，表现不良的教师要给予批评教育乃至待聘或高评低聘；对培训成绩突出的学员予以表彰奖励。

一般来说，年长教师有更多的经验，这是老教师的基本特点。经验是财富，因为它提供了认识事物、现象的框架和结构，同时还提供了应对事件的及时的反应模式。但有时经验又是包袱；这种框架、结构、模式成为固定的东西后，容易对新事物、新变化缺乏敏感，甚至对新的理念采取抵触态度，因为对动力定型的破坏意味着生活方式的改变。所以，与时俱进对于有经验的年长教师来说十分重要，否则，就会使他们落后于时代。因此，对年长教师的校本研修，在于如何利用其经验，用新信息刺激其反思、以改组经验。同时，利用年长教师的成功经验，参与对年轻教师的指导；或组织他们把经验写出来（或通过视频、声像、文本等方式保存其有益的经验），使之成为学校的一种财富。动员年长教师整理经验、传递经验，不仅是为了尊重年长教师，也是为了促进年长教师的发展。

【案例】

四川省绵阳市平武县小学老教师继续教育培训计划

1. 培训目标

通过对小学老教师进行教师职业道德、新课程改革培训，使老教师牢固树立“在岗尽职尽责”的思想；克服老教师在新课改中“穿新鞋走老路”的现象；克服认为新课改是中青年教师的事，因而消极等待退休的错误的思想，牢固树立终身学习的思想；以“新课改与老教师的困惑”为题，共同研讨新课改实施过程中所面临的问题与困惑，找出解决问题的方法。

2. 培训对象

在岗的小学高级教师。年龄范围：女教师50岁以上，男教师55岁以上。

3. 培训时间

每年举办一次，培训时间为五天，50学时。

4. 培训内容

教师职业道德教育；新课改的教学与实践；老年教师心理健康教育；计算机电脑基础知识培训；专题研讨如下内容。

(1) 新课改实施中我们的得与失。

(2) 新课改离我们有多远?

(3)“暮年壮志不已”，与本县优秀老教师作交流。

5. 培训要求

(1) 加强培训管理，认真制订培训课程计划。

(2) 安排好教学工作，选派老教师参培。各小学要根据学校的实际情况，提前安排好学校的教学工作，选派老教师参加培训，不得以任何借口拒绝派老教师参加学习，否则追究学校领导的责任。

(3) 端正态度，严格要求。参加培训的教师必须端正学习态度，认真学习，不得以任何借口迟到早退。参培教师要严格按照教师职业道德标准要求自己，在岗一天就要牢固树立“在岗尽职尽责”的思想，树立终身学习的思想。

(4) 学习新课改，理解新理念、掌握新方法。参加培训的教师要认真学习新课标，根据自己近几年的教学经历进行反思，重新理解新课改的基本理念和思想，看自己的新教材教学工作与新课标的要求有多远，是否是“穿新鞋走新路，或是穿新鞋走老路，还是穿旧鞋走旧路，抑或穿旧鞋走新路”。从而针对自己教学中的问题，改进对新教材的理解和教学，学习新的教学方法。

(5) 学习计算机基础知识，掌握基本的教育信息技术。参加培训的教师，不能因为自己年龄偏大就不学习计算机基础知识，就不掌握基本的教育信息技术。参培教师要学会从网上获取教育资源，从网上学习新的教育思想和教学方法。

(6) 培训与教学相结合，认真组织考核。教师进修学校要根据参培教师年龄偏大的特点，把培训与教学工作结合起来，抓住课堂教学中的问题，有针对性地进行培训。也可多组织教师进行观摩课堂教学等活动，然后进行讨论。在学习结束时要认真组织考试和考核，考核的方法可多样化，说课、讲课、评课、教学设计等方法都可。结业成绩通报全县。

6. 培训保障

（1）领导保障。各校领导要高度重视老教师的培训工作，要关心他们的学习和生活；重视他们几十年教学的经验，帮助他们总结工作中的得与失；要重视发挥老教师的作用，更不能歧视老教师。尊重和爱护老教师是我国千百年来优良的教育传统精神得以传承的根本所在。

（2）学习保障。各校领导要安排好老教师离校后的教学工作，让老教师能安心地、专注地参加学习；教师进修学校要安排好老教师参培期间的住宿和生活，保证他们吃得好、住得好、学得好。

（3）经费保障。老教师学习期间的培训费、住宿费、车船费等根据上级有关部门的规定，在学校的公用经费中报销，各校不得以任何借口让教师个人承担。

三、校本教师研修管理制度的建构①

学校领导者，应该为教师研修和推进教育教学改革提供支持；积极促进教师建立起按照问题分析的线索，筹划教育教学改革行动的习惯；以及培养教师敏锐地分析和总结教育教学经验和研修成果的能力；并保证教师研修的正确方向，推动教师的有效研修。这些都是校本教师研修管理应当思考的问题。

① 张丰．校本研修的活动策划与制度建设［M］．上海：华东师范大学出版社，2007：145－154

（一）教师校本研修活动管理中的问题

校本教师研修活动管理的目的，是为了促进教师的有效研修。在现实中校本研修活动管理状况与此还有相当差距。主要体现在以下方面。

1. 教师在日常工作中缺乏问题意识和反思积累机制

研究始于问题。但由于专业背景和工作负荷的原因，教师平时还是以执行性的工作为多，思考研修相对不足。在日常工作中，尽管教师们总会遇到一些困难和问题，但及时地对这些问题进行记录、整理和反思的习惯还没有形成，因而在主动发现问题、提出问题方面就显得薄弱。

2. 对教师研修活动的管理缺乏有效的指导与服务支持机制

近年来，教师课题有了增加，教师撰写的论文也多了，学校科研管理的组织与制度也在健全和发展。但是，基层教师研修中模仿者多以及学校管理者对教师研修以管理联络为主的现状还没有得到根本的转变，教师在研修过程中能得到的具体指导较少。就连过去所坚持的现场结题，也多改为通讯结题。教师研修的意义，是在研修过程中的学习、思考和探索中体现的，但由于管理上对研修过程的忽视和乏力，只得以评奖代替指导，使得不少教师在研修上的注意力盯在结果的文本，而没有把教育教学实践的改进作为研修的中心。

3. 对教师研修的要求缺乏层次性的科学的评价机制

教师研修与教师工作是有区别的，它很难通过强制的方式来推进。但是，不少学校的教师管理制度和对教师激励作用最大的有关教师评价政策中，没有注意“外驱”与“内驱”的不同，往往以单一的以结果为主的评价模式来评价教师的研修。教师开展研修的表征方式，已逐渐被单一化为发表、结题与获奖。这使得外在评价得以扩大，而基于教育教学实践需要的评价、同行的评价却被忽略。而且不同基础、不同背景、不同学科教师的研修需求是不一样的，所习惯的研修形式也是各不相同的，但在教师研修评价中往往没有尊重这些差异。

4. 研修与实际工作结合不够，没有形成理想的成果推广应用机制

有效的教师研修，应该是对改进实际工作有所促进的，但不少学校认为，教师研修所探索和追求的东西过于理想，而实际工作必须讲求功利，因而人为地将教师研修与教育教学工作割裂开来，甚至有的还对立起来。这就使“研修”变成教师的工作负担。其实，做超脱的研修要比做务实的研修容易得多，在学校研修管理出现不当导向的情况下，教师们自然会选择与实际工作相剥离的研修方式。在这样的环境和氛围下，教育教学改革活动与成果的推广应用便举步维艰。应当强调教育教学改革与教师研修的相互联系；也只有与具体教育教学改革相联系的研修，才会对教师实践性知识的发展有所帮助，教师面对不同教育情境时的决策行为才会更加科学合理。但是，当两者被剥离开来后，教育教学改革就会沦为普通工作的延伸，而教师研修则更是泛泛而谈。所以，校本研修活动工作制度，必须把研修与实际工作的融合作为基本原则，努力促进教师的有效研修。

（二）校本研修活动工作制度的架构

要改进校本研修活动，端正教师研修的导向，推动教育教学改革，就要认真研究和规划校本研修活动的基本制度，并把促进教师自主发展和有效研修作为整个制度的重要原则。具体的制度有如下一些。

1. 调查校本教师的研修需求

不少学校的领导者，通过教师考核制度中增加研修方面的要求来推动教师研修。这种下达指标的模式所推动的是“外驱”的研修，它不能真正激起教师通过研修解决问题的欲望和激情。那么，如何激发教师有意义的研修呢？应当从教师研修需求的调查做起，并要将这种工作方式制度化。教师研修需求的调查，一般应该在每个学期或学年结束时进行。先将“教师研修需求调查表”发给教师，让教师结合自己的工作填写若干张，然后在学科组与年级组会议上交流讨论后，确定自己下阶段的研修方向。对于研修方向相近的教师，可以联合组成“问题小组”，共同探讨。通过问题与困惑的整理归因，以及对初步实践的分析反思，拟好下阶段研究解决该问题的基本计划。在这个教师需求的调查过程中，教师们朴素的研修就已经开始，大家思考确定“研修主题”的过程，就是一种教师自主研修。

【案例】

学校课题研究的启动模式[①]

教师研修的展开和学校课题的规划，一般有两种启动模式（申报机制）。

（一）自由申报模式（即“发动模式”）

在发挥学科组与年级组的桥梁和中介作用的基础上，根据教师的兴趣与关注点，自下而上地申报课题。这样，教师真实的研修需求能够得到学校的支持，教师自下而上的课堂教学革新能够得到鼓励。但这对教师素质提出了更高的要求。

（二）指导性申报模式（即“推进模式”）

学校根据当前教育热点，结合本校实际，确定课题指南或大的研究方向，通过年级组、学科组、班主任会议等，引导教师对某一领域的教育教学实践进行反思，并从中发现问题，提出课题。这些课题可以纳入到学校的总课题中。其中，一些切入点好的小课题可以作为学校总课题的骨干课题。

变“中间力量”为“中坚力量”

大部分学校在教学管理中把教研组仅作为教学行政管理与教师之间的“纽带”与“桥梁”，而大部分的教研组长给自己的定位，也只

① 吴盈盈．学校管理智慧：教师成长［M］．济南：山东文艺出版社，2011：49－52

是上情下达、下情上达的“联络员”，以及教学常规行政管理的“助手”。这种管理思路及自我定位，导致的最直接、最严重的后果，是教研组长依赖性与惰性的形成，隐藏着极大的教学管理的风险。必须将教研组长由“中间力量”变为真正的“中坚力量”，学校教学管理的效度及质量的提升才有基础与保障。

一、“中间力量”的问题何在

问题一：教研组长缺乏自主开展工作的角色意识和整体结构性思维。

不少教研组长习惯于只担负上传下达、贯彻执行、协调工作关系的任务，对教研组工作应该如何开展思考不多，缺乏自主开展工作的角色意识；对教研组要开展的工作及主要问题的认识停留在点状思维、条状思维的层面，缺乏整体性、结构性思维：对组内现状的分析不够深入，对本组工作在学校整体工作中的定位不够明确，没有透过现象看到本质的问题，透过事情看到人的问题。

这样导致的后果是，教研组长缺乏整体的规划意识，只把教研组工作当做一项临时性的任务，活动中也就没有了主线和灵魂，没有了鲜活的具体措施：缺乏开展组内工作的空间层次意识，只知道自己该怎么做或这个专题活动怎么开展，而面对组内不同层次教师发展的整体推进、研究工作整体开展的相关性不清楚；缺乏开展组内工作的时间过程意识，对教研组近期要开展的工作想得比较清楚，但对近期工作如何发展到中期、远期不清楚；缺乏开展组内工作的主次关系意识，教研工作效率低下。

问题二：教研组长缺乏整合能力和效率意识。

从教研活动的主题来看，教研组也制订了一些研究专题，但不少专题研讨的主题和教师近一阶段教学中存在的实际问题是“两张皮”，没有有效地整合起来，隔靴搔痒，对教师改进教学帮助不大。

从教研活动的主体来看，一些组长“对事不对人”，关注“事”比较多，而关注“人”的变化较少。因为“事”的完成具体可见，是可以量化、可以显现的，而“人”的变化相对缓慢、相对模糊，较难量化。而且对教研组和组长的考核评价，基本上也是以完成“事”的量与质为主，于是就导致了误区的出现。其实所有“事”完成的最终目标是促进“人”的更好发展，只有人的发展才是学校发展的根本所在，这不能本末倒置。

从教研活动的效率来看，任何学校都会有一批自己的骨干教师，如何将他们的阅历与经验以及教学成果辐射到其他教师，在不断的碰撞与交流中激发教学智慧，让同组的新教师更快地成长，让全组的教学效率全面地提升，这是组长最需关注并努力付诸行动的重点工作。但不少教研组长往往忽视了这点，没有充分利用组内资源，造成人才浪费。

二、“中坚力量”的目标如何实现

措施一：全面关注教研组工作计划，并通过全程督导评价，提升教研组长自主开展工作的角色意识和整体策划教研活动的能力。

教研组工作计划的制订应包括以下内容。

(1) 找问题。对问题的反思是发展的基础，教研组长要组织讨论并分析个体与集体存在的问题，找出教研组进一步发展的方向。

(2) 理思路。通过对不同层面的问题进行梳理，找到解决问题的方向和途径。

(3) 定目标。在以上两个步骤基础上确定的目标应该能够更实在、更有针对性，目标要成为全体组员的共同愿景与行动的指南。

(4) 想载体。载体分为常规工作与创造性的个性化工作，但是所有的工作必须渗透教研组的目标并能呈现目标。

学期初，学校要对各个教研组的工作计划进行严格的审阅并及时地反馈信息。审阅评价主要围绕上述步骤展开，看问题是否找准、思路是否清晰、目标是否明确、载体是否有效。

在计划确定之后，下一步就是对计划实施全程的督导评价。通过评价促进教研组长转变角色意识，主动思考作为一个教研组的带头人应该怎样组织开展教研组活动，怎样带领全组教师共同发展；通过评价提升教研组长整体策划教研活动的能力、全面实施教研活动的能力和结合具体情境解决具体问题的能力。

措施二：通过对教研组团队建设过程的评价，提升教研组长促进不同层次教师共同发展的能力。

学校不但要重视对教研组长个人能力的评价，更要重视教研组长带领教师群体共同发展，致力于教研组团队建设能力的评价。因此，教研组长首先必须提高自身的理论研究素养，找准发展的方向，而且能够把理念外化为日常教学的新行为、新习惯；不仅能把握自己所教学科的整体结构，而且能够独立开展研究。其次，教研组长要对不同层次的教师提出不同的要求，“用其长，避其短；立其志，开其潜；知其思，促其成”。要发挥骨干教师的引领辐射作用，帮助其他教师实现加速度发展；要加强教师群体之间的积极互动，强化资源共享的意识，倡导教学研究的重心前移和后续巩固的过程研究意识，倡导专题研究的有效意识；要在教研组内进一步重心下移，强化同一备课组的集体备课规范和轮流听课活动的频度。

2. 课题研修的管理与组织

教师研修课题管理制度的建立，对于促进教师研修从无到有，逐渐形成研修习惯，并在帮助教师了解研修规范、掌握研修方法方面发挥了重要作用。特别是课题立项与结题等要求，会对教师研修入门有所帮助。但过于拘泥于课题管理的形式，就容易出现“重形式轻实质”的倾向。事实上，教师研修应该从无规范到有规范，再在有规范的基础上超越规范。课题管理制度中的一些要求，应该是教师学会研修的“拐杖”，在教师初次接触时“借杖一拄”，而在教师基本掌握研修规范后则鼓励教师弃杖“独立行走”。一切研修从教育教学改革的实际出发，强调研修的务实与具体。“微型课题”就是反映这种倾向的教师研修形式。它不求完整、严密的课题论证，而是针对实际工作中的“真问题”，采用“小切口”的研究策略来解决问题。所以，在管理上要简化程序与形式的要求，在研究过程与成果评价等方面尊重教育教学现场研究的特点，以鼓励广大教师真正投身于教育教学改革。

进行“微型课题”的管理（包括一些未课题化的教师“主题研究”）需要注意以下几点。

（1）摸清家底。要全面了解教师在关注些什么，有了哪些初步研究的雏形。要鼓励教师将一些专题工作当做非正式的课题来做，以课题研究的思路方法对待工作。教师的研修有些条件比较成熟，并已纳入上级课题管理序列；而大量的还是教师自己进行的、有主题的“微型课题”；当然还会有一些教师尚未提炼出研究主题，而以实践反思的积累作为其研修的前奏。学校课题管理要把这些情况都尽量弄清楚。

（2）分类论证。教师选择某一主题进行研修，肯定有他的角度与思路。但拓宽思路进行交流是十分必要的。学校教科室可以组织相似方向的教师分批召开研讨活动。一方面，让教师把提出问题的思维过程再现出来，大家一起来讨论论证；另一方面，相近研究互相比较，会促进取长补短，大家对自己的特点会更加明确。

（3）搭建交流平台。学校要结合教研组活动，或利用校园网建立教师研修的交流研讨制度。提供平台供教师们发表、展示和评论，这不仅仅会促进信息的共享，还因为教师在展示过程中的成就感，推动教师深入地研修。

（4）巡访研究现场。反映教师“微型课题”研修情况的最好场所就是教育教学活动的现场。所以教师课题研修的过程检查，除了集中座谈点评外，更多的应该是深入教育教学现场的观察与研讨。一要看是否在真研修；二要帮助分析和提炼研修的特点，发现问题，及时调整。这完全可以和教研活动等联系、结合起来进行。

（5）帮助总结经验。教师们有着丰富的经验，但却不善于总结。作为教师研修的管理者，就要有指导教师进行研修总结的能力。指导者要把握研修者的思路，因势利导，而不是把自己的思路强加给研修教师。

（6）注意档案积累。在教师实践探索的过程中，会有很多精彩的事例和临机的“火花”。学校教科室，一方面要指导教师积累资料，捕捉有价值的闪光点，及时整理提炼；另一方面要做好教师“微型课题”研究材料的归档。“微型课题”容易无形无踪，特别要注意及时保留资料，这些资料是教师研修资源的积累，重视生成性的档案会促使研修“拾级而上”，但是，又要避免那些与课题没有关联的“擦边球”似的资料的堆积。

3. 建立成果推广应用的工作机制

建立成果推广应用机制，既能扭转教师研修与教学实际之间脱节的现象，又可以加强研修的实用性，诱导教师开展一些更有现实意义的教学改革实践活动。因此，建立成果推广应用机制十分重要。而且，成果推广应用工作机制的建立，能更准确地把握教师研修与学习的关系。在形成成果推广应用机制过程中，要注意建立教师经验和研修成果的交流机制。这方面，可以通过日常的教研活动分散进行专题的展示交流，可以建立教育教学改革成果报告会制度，也可以文本资料和在网络上进行成果发布。考虑到教师研修的特点，应充分结合案例来进行展示交流。

学校成果推广应用的工作机制主要有两类：一是项目制的推广，以一种多案例的小课题形式来进行。教师的研修任务一方面是结合实践开发与积累案例，另一方面是分析解读其中的经验和策略。二是课程化的推广，将成果转化为学生修习的课程，让教师在摸索实施该课程的过程中研修改进。

【案例】

以"352"学案制促进高效教学的校本研修①

2008年秋季，学校开始探索和研究学案制教学。通过几年的探索和实践，形成了"352"学案制高效教学的校本研修模式。

备考思路：一体两翼三突破

"352"模式的基本内涵："3"指有效教学的三个标准：有价值、有效果和有效益；"5"指五条有效教学策略：培养和发展学生的自主和探究学习能力、开展合作学习、教学针对性与有效性、构建发展性评价机制、建立学习文化的驱动机制；"2"是指充分发挥教学的双主体作用。根据黄金分割律对学案制教学的教学时间、内容、难度、目标、测试试题结构按3∶5∶2的比例进行优化处理。

细化教学管理，增强校本研修的有效性。(1) 加强备课组的建设和指导，促进教学质量的提高：强化备课组活动制度（"四定""五统一"）；以备课组长为核心，落实教学的各个环节；定期召开学生座谈会，提高教学针对性；(2) 高质量编写好学案。学案制下的备考复习模式是"问题驱动+强化训练"和"五备"（备大纲、备教材、备学法、备学生、备难度）；学案编写的细节要求是各步骤要有时间分配。

"352"模式有如下特点。

系统性："352"学案制高效教学模式的实践具有科学系统的理论支持，学校制订《高明一中学案制改革的实施方案》和《高明一中学案制教学管理细则》，开展立项研究，将在2008～2013年5年时间完成这次课题的探索和研究，其中包括一年预研、三年实验（规范管理年、精细化管理年、个性化教学年）和一年总结推广，实施了小班化教育等配套措施，并在全校各年级全面推行，全体师生共同参与，具有连续性和持续性。

① 广东省佛山市高明一中"学案"手册.2010年9月

自主性："352"学案制高效教学模式是在借鉴了国内一些先进的教学模式的基础上根据我校实际情况提出来的，它有特定的内涵和外延，是自主研发设计的，具有自主知识产权。

实效性：教师教育教学观念逐渐转变，教师对素质教育的认识不断提高，对教育的使命、任务、功能有了更深刻的理解，基本满足了现代教育需要。学生学习方式逐步转变。学生逐渐养成了主动学习的良好习惯，自主学习、探究式学习和合作学习的能力不断提高，学生的非智力品质得到发展。

第二节　建立校本教师研修的评价制度

校本教师研修评价的目的，是促进教师专业化持续发展，进而推动学生素质提高。领导者的职责是组织引导教师积极、自觉参与研修，促进研修走向规范和深入；总结研修收获，开展研修交流；在深刻思考的基础上，促进自身水平的提高和改进教学过程。但是，现实的教师研修评价，有的以每年写几篇文章、写几个案例、参与一项课题等量化成果为指标。这样评价与教师研修的目标和研修方向并不一致，与教师自主研修、自定计划、自选研修课题不符。应当把刚性任务的要求转化为体现合乎研修的导向。极力改变主要通过成果数量的统计清点来评价教师研修的做法，多采用展示性的团队评价，让教师把生动活泼的研修过程及其成果拿出来展评，促进教师团队研修的开展和教师之间的成果交流。

针对研修评价的实际状况，《基础教育课程改革纲要（试行）》特别指出："改变课程评价过分强调甄别与选拔的功能，发挥评价促进学生发展、教师提高和改进教学实践的功能。""建立促进教师不断提高的评价体系。强调教师对自己教学行为的分析与反思，建立以教师自评为主，校长、教师、学生、家长共同参与的评价制度，使教师从多种渠道获得信息，不断提高教学水平。”明确要求实施发展性评价，这既是新课程改革的内容，又是教师评价改革的基本方向。

从评价目的、内容、对象、技术手段和方式方法等不同侧面划分，可以将评价分为不同的名目，如发展性评价、奖惩性评价、课堂观课评价、研修评价、教师专业发展评价、录像评价等。无论何种评价都要充分占有评价对象的信息资料，并对相关资料进行分析处理，以此来认识评价对象的状态和价值。兹选择几种扼要简介于下。①

一、发展性评价促进校本教师专业发展

发展性评价的目的，在于通过评价认识现状，把握改进方向，规划后期工作，促进评价对象不断发展。在学校，发展性评价旨在促进学生发展和改进教育教学，推动课程改革与教师成长。从评价时间看，发展性评价贯穿于教学过程始终；从评价主体看，被评价者同时也是评价者。评价主要在教室和教学活动的现场进行。对中小学教师实施发展性评价，对教师成长有导向作用，能够激发教师的积极性，引导教师朝着好教师的方向发展，不断提高自己的专业水平；还有诊断作用，能够帮助教师发现自己成长过程中的优势和不足，引导教师发挥自己的长处，弥补自己的缺陷；又有预测作用，评价不只是关注教师过去的业绩，更面向教师未来发展，为教师发展指出目标、方向和路径。

发展性评价的根本目的，是“一切为了发展和改进”，评价必须有利于提高研修的效率，为教师专业发展和学校改革发展指明方向和提供动力。评价不只是为了判断，而且是为了提出适合被评对象发展的具体的有针对性的建议，以促进评价对象最大可能地发展。对教师研修活动的评价是持续的过程，应该贯穿于研修活动的各个环节。应当明确发展性评价承认个体差异，体现以人为本，评价要关注和理解

① 陈大伟．有效研修［M］．沈阳：辽宁师范大学出版社，2010：146－157

被评者的处境和需要，针对不同人的不同特点及其发展潜力，提出发展目标和要求，以激发被评者的发展积极性。还要注重发挥被评者在评价中的主体作用，以自评、自我教育为主。充分突出被评者的主体地位，激发其进行自我评价。在进行自我评价时要注意两点。一要有明确的评价内容和评价标准，这样才能有目的地收集、分析有关自己教学的资料，还有助于减小教师自我评价与其他评价之间的差异；二是自我评价的结果不宜与奖惩或利益挂钩，因为那样会由于压力或追求功利而不能正确对待自我，在评价中不顾实际地抬高自己，或者有意隐瞒自己的不足和缺点，从而失去了通过评价促进自我发展的目的。

在突出教师本人在评价中的主体作用的同时，还应重视发挥学生、学生家长和同事在评价中的作用。在一定意义上，学生、学生家长和同事都是教师的工作伙伴，不但直接或间接参与了教师的教育教学活动，而且能够从不同侧面反映教师的工作表现，对教师的改进和提高会产生积极影响。要为学生、学生家长和同事评价创设参与的氛围，教师要认识到他人评价所提供的信息对改进和发展自己所起的重要作用，要以平和的态度、宽广的胸襟接受他人评价。由于在教育教学目标、方法和过程以及教学对象、教学环境等方面的相似性，同事对于教师的工作有着更深刻的认识和更准确的理解。所以同事评价是重要的学习和交流机会，教师可以从同事的评价中获得有价值的信息和经验，这对于改进教育教学和自身发展都是有益的。在评价中，同事评价不宜直接与教师的各种利益或名誉挂钩，因为那样有可能引起教师之间的利害冲突，使同事之间相互提防，阻碍彼此之间敞开心扉，影响评价的客观性、合理性及提出有价值的改进建议，从而削弱同事评价对教师的促进作用。

在教育实践中，发展性评价与奖惩性评价有着密切的关系。发展性评价与奖惩性评价的评价内容和标准，有可能部分是相同的，二者可能相互参考对方的评价资料和评价结论；发展性评价的一部分目标可能朝向奖惩性评价。同时，只要奖惩评价与发展性评价的内容和标准是一致的，对教师的发展性评价有助于教师在奖惩性评价中获得更好的成绩。一般而言，从促进教师专业发展的角度，以及同伴互助、合作分享的角度，研修活动应该以发展性评价为主，奖惩性评价作为辅助。还需要指出的是，教师发展性评价与奖惩性评价又应该适当分离，虽然奖惩性评价可以参考日常发展性评价的资料，但一般不宜在教师不知晓的情况下将发展性评价的资料用于奖惩性评价，更不能将所有的发展性评价都与各种利益挂钩，因为那样教师会感觉到有压力，从而在发展性评价中畏首畏尾，一味迎合奖惩性评价的要求，甚至可能导致不真实的评价结果。当然，教师在奖惩性评价中所提供的资料，都应该是在日常教学中所发生的事情，不能是假象，这就需要健全奖惩性评价真实性的保障机制。

二、课堂教学评价促进校本教师专业成长

在校本研修中为了增长和加强教师的实践知识和能力，时常采用课堂现场观课和评价的方法，因为教师的知识、能力始终会表现在课堂上，无论是讲课或评课，都能促进参与者的专业成长。现场观课评价根据选择不同的方法和手段而有多种方式，兹就现场观课评价和录像评价作扼要介绍。

（一）现场“观课”评价

所谓现场观课评价就是组织研修教师讲课、观察课和评课，借以增长教师的实际知识与能力的一种研修活动。观课评价的基本步骤如下。

1. 听课和记录[①]

参与听课的教师和有关评价人员在上课前就进入教室，选择适当

① 汤立宏．校本研修专论［M］．北京：海洋出版社，2006：60

的位置落坐，一般在教室的后面或角落里。这样既能看清学生和教师的活动，又能避开任课教师的视线，从而尽可能地减少对任课教师的压力和减少对学生视线的干扰，消除课堂听课带来的负面影响。讲课一开始，就进入记录状态，将教师和学生的语言、行为、活动转换的时间记录下来。记录时尽量避免与教师和学生的目光接触，以免干扰教学过程。

听课过程中要观察的内容很多，包括教学内容、教学方法、课堂环境、课堂教学条件、课堂气氛、教学效果等。听课记录的内容，必须根据评价的重点有所选择和侧重，要完整地记录教师和学生的一言一行是不可能的。经验丰富的听课教师或评价人员，比较重视记录教师的导入和过渡语、教师的提问、教师独特的见解、教师对学生回答问题或完成情况的反馈、学生的提问、学生独特的见解、学生的典型错误、学生在听课时的表现、学生在小组活动中的表现、各项教学活动所用的时间等。通过对这些内容的记录，可以分析教师的教学设计、教学方法和教学效果。例如，教师的导入和过渡语体现了教师对教学的设计和构思，经验丰富的教师都非常重视课的导入以及不同教学活动之间的过渡与衔接，力求自然、流畅，吸引学生的注意力和兴趣；再如，记录教师对学生回答问题或完成情况的反馈，可以看出教师是否贯彻了有效教学的一些原则：采取积极的态度肯定学生，理解和关注学生是如何学习的以及学到了什么；记录学生的回答和表现可以了解学生的学习效果；记录上课开始的时间和各项活动实际占用的时间，则有助于了解教学结构和时间分配。为了尽可能记录丰富的内容，课堂记录可以根据个人的习惯采用一些速记的方法，记一些关键词，以起到提示作用，在课后整理时再及时补充使之完善。

2. 整理听课记录

整理听课记录有两个任务，一是理清课堂教学的结构和思路。听课记录的内容，实际上是观课者领会教师的设计思路和教学活动安排的过程。听课结束后，作为参与评价人员，显然能说出课堂教学的基本结构和基本思路，但是及时、认真地重温一遍课堂记录，对课堂教学的过程和思路进行再次梳理仍然很必要。因为它有利于从整体上审视执教者的教学设计和结构安排，作出统筹考虑和评价。二是把重要的细节补充完整。否则，在听课时，由于来不及把细节记录下来，只是大概地记下提示性的关键词，如果听课者在听课后不及时整理，时间一长就会回忆不完整，以至损失很多有意义的内容，有可能失去评价的真实性。

3. 课堂教学评价

课堂观课如果只是靠眼看、耳听、手记的资料，就很难做到定量评价，所以一般性的课堂听课评价以定性描述为主。要求听课者从教学目标、教学内容、教学方法和手段、教学结构、学生参与情况和学习效果等几方面阐明这节课的得失，既要有观点，又要有依据。为了突出重点，听课者一般不作面面俱到的评价，而是选择比较有意义的、有典型性的方面进行点评，评价既可以了解讲课教师的专业研修水平，又给观课教师提供了研修现场条件。因此，评价时还要从不同的角度提出可供选择的改进方法，而且让讲课和听课的教师都敞开胸怀，畅所欲言，各抒己见，促进专业的共同成长。

现场观课评价有优点也有缺点。直接观课评价使研修者和评价者处于民主、平等、和谐的氛围中，共同讨论教学过程中体现的优点和不足；评价者不仅能评价教学设计，而且能评价研修执教者在课堂上瞬间使用的教学方法。讲课教师本身可能还没有意识到自己的课堂行为，而观察者却很容易观察到那些临机一动的闪光行为（正是这种行为表现了课堂教学的活力，体现了执教者高超的教学技巧）。现场观课评价也有一些缺点，由于课堂教学观察者的知识结构、经验阅历、情感喜好等各不相同，因而对课堂教学执教研修者行为的解读，便不由自主地掺杂了自己的理解与偏好。因此，现场观课评价与评价者的素质有很大关系，受评价者偏好的影响，不同评价者对同一节课的评价结果可能不同。

（二）录像评价

录像评价就是采用现代化技术手段，将课堂教学的全过程录下来，作为评价、研究的资料。录象评价一般包括准备工作、课堂教学过程纪实、教师访谈过程实录和录像分析四个步骤。

1. 准备工作

拍摄录像前也要进行与课堂听课同样的准备，还要注意环境条件和设备的准备。教室内的光线要比较明亮，周围环境的噪音干扰要比较小，教室里还应该有电源插座。摄像机可以选用教育级的设备，如果录像仅作为学校内部交流的资料，也可以选用分辨率比较高的家用级设备。

2. 课堂教学过程纪实

录像的内容不仅与课堂活动有关，而且也与摄像机的使用有关。摄像人员在摄像时需要作出许多决定，如果不对此采用标准的方式，课堂录像就没有可比性。课堂录像要反映每节课的全部，摄像机在上课一开始就打开，直至课结束时关机。这样可通过测量录像的长度来研究课堂活动的时间。

课堂环境很复杂，在任何特定时间内都有许多教学行为在进行着。要用一架摄像机记录下每一件事是不可能的。因此，在比较规范的课堂摄录像观课中，通常采取 2 ~ 3 部摄像机，分别从学生和教师两个大的视角取景。在条件受限制的情况下，也可以使用一台摄像机进行课堂教学的实况摄录像。

3. 教师访谈过程的实录

在课堂录像纪实之后，还要进行教师访谈，教师访谈的过程也要实录下来。访谈开始之前应把访谈提纲发给讲课教师，并且向教师说明访谈的目的和主题，使教师有心理准备。访谈的目的主要有以下几点。

（1）了解教师的教学目的。要探讨教学目的是否实现和怎样实现，教学目的是否符合素质教育的要求，是否适合学生的年龄特点；教学过程是否达到了教师设计的目的要求。

（2）了解教师的教学设计是否经过独立思考，是否有创新和独特的见解。

（3）了解教师对该节课的评价。教师是教学的实践者，对教学过程有旁人不能替代的体会和心得。要进一步改进教学，必须依赖教师自己对成功和不足的认识。

（4）了解教学的背景。背景情况能增进评价者对教学设计和教学过程的理解，从而使评价结果更可靠，更有针对性。对课堂教学背景的了解，主要包括教学内容的前后联系、教师和学生的基本情况等。

正式访谈时，访谈者通常还要拟定一个与事先交给教师的访谈提纲大体一致的参考提纲，主要内容如下。

（1）教学目标和教学设计。这节课的教学目的是什么，希望学生在这节课中学会什么，通过哪些教学预设来达到这一目标，为什么要这样设计。

（2）在教学过程中，是否根据学生的反应调整教学策略，课堂教学中有哪些即时性的事件发生。

（3）课的背景。包括这节课与前后教学内容的联系，与单元教学内容的关系。

（4）教师和学生的基本情况。包括教师的培训经历、教学经历，教师对所教班级学生能力的总体印象以及学生之间的差异。

有了这个参考提纲，就使访谈能有重点地顺利进行，实现预期的要求。

4. 录像分析

在录像工作完成后的主要工作内容有：一是把录像内容转述为文字。这是重要的基础工作，以便于作进一步的分析。二是课堂教学结构分析。根据录像和文字描述，把课堂教学过程划分为几个有机的环节，对每个环节进行的教学活动进行概括性的描述，同时记录下各个环节的开始时间和持续时间。三是制作课堂记录表。课堂记录表概要地记录课堂教学活动的过程和主要内容，可以使评价者一目了然地了解课堂教学的基本过程。

三、对教师专业发展的评价

校本教师研修的目的是促进专业发展，而教师发展的根本动力在于教师有主动、强烈的发展愿望和认真、积极的行动。因此，教师专业发展评价的关键和重点，仍然是依靠教师的自我评价。其中重要方法是“教师成长记录袋”评价法。

（一）校本教师专业成长记录袋评价

1. 教师专业成长记录袋即教师专业成长资料汇集袋

教师专业成长记录袋收集了教师专业成长过程中的学习成就，以及教师进步、停滞或落后的种种表现，专业成果、作品与评价记录及有关材料。教师专业成长记录袋评价，就是对记录袋中的各种各样的资料进行分析，了解教师专业发展状况的评价。其目的是促进教师积极进行自我反思，发现自身专业成长中存在的问题并及时予以补救；同时体验专业发展和教学成功的愉悦，激励教师不断进取，培养教师主动积极的自我成长、自我评价、自我负责的精神；促进教师间相互学习，增进彼此互动、师生沟通，培养合作意识。

2. 教师专业成长记录袋收集的内容

记录袋主要收集以下材料：师德考核记录，教育教学考核评价记录，反映个人教育教学水平的代表性作品，各种与专业发展有关的奖证复印件，证明教师专业资格、水平、能力的证书复印件，专业成长主要活动和典型事件记录，发表的教研文章复印件及参与课题研究活动记录，教师专业学习、培训作业及考试考核记录，工作计划和总结，学生评价记录，家长及教师评价记录，个人反思总结，学校规定的其他必收资料。概括地说，教师专业成长记录袋收集教师专业学习的成就和进步的证据，真实反映教师专业成长历程，包括教师师德、教育教学、教育科研、继续教育等全方位的记录和展示，它真实而全面地体现教师专业发展脉络。

3. 以成长记录袋为基础的评价

成长记录袋评价的过程是教师主动将自己的成长记录袋交给同事、指导专家、学校领导审阅，并向学生、学生家长展示自己的学习活动、成长进步。在全面审阅教师成长记录袋资料，认真反思分析相关信息基础上，再由教师自己、同事、专业指导教师和学校领导对教师学习活动作出综合评价。其具体内容是：教师自我报告和评价（年度发展目标、年度主要发展活动、主要收获、主要变化和进步、自我评价），教研组的评语和建议，专业指导教师的评语和建议，校长的评语和建议，教师对评价的意见和改进设想。

（二）校本教师的自我评价

所谓教师自我评价，就是要引导教师经常审视自己的专业成长与教育教学能力的提高，增强自信心和继续参与研修学习的热情，这对促进教师自己的专业化发展具有非常重要的意义。

首先，时常检查自己的教育教学活动是否符合教育教学规律，教学效果达到了课程教学目标没有，并总结合乎教育教学规律体现在哪里，实现课程目标采用了哪些手段和方法，还有哪些要解决的问题和需要进一步改进之处；学生对自己所讲的课程满意吗，感到有收获吗。通过这样不断的自我评判，既可以增强信心，享受成功的愉悦，又能够激励自己继续奋进，感到生活非常愉快充实。

第二，经常思考自己参与教育教学的自觉性如何。教育教学自觉性的增长，体现在开始积极主动地探求教育教学的意义；意味着自己对教育教学产生了浓厚兴趣，把教学研修作为自己生活的一部分，使个人的教学从一般意义的教学，转变为研究型教学，由一位经验型教师转变为研究型教师。

第三，不断检查自己教学效能怎么样。关心教学的效能，即是关心学生的成长。教师的教学效能直接影响学生行为和学习成绩和学习能力；教学效能感的增加，体现在对自己教学能力有了自信心及对教学行为导致的结果有了更为清醒的认识，并对教学结果充满信心。教学信心不断增强会使教师更加主动积极，从而满怀信心、充满活力地进行创新性教学，享受由创造带来的幸福和满足。

学校改进最重要最困难的工作是发展教师。当今教育关注两大核心领域——教师和课堂；教师的质量决定着学校教育教学的质量。2011 年教育部正式公布《幼儿园教师专业标准（试行）》、《小学教师专业标准（试行）》和《中学教师专业标准（试行）》。这三个标准是国家对幼儿园、小学和中学合格教师专业素质的基本要求，是教师开展教育教学活动的基本规范，是引领教师专业发展的基本准则，是教师培养、准入、培训、考核等工作的重要依据。学校要努力造就一支师德高尚、业务精湛、结构合理、充满活力的高素质专业化的教师队伍。

学校组织是一个呼唤工作主动性和奉献精神的地方，教师根据工作描述完成自身职务需要达到的工作要求，并不是评判教师的关键；教师绩效管理目标应从当前“没有最好、只有更好”的追求转变为“合格性”的要求；教师则应明确自己履行职责的合格标准，而非在与其他教师的恶性竞争中，不断去争取更高的绩效标准；教师工作的最大特点是具体性、情景性与不确定性。教师绩效评价最重要的是不要使评价流于形式（既不能激发教师的动力，也不能促进教师的专业发展）。教师绩效评价促进教师专业发展的关键是认识到教师的自主发展意识，从而为其发展创设各种平台，而不是基于标准的约束和限制。

现代校长的使命：第一，让学校的学生在取得高分数的同时健康地成长，而不是以破坏他的健康成长为代价；第二，让自己学校的学生喜欢学习和思考，养成终身学习的习惯，而不是过早地让学生讨厌读书，拒绝思考。第三，让自己学校的教师享受做人的尊严和自由创造的快乐，而不是让教师过度地紧张、焦虑，人人自危。“管理就是让合适的人做合适的事，在合适的时间做恰当的事，让有限的资源做有效的事。”

参 考 书 目

[1] Ralph Fesslel，Judith C. Christensen 著，董丽敏等译．教师职业生涯周期［M］．北京：中国轻工业出版社，2005

[2] Frederick J. PH. D. 主编，周渝毅译．非常教师［M］．北京：中国轻工业出版社，2002

[3] Syivia M. Robert 著，赵丽等译．学习型学校的专业发展［M］．北京：中国轻工业出版社，2004

[4] 联合国教科文组织、国际教育发展委员会编著．学会生存——教育世界的今天和明天［M］．北京：教育科学出版社，1996

[5] 保尔·朗格朗著，周南照、陈树清译．终身教育引论［M］．中国对外翻译出版公司，1985

[6] 金·培格曼．最新国际教师百科全书［C］．书苑出版社，1989.

[7] D. 郝尔雷格尔，俞文钊译．组织行为学（第 9 版上下册）［M］．上海：华东师范大学出版社，2005

[8] M. Liberman：Education as a Profession，Prenticc-Hall，1956，pp2 - 6. Education as a Profession，pp2-5，Prentice-Hall. 1956

[9]（美）约翰·麦金太尔，玛丽·约翰·奥黑尔著，丁怡、马玲等译．教师角色［M］．北京：中国轻工业出版社，2002

[10] Elizabeth Holmes 著，闫慧敏译．教师的幸福感［M］．北京：中国轻工业出版社，2006

[11]［美］托马斯·彼得斯，罗伯特·沃特曼著，北京天下风经济研究所译．追求卓越［M］．北京：中央编译出版社，2004

[12] T. 胡森．国际教育百科全书［M］．贵阳：贵州教育出版社，1991

[13] [澳] 邓金主编，教育与科普研究所编译．培格曼最新国际教师百科全书 [M]．北京：学苑出版社，1989
[14] [美] Lynda Fielstein & Patricia Phelps 著，王建平等译．教师新概念——教师教育理论与实践 [M]. 北京：中国轻工业出版社，2002
[15] [美] Charlotte Danielson & Thomas L. McGreal 著．教师评价——提高教师专业实践能力 [M]. 北京：中国轻工业出版社，2005
[16] [美] Eleanor Duckworth 著，卢立涛等译．教师互动——交流与学习 [M]. 北京：中国轻工业出版社，2004
[17] 姚计海著. 校长与教师的心理沟通 [M]. 北京：北京师范大学出版社，2010
[18] 常虎温编著．我的未来我做主——教师职业生涯发展规划设计 [M]. 吉林大学出版社，2008
[19] 季苹著. 教什么知识 [M]. 北京：教育科学出版社，2009
[20] 申继亮主编. 教师人力资源开发与管理 [M]. 北京：北京师范大学出版社，2006
[21] 毕田增等著. 走进校本学习与培训 [M]. 北京：开明出版社，2003
[22] 时伟著. 当代教师继续教育论 [M]. 合肥：安徽教育出版社，2004
[23] 刘良华著. 教育研究方法：专题与案例 [M]. 上海：华东师范大学出版社，2007
[24] 高慎英，刘良华著. 有效教学论 [M]. 广州：广东教育出版社，2004
[25] 黄甫全编著. 新课程中的教师角色与教师培训 [M]. 北京：人民教育出版社，2003
[26] 陈大伟主编. 有效研修 [M]. 沈阳：辽宁师范大学出版社，2006
[27] 汤立宏著. 校本研修专论 [M]. 北京：海洋出版社，2006
[28] 教育部师范教育司编．教师专业化的理论与实践 [M]. 北京：人民教育出版社，2001
[29] 刘捷编著. 专业化：挑战 21 世纪的教师 [M]. 北京：教育科学出版社，2002

[30] 叶澜等著．教师角色与教师发展新探［M］．北京：教育科学出版社，2001
[31] 崔允漷等主编．我思故我在——校本教研的故事［M］．上海：华东师范大学出版社，2009
[32] 崔允漷等主编．有效教学［M］．上海：华东师范大学出版社，2009
[33] 吴盈盈编．学校管理智慧：教师成长［M］．济南：山东文艺出版社，2011
[34] 陈向明编著．在参与中学习与行动（上、中、下）［M］．北京：教育科学出版社，2003
[35] 张玉华主编．校本培训研究与操作［M］．上海：上海教育出版社，2003
[36] 顾明远、孟繁华主编．国际教育新理念［M］．上海：海南出版社，2001
[37] 郑杰著．学校的秘密［M］．北京：教育科学出版社，2011
[38] 钟启泉主编．国外课程改革透视［M］．西安：陕西人民教育出版社，1993
[39] ［美］戴维．H. 乔纳森主编．学习环境的理论基础［M］．上海：华东师范大学出版社，2002
[40] 莱斯特·P. 斯特弗主编．教育中的建构主义［M］．上海：华东师范大学出版社，2002
[41] ［美］彼得·圣吉．第五项修炼——学习型组织的艺术与实务［M］．上海：上海三联书店，1996
[42] ［英］伊恩·麦吉尔著．行动学习法［M］．北京：华夏出版社，2002
[43] ［美］鲍里奇著，易东平译．有效教学方法（第四版）［M］．南京：江苏教育出版社，2002
[44] Herbst，J.（1989）Teacher Education and Professionalization in America Culture. The University Wisconsin.
[45] ［美］Cruickshank，D. Bainer，D. Metcalf，K. 著，时绮等译．教学行为指导［M］．北京：中国轻工业出版社，2003

[46] 陈桂生著. 教育实话 [M]. 上海：华东师范大学出版社，2003
[47] 罗森塔尔，雅各布森著，唐晓杰等译. 课堂中的皮格马利翁——教师期望与学生智力发展 [M]. 北京：人民教育出版社，1998
[48] 方展画著. 罗杰斯“学生为中心”教育理论述评 [M]. 北京：教育科学出版社，1990
[49] [美] 哈罗德·孔茨，海因茨·韦里克著. 管理学 [M]. 北京：经济科学出版社，1993
[50] [美] Shirley M. Hord 主编，胡咏梅等译. 学习型学校的变革 [M]. 北京：中国轻工业出版社，2004
[51] [日] 佐藤学著，钟启泉译. 课程与教师 [M]. 北京：教育科学出版社，2003
[52] Whitehead, J. (1985) An Analysis of an Individual's Educational Development: The Basis for Personally Oriented Action Research, in Shipman, M. (ed.) Educational Research: Principles, Policies & Practices, The Falmer Press.
[53] 阎光才著. 识读大学：组织文化的视角 [M]. 北京：教育科学出版社，2003